**ELLI KOLB**
**9 Grad**

# ELLI KOLB
# 9 GRAD

Roman

Lübbe

 Die Bastei Lübbe AG verfolgt eine nachhaltige Buchproduktion. Wir verwenden Papiere aus nachhaltiger Forstwirtschaft und verzichten darauf, Bücher einzeln in Folie zu verpacken. Wir stellen unsere Bücher in Deutschland und Europa (EU) her und arbeiten mit den Druckereien kontinuierlich an einer positiven Ökobilanz.

Originalausgabe

Copyright 2024 by
Bastei Lübbe AG, Schanzenstraße 6 – 20, 51063 Köln

Vervielfältigungen dieses Werkes für das
Text- und Data-Mining bleiben vorbehalten.

Lektorat: Dr. Stefanie Heinen
Umschlaggestaltung: Barbara Thoben, Köln
Umschlagmotiv: © Samantha French
Satz: hanseatenSatz-bremen, Bremen
Gesetzt aus der Apollo MT
Druck und Verarbeitung: GGP Media GmbH, Pößneck

Printed in Germany
ISBN 978-3-7577-0080-5

5  4  3  2  1

Sie finden uns im Internet unter luebbe.de
Bitte beachten Sie auch: lesejury.de

»Those who see any difference between soul and body have neither.«
Oscar Wilde

# 1

Die Dämmerung hatte die Farbe von frischen blauen Flecken, die sich bald ineinander auflösen würden. Doch noch spiegelten sie sich im See wider und drängten sich durch die hohen Fenster zu uns ins Foyer, wo wir zu dritt warteten. Wenn ich mich nicht täuschte, konnte ich sie in den Augen von Rena und Anton sogar als eine Art Schmerz herumwandern sehen. Aber ich beschloss zu glauben, dass es eine gute Art Schmerz war, die Art von Schmerz, die irgendwann vorübergehen würde.

Wir standen in der Kassenschlange eines Schwimmbads, in das uns Rena bestellt hatte. So etwas war in unserer Freundschaft noch nie vorgekommen – dass Rena uns extra an einen Ort eingeladen hatte, um uns dort etwas zu erzählen, das sich angeblich sonst nirgendwo vermitteln ließ.

Genau so hatte sie es gesagt: »Wenn ihr nicht kommt, kein Problem. Aber dann werdet ihr es nie erfahren – oder erfahren vielleicht schon, aber ihr werdet es nicht verstehen.«

»Und was, wenn du es uns erzählst, und wir kapieren es trotzdem nicht, weil wir schlicht und ergreifend zu doof sind?«, hatte Anton gefragt, aber Rena hatte nur das Gesicht verzogen und gesagt, in diesem Fall sei sie wahrscheinlich ein bisschen enttäuscht, aber dann wisse sie wenigstens, dass sie mit uns in Zukunft im Prinzip nur noch über so etwas wie Fast Food reden könne. Kein Problem.

Trotzdem sah ich ihr an, wie angespannt sie war. Auch ich war an diesem Tag unerklärlich nervös; in meinem Kopf und in meinem Bauch pochte eine Art Countdown.

Rena bezahlte für uns alle den Eintritt und ging voraus zu den Umkleidekabinen. An der Fensterfront, die einen lang gezogenen Blick auf den See und die davor eingelassenen Schwimmbecken freigab, stoppte sie. Es war Anfang November, und draußen wehte seit Tagen unablässig ein Wind, der durch die Bäume fuhr und die Oberfläche des Sees neben dem Schwimmbad aufwirbelte. Das Wasser sah stürmisch und gleichzeitig unzugänglich aus. Mir erschloss sich absolut kein Grund, dort hineinzuspringen, wie andere Badegäste das taten.

Rena deutete auf die zitternden Arme und Beine und schreckgeweiteten Pupillen der Menschen auf dem Steg und sagte: »Da sind wir nachher auch.«

»Sind wir nicht«, sagte Anton.

»Sind wir doch«, sagte Rena triumphierend. »Heute geht ihr mit mir in die Sauna.«

»Fuck«, sagte Anton, mehr zu mir als zu Rena.

Nun war uns endgültig klar, dass irgendetwas mit Rena nicht stimmte. Seit sie vor zwei Wochen in der Bibliothek umgekippt war, hatte sich etwas an ihr verändert. Ich kam einfach nicht mehr an sie heran.

Bei unseren gemeinsamen Mittagessen in der Mensa hatte sie zwar ihren Kopf an meine Schulter gelehnt, obwohl sie das sonst nie tat. Aber wenn ich dann den Arm um sie gelegt und gefragt hatte, ob alles in Ordnung war, war sie abrupt wieder von mir abgerückt, hatte sich auf eine förmliche Weise aufrecht hingesetzt wie eine Stewardess und gesagt, klar, sie sei nur müde.

»Ist es wegen der Sache in der Bibliothek?«, hatte ich gefragt, aber da hatte Rena nur einen großen Schluck von meinem Kaffee genommen, auf die Tischplatte geschaut und den Kopf geschüttelt.

Fünf Minuten später kuschelte sie sich wieder an mich

und sagte: »Du hast es gut, Josie, du hast ein gutes Leben. Du bist eine tolle Freundin. Und deine Haare riechen auch gut, weißt du das?«

»Rena«, sagte ich. »Schau mich mal an. Und jetzt mal Klartext, okay? Was ist denn los mit dir? Irgendetwas ist doch los mit dir!«

Als sie immer noch nichts sagte, nahm ich mein Handy, öffnete Google Earth und hielt Rena den Bildschirm direkt vor die Augen.

Keine Reaktion.

»Lebst du noch?«, fragte ich. »Du musst doch jetzt irgendwo auf den Erdball tippen und dir einen Ort aussuchen.«

*So wie immer*, schloss ich in Gedanken an, sagte es aber nicht. Normalerweise spielten wir das Spiel mit dem Globus, den Rena einmal von ihrem Vater geschenkt bekommen hatte, aber wenn wir unterwegs waren, ging es mit Google Earth auch.

»Mach du«, sagte Rena.

Ich tippte blind irgendwo hin. Es war mitten im Pazifik, weit und breit keine Insel.

»Was würdest du da jetzt tun?«, fragte ich trotzdem.

»Einfach irgendwie überleben.«

»Ich würde auf dem Deck eines Segelboots liegen, aufs Wasser gucken und Meerwind einatmen«, sagte ich. »Dann würde ich versuchen, dir über Rauchzeichen ein Selfie von mir zuzuschicken.«

»Ein Selfie über Rauchzeichen, klar, warum nicht?«, sagte Rena.

»Weil es kein Netz gibt«, sagte ich. »Würdest du dich nicht freuen, ein riesiges Porträt von mir aus Rauch zu bekommen?«

»Doch, doch, natürlich«, sagte Rena pflichtschuldig. »Was siehst du auf dem Segelboot?«, fragte sie dann.

»Ich bin umgeben von Wellen«, sagte ich. »So viele, dass man sie gar nicht mehr zählen kann, in allen Blauschattierungen, die man sich vorstellen kann. Ich bin umgeben von so viel Blau, dass der Himmel und das Wasser komplett austauschbar geworden sind.«

Wir spielten dieses Spiel fast jeden Tag. Rena, weil sie unstillbares Fernweh hatte, oder vielleicht auch, weil es sie an ihren Vater erinnerte; ich, um gemeinsam mit Rena eine Parallelwelt aufzumachen. Ich fand Parallelwelten generell gut.

Rena seufzte. »Das klingt schön.«

So wortkarg war sie sonst nie, deswegen war ich mir sicher, dass irgendetwas passiert war. Auch die Idee, in die Sauna zu gehen, passte nicht zu Rena. Wenn wir gemeinsam im Schwimmbad waren, dann eigentlich nur, um im Warmwasserbereich abzuhängen und über unser mehr oder weniger vorhandenes Liebesleben zu reden – »mehr oder weniger vorhanden«, weil es zwar da war, aber nicht besonders beeindruckte.

»Ich meine, immerhin haben wir überhaupt ein Liebesleben«, hatte ich einmal während einer unserer Thermalbad-Sessions konstatiert. »Wir könnten noch schlimmer dran sein. Aber warum zur Hölle ist es so schwer, jemanden zu finden, den man wirklich mag?«

»Das Leben ist hart, Josie«, hatte Rena erwidert, und Anton hatte gesagt: »Carpe diem, nutzet den Tag, meine lieben Freundinnen, ihr nutzt den Tag einfach nicht gut genug«, und dann war er schnell weggeschwommen, weil er Angst hatte, von uns untergetaucht zu werden.

Jetzt öffnete Rena die Tür zur Damenumkleide. »So, hinein mit dir«, sagte sie zu mir. Und zu Anton: »Wir sehen uns gleich, ja?«

Anton schlurfte ohne große Begeisterung davon, ich

seufzte und ging durch die Tür, die Rena mir immer noch aufhielt.

»Warum ausgerechnet Sauna?«, fragte ich. »Warum, Rena?«

»Das schaffst du schon, Josie, okay?«, sagte sie.

»Ich hasse es jetzt schon.«

»Hör doch einfach mal kurz auf zu denken«, sagte sie mit einem aufmunternden Lächeln. »Vertrau mir. Wir denken sowieso alle viel zu viel nach. Das ist quasi das Hauptproblem der Moderne.«

»Das Hauptproblem der Moderne?«, fragte ich belustigt. Ihre Doktorarbeit hatte in ihrem Leben nun offenbar völlig die Regie übernommen. Sie schrieb über Marcel Prousts Zeitkonzept in *Auf der Suche nach der verlorenen Zeit*, was ihr meiner Meinung nach nicht besonders guttat. Zum einen kommandierte ihre Doktormutter sie ständig herum und beauftragte Rena sogar dann, bei Symposien und Vorträgen Kaffee für alle Beteiligten zu kochen, wenn Rena selbst einen Vortrag hielt. Zum anderen musste sie ständig die Gliederung ihrer Arbeit ändern, weil die Doktormutter öfter mal ihre Meinung wechselte, was besonders dann vorkam, wenn sie schlechte Laune hatte. Zum anderen hatte ich das Gefühl, dass Rena von ihren Recherchen zur literarischen Moderne verschluckt wurde und nun alles mit ihren Modellen erklären wollte, auch wenn wir uns schon längst nicht mehr in der Moderne, sondern der Postmoderne befanden. Die Postmoderne ignorierte Rena einfach.

Rena sah mich mit einem würdevollen Blick an und stieg in einer eleganten Bewegung aus ihrer Jeans.

»Ich denke nur einfach gerade darüber nach«, sagte sie. »Privat, quasi. Dass man so viel kontrollieren will, einfach weil man denkt, dass man es mit dem Wissen, das man hat, auch kann. Aber dann stellt sich heraus, dass —«

»Dass das Leben einfach so passiert«, sagte ich. »Ich weiß schon.«

In der Umkleidekabine war es so eng, dass ich immer jemanden berührte, egal, wie vorsichtig ich mich bewegte. Der erzwungene Körperkontakt machte mich fertig; am liebsten hätte ich mich sofort wieder angezogen und wäre gegangen, raus aus der warmen, trockenen Luft, weg von dem, was Rena uns erzählen wollte, irgendwohin, wo ich mich nicht vor anderen ausziehen musste. Im Hintergrund summte ein Föhn, ich zog mir den Pullover über den Kopf, versuchte, dabei nicht aus Versehen meinen Bauch anzuschauen, und trotzdem war mit einem Mal alles wieder da: das Gefühl, mich voller Weichheit nach allen Seiten auszubreiten, ohne feste Kontur, ohne feste Form.

*Reiß dich zusammen, Josie*, sagte ich mir innerlich, *da stehst du drüber! Dein Körperbild ist nur eine Folge von manipulativen Marketingstrategien. Im Mittelalter wäre deine Figur ganz große Klasse gewesen. Oder wenigstens in der Renaissance.*

Unter meinen nackten Füßen spürte ich die Fugen der warmen Fliesen.

*Dein Körperbild ist nur eine Folge von Marketingstrategien*, wiederholte ich leise im Kopf. Ich dachte, wenn ich es nur oft genug wiederholte, würde es mich irgendwann beruhigen. Rena, Anton und ich hatten uns schon oft über das Thema unterhalten, ohne dass es mich in irgendeiner Form weitergebracht hätte.

»Es ist ja nicht deine Schuld, dass du seit deiner Geburt mit Werbung überschüttet worden bist«, hatte Rena gesagt. »Sind wir doch alle. Du darfst das nicht so persönlich nehmen.«

»Es ist ein bisschen schwierig, es nicht persönlich zu nehmen, wenn man sich so falsch fühlt«, hatte ich gesagt.

»Wir fühlen uns *alle* falsch«, hatte Anton gesagt. »Das ist doch genau das Ziel von Werbung!«

Ich hatte ihm einen misstrauischen Blick zugeworfen. »Ich finde, du wirkst ganz entspannt«, hatte ich gesagt. »Du wirkst nicht so, als würdest du dich falsch fühlen.«

»Jetzt nicht mehr«, sagte Anton leichthin. »Jetzt bin ich darüber hinweg.«

»Und wie hast du das geschafft?«

»Ich habe mich auf meine innere Schönheit konzentriert«, sagte Anton und lächelte weise.

»What the fuck!«, sagte ich, aber Anton war noch nicht fertig. »Schönheit ist Geist, der einen sinnlichen Leib hat«, zitierte er voller Inbrunst.

Anton war dafür bekannt, zu allen passenden und unpassenden Lebenssituationen weise Sprüche parat zu haben, die Rena und mich ziemlich nervten, aber Anton gehörte zu den Guten. In den letzten zehn Jahren hatte er sich Renas und meine zahlreichen Krisen immer geduldig angehört, uns ausgefallene Gerichte gekocht und unser Leben ab und zu mit einem Spruch veredelt.

»Nichts gegen deine Sprüche«, sagte Rena. »Aber über dein Timing, Anton, solltest du dir wirklich mal Gedanken machen, ob das —«

»Ich time meine Sprüche perfekt«, sagte Anton. »Mein Geist ist voller Schönheit!«

Ich sagte nichts mehr, während Anton und Rena diskutierten, doch das Gefühl, meinen Körper ausziehen zu wollen wie ein Kleidungsstück, war sehr stark.

Rena hatte ihre Klamotten inzwischen im Spind verstaut und sich in ein Handtuch gewickelt. Ich kam nicht umhin, zu bemerken, dass selbst ihr Rücken elegant aussah. Sie hatte eine Art, sich zu bewegen, durch die ihr Körper überall natürlich wirkte, so als sei er schon immer da gewesen: in Bars, in

Aufzügen und auf Wanderwegen. Ich konnte sie mir überall vorstellen, und sie passte überall gleich gut hin; in all den Jahren, die wir uns kannten, war sie überall sofort harmonisch mit der Umgebung verschmolzen. Nicht nur um diese Fähigkeit beneidete ich sie. In unserem Dreiergespann war Rena immer diejenige gewesen, deren Bild von der Zukunft am genauesten war und die sich deswegen am meisten Mühe gab, es ohne Fehler aus der Gegenwart herauszumeißeln. Sie war sehr diszipliniert, stand früh auf, beschwerte sich dann zwar den ganzen Tag, müde zu sein, und äußerte vermehrt Kritik an unserer Leistungsgesellschaft, hielt aber trotzdem meistens durch, während ich bei der kleinsten Ablenkung sofort innerlich weich wurde. Danach kehrte ich reumütig zu meinen Aufgaben zurück und dachte über meine Ziele im Leben nach und darüber, dass ich keine Pause verdient hatte. Ich konnte mich nur entspannen, wenn jemand anderes in meiner Gegenwart sehr entspannt war. Dann übertrug sich das auf mich.

Renas Mutter wohnte in unserem Heimatort gegenüber vom Kiosk meiner Eltern und kaufte regelmäßig Zeitschriften und belegte Brötchen. Renas schulische Erfolge erwähnte sie mit keinem Satz; ich wusste aber von Rena, dass sie sehr stolz auf sie war und dass Rena sich auch deswegen bei allem immer so anstrengte. Eine Zeit lang hatte ich sogar bei Rena und ihrer Mutter gewohnt, als mein Vater wegen einer Hüftoperation länger im Krankenhaus lag und meiner Mutter mit dem Kiosk und mir alles zu viel geworden war. Rena und ich waren damals zehn gewesen, hatten am Nachmittag gemalt und abends in einem Bett geschlafen, während der Globus eine Ecke des Zimmers in sanftes blaues Licht gehüllt hatte. Rena hatte mir Jahre später einmal erzählt, wie leid ihr es getan hatte, dass ich abends immer so viel geweint hatte, aber ich konnte mich überhaupt nicht daran erinnern. Ich erinnerte mich nur daran, dass es bei Rena Nutella zum Frühstück gegeben hatte, dass es wichtig war, die Hausaufgaben zu machen, denn die wurden später von Renas Mutter überprüft, und dass ich Renas Mutter unbedingt gefallen wollte. Sie fragte mich jeden Tag, wie es in der Schule gewesen war, welches Buch ich gerade las und wie es mir gefiel. Überhaupt redete sie so viel mit uns, dass mir alles, was ich tat, plötzlich wichtig vorkam. Renas Mutter trug gern beige, duftende Cashmere-Pullis, hörte im Radio immer nur Nachrichtenprogramme und fragte mich bei jedem Essen, was ich trinken wollte, Wasser oder Saft. Ein bisschen erinnerte sie mich auch an meine eigene Mutter. Beide sagten ähnliche Sätze. Renas Mutter sagte vor allem: »Da muss man eben durch«, und meine ermahnte mich oft: »Reiß dich mal zusammen«, oder auch: »Stell dich nicht so an«, woraus ich schloss, dass ich keine Probleme hatte oder jedenfalls keine zu haben hatte. Ich hörte sie den Satz auch oft zu sich selbst sagen, manchmal sogar zu ihrer eigenen Mutter. Aber eigentlich sagten wir alle den Satz ständig in verschiedenen Variationen, am häufigsten aber, wenn wir mit uns selbst sprachen.

Ich ließ mich auf die Holzbank vor den Spinden fallen, zog dort meine restlichen Klamotten aus und verstaute sie im Schrank. Gerade als ich den Schlüssel abzog und mir das Bändchen mit ihm am Handgelenk befestigte, tippte Rena mir auf die Schulter.

»Noch mal wegen vorhin«, sagte sie. »Was ich sagen wollte, war: Man kann nicht alles immer nur über den Verstand regeln.«

»Ja klar«, sagte ich. »Und?«

»Das war es eigentlich, was ich sagen wollte«, sagte Rena. »Denk dran bei dem, was ich euch nachher erzählen werde, okay?«

Beim Verlassen der Umkleide streifte ich mit der Hüfte aus Versehen eine ältere Dame, die daraufhin ins Schwanken geriet. Das Geräusch des Föhns verschluckte meine Entschuldigung, und die Dame schaute mich nur verwirrt an, also brüllte Rena für mich: »Sie wollte sich nur bei Ihnen ENTSCHULDIGEN! Aber sie ist ja so weich, dass sie Ihnen bestimmt nichts getan hat, oder?«

Mit diesen Worten zog Rena mich aus der Tür in die Vorhalle der Sauna.

»Warum hast du das gesagt?«, fragte ich wütend. »Dass ich so weich bin? Sollte das eine Anspielung sein, dass ich –«

»Na, Weichheit ist eine Schlüsselkompetenz«, sagte Rena. Es klang weise, war es aber nicht, und sie fügte hinzu, dass das mal ein Typ zu ihr gesagt habe, der von einer Stelle an ihrem Oberarm nicht mehr losgekommen sei. Es sei dort so weich, habe er Mal um Mal wiederholt und die Stelle anschließend so oft gestreichelt, dass es zum Schluss richtig wehgetan habe. »Der Rest meines Körpers hat ihn gar nicht mehr interessiert«, sagte Rena. »Der war egal. Nur das Weiche hat gezählt.«

Das Metall der Spindschlüssel klimperte leise an unseren Handgelenken, als wir den Durchgangsraum zur Sauna betraten: schwarze Schieferböden mit den Spuren nasser Füße, der Geruch von Wasser und Feuer in der Luft, zum See hin verglaste Wände. Die Tür zum Steg, der zum Wasser führte, stand auf. Ständig huschten Menschen hinein und hinaus. Ihre Haut war gerötet, sie hinterließen eine Spur aus Wassertropfen, bei denen ich mir nicht sicher war, ob sie vom Sprung in den See stammten oder von den Wolken, die sich mittlerweile gnadenlos über dem Wasser auftürmten und vereinzelt dünne Regentropfen auf die Saunagäste hinabfallen ließen.

Es war merkwürdig, sich in einem Innenraum zu befinden,

der eine Abgeschlossenheit so deutlich verweigerte. Hier war wirklich alles offen – man konnte durch die Glaswände die zwei Saunen sehen, die Kühle der Wellen draußen, die Wolken, deren Formation sich bereits wieder auflöste. Jetzt war das Wasser nur noch dunkel; keine Spur mehr von den Lichtreflexen, die den See hatten aussehen lassen wie einen Teil des Himmels.

Anton war offensichtlich schon vor uns mit dem Umziehen fertig geworden und wärmte sich die Hände an einem Kamin in der Mitte des Raumes. Mich wunderte es, dass er mit niemandem ein Gespräch begonnen hatte. Von uns dreien war er eindeutig der extrovertierteste – er sprach gern fremde Leute an und fand schnell heraus, wo es etwas Gemeinsames, Verbindendes gab. Dieses Extrovertierte zog mich sehr an. Eine Zeit lang war ich sogar ein bisschen verliebt in ihn gewesen. Rena ging es ähnlich, und vielleicht war das der Grund dafür, dass Anton irgendwann vehement darauf bestanden hatte, dass wir uns immer zu dritt trafen: um klar zu machen, dass es sich nicht um ein Date handelte. Rena und ich hatten erst begriffen, dass er sich mehr für Männer als für Frauen interessierte, als er es uns in der zwölften Klasse genau mit diesen Worten sagte. Als Antwort hatten wir ihn umarmt. Ich glaube, wir wussten einfach nicht genau, was wir sagen sollten, aber Anton hatte uns angestrahlt und gesagt: »Jupp, hätten wir das also auch geklärt.« Wir hatten uns damals erst ein Jahr gekannt. Anton hatte einmal wiederholen müssen und war dadurch in Renas und meine Stufe gekommen.

Mittlerweile steckten wir in den Endzügen unseres Studiums – zumindest Anton und ich. Rena hatte nach Abschluss ihres Lehramtsstudiums schon mit ihrer Doktorarbeit in Romanistik begonnen. Sie hatte es irgendwie geschafft, sehr viel schneller als Anton und ich zu studieren. Anton war im gefühlt viertausendsten Semester, hatte aber so oft den Studiengang gewechselt, dass er gerade erst an seiner Bachelorarbeit in Sozialer Arbeit schrieb, während ich für meine Masterarbeit in Literaturwissenschaften recherchierte. Ich liebte Lesen auf dieselbe Art, wie ich Schlafen liebte – wie etwas, in dem man sich zuhause fühlt, in dem man zum Teil aber auch festhängt und aus dem man nicht richtig aufwachen kann. Neben den Recherchen für meine Masterarbeit suchte ich panisch nach einem Job für später. Mein Bafög würde bald auslaufen, irgendwie musste ich Geld verdienen.

Anton sah auf, als Rena und ich uns ihm näherten, und ging einen Schritt vom Kamin weg. Sein Gesichtsausdruck war unlesbar – irgendwo zwischen Gedanken an noch nicht abgeschickte Tinder-Nachrichten und generellen Gedanken über das Leben, die ebenfalls noch nicht fertig gedacht waren, weil das auch gar nicht möglich war: etwas vollständig zu Ende zu denken. Ich meine, es hört ja nirgendwo auf, der Horizont entfernt sich immer weiter, je näher man ihm kommt.

Von draußen kam ein Windstoß. Ich sah, wie sich die Härchen auf Renas Unterarm aufstellten.

»Gehen wir rein, oder?«, fragte sie, und ohne eine Antwort abzuwarten, ging sie voraus zur ersten Sauna und öffnete die Tür.

Die Hitze, die uns entgegenschlug, löste in mir den dringenden Wunsch aus, meine Augen mit den Händen zu bedecken. Rena hatte das Handtuch, das sie sich um den Körper geschlungen hatte, schon abgestreift und sich daraufgesetzt, Anton ebenfalls. Beide sahen auf ihre Weise schön und intakt und wie sie selbst aus. Ich hingegen schämte mich, als ich mich aus dem Handtuch schälte, und als mir das klar wurde, schämte ich mich noch mehr. Ich hatte mich eigentlich immer für eine Feministin gehalten. Trotzdem schaffte ich es nicht auszublenden, dass andere mich in bestimmte Teile aufteilen konnten, die ihnen gefielen oder eben nicht. Ich verschränkte die Arme vor der Brust. Zum Glück nahm mich die Hitze mit der Zeit mehr und mehr in Beschlag, und ich vergaß, wie ich aussah, um mehr darüber nachzudenken, wie ich mich fühlte. Mit jedem Wimpernschlag erhitzten sich meine Augäpfel mehr, und auf einmal hatte ich Sorge, sie könnten schmelzen. Mein Herzschlag beschleunigte sich.

In den folgenden Minuten steigerte sich die Schnelligkeit meiner Gedanken erst; dann fielen sie in sich zusammen. Während ich noch denken konnte, ging ich im Kopf all die anderen Orte durch, die sich Rena im Laufe der Jahre ausgesucht hatte, um dort Zeit mit uns zu verbringen. Die Sache mit Rena war nämlich die: Ihr waren Orte wichtiger als anderen Leuten. Die Umgebung sage einem etwas, meinte sie, etwas, was man selbst nicht sagen könne, weil Worte sowieso nicht ausreichten. Deshalb hatte sie in der Vergangenheit schwierige Gespräche irgendwo geführt, wo noch irgendetwas anderes mitreden konnte. Sie hatte uns unter einem Vorwand dort hingelockt und dann die Bombe platzen lassen: in einem Wald oder auf einem Supermarktparkplatz, auf dem immer wieder dieselbe Straßenlaterne aus- und wieder angegangen war. Sie hatte es aber bisher immer ohne Vorankündigung getan. Das war der Unterschied zu dem Gespräch, das gleich folgen sollte, und das war auch der Grund für das flaue Gefühl in meiner Magengegend. Sie hatte uns dieses Treffen als eines angekündigt, bei dem es besser wäre, wenn wir uns innerlich darauf vorbereiteten.

Alles in allem war ich mir nicht sicher, ob es eine gute Sache war, dass der Hintergrund bei Gesprächen mit Rena immer so viel mitredete. Sagte sie trotzdem, was sie sagen wollte, oder gab sie den Part des Sprechens einfach ab? Manchmal hatte ich jedenfalls den Eindruck, dass Rena unsere Antworten gar nicht wissen wollte, dass sie die Umgebung benutzte, um von sich abzulenken und uns zum Schweigen zu bringen.

So hatte sie den Kiosk meiner Eltern als Gesprächsort ausgewählt, um Anton und mir von ihrem Plan zu erzählen, die Schule zu schmeißen. Das war kurz vor dem Abitur gewesen. Rena hatte mit meinen Eltern gesprochen, sich unter einem Vorwand den Schlüssel zum Kiosk geliehen und Anton und mich auf zwei Schemel platziert. Sie selbst saß auf dem Tresen, baumelte mit den Beinen und nahm sich ein Twix aus dem Regal, das sie sofort wieder zurücklegte.

»Es ist so«, sagte sie. »Seht euch hier mal um.«

»Ich bin hier praktisch aufgewachsen, Rena«, sagte ich. »Was erwartest du von mir? Was soll ich jetzt plötzlich sehen, was nicht total normal für mich ist?«

»Na ja, ich meine ja nur«, sagte Rena. »Die Auswahl. Es gibt so viele unterschiedliche Varianten von allem. Und das hier ist nur ein kleiner Kiosk.«

»Jetzt sag schon, was dir auf dem Herzen liegt«, sagte Anton genervt. »Ich will wieder nach Hause.«

»Ich fühle mich wie ein Produkt«, sagte Rena, und Anton und ich schauten auf. »Ich fühle mich wie etwas, was es schon tausend Mal gibt. Und trotzdem soll ich mich anstrengen, um noch mehr wie etwas zu werden, was schon da ist.«

Dann brach sie in Tränen aus. Ich wusste, dass sie seit Tagen kaum schlief und nur noch lernte.

Sie wolle alles hinwerfen, sagte Rena. Sie komme zu gar nichts mehr von dem, was sie eigentlich tun wolle; gleichzeitig wolle sie aber ihre Mutter nicht enttäuschen.

»Ach, Rena«, sagte Anton. »Hör doch einfach auf zu lernen. Du schaffst das Abi auch so.«

»Ja, aber ›auch so‹ reicht nicht!«, rief Rena.

»Für was reicht das nicht?«, fragte ich.

»Für ein Medizinstudium«, sagte Rena.

Ich verlor in diesem Moment fast das Gleichgewicht auf meinem Schemel. Mir war nicht klar gewesen, dass Rena auf ein Medizinstudium hinarbeitete – obwohl Anton und ich wussten, dass Renas Mutter immer mal wieder gesagt hatte, eine Ärztin in der Familie zu haben, das wäre etwas. Wir wussten auch, dass Renas Kernfamilie ziemlich klein war, also eigentlich nur aus ihrer Mutter und Rena und ihren Großeltern mütterlicherseits bestand. Renas Vater war früh gestorben. Allzu viel Auswahl an potenziellen Ärztinnen gab es also nicht.

»Willst du denn wirklich Medizin studieren?«, fragte ich schließlich. »Das will doch eigentlich nur deine Mutter, oder?«

»Das ist das Gleiche«, sagte Rena und putzte sich die Nase. »Ich habe irgendwie das Gefühl, dass ich alles erreichen muss, was ich theoretisch erreichen könnte, versteht ihr?«

»Nein, ehrlich gesagt, nicht ganz«, sagte Anton. »Man kann doch auch einfach sein Leben genießen.«

»Hast du dazu vielleicht noch einen schönen Spruch?«, fragte Rena sauer.

»Carpe diem?«, schlug ich vor, und Rena und ich lachten gehässig.

Anton zuckte mit den Schultern. »Ihr müsst euer Leben ja nicht genießen«, sagte er. »Wollte nur mal anmerken, dass man das theoretisch könnte.« Er griff ins Regal neben sich und angelte sich ein Milky Way. »Ich darf doch, oder?«, fragte er. »Ich geb deinen Eltern später das Geld, ja?«

Rena sah ihn an, während er die Verpackung aufriss und sich den Schokoriegel in den Mund steckte. Dann richtete sie ihren Blick auf eine Packung Paprikachips. »Ich glaube, ich brauche auch noch etwas zu essen«, sagte sie. Es klang wie eine Frage an mich.

»Nur zu«, sagte ich. »Bedient euch einfach.«

»Aber du musst auch was nehmen, okay?«, sagte Rena zu mir.

»Okay.«

In meiner Erinnerung aßen wir die nächsten Stunden wahllos Süßes und Salziges durcheinander und sprachen kaum mehr über das Thema, das Rena angeschnitten hatte. Sie selbst erwähnte es auch nicht noch einmal, sondern lernte weiter und machte das beste Abitur des Jahrgangs. Sie schrieb sich dann allerdings doch nicht für Medizin ein, weil ihre Mutter mittlerweile gehört hatte, dass Ärzte zum Teil Vierundzwanzigstundenschichten absolvieren mussten. Das fand sie zu viel. Eine Lehrerin in der Familie zu haben konnte ebenfalls nur Vorteile haben, befand sie. Vor allem begeisterte sie, dass der Job so krisensicher war. »Da kann dir nichts passieren«, sagte sie mindestens einmal am Tag zu Rena. »Ich wünschte, ich hätte mir damals auch mehr Gedanken gemacht, was das Finanzielle angeht.«

Renas Mutter selbst war Chefsekretärin bei einem Automobilhersteller. Ich hatte immer gedacht, dass sie eigentlich gut verdiente, aber vielleicht nicht gut genug für sie. Für Rena wünschte sie sich jedenfalls nur das Beste – was auch immer das genau bedeuteten sollte. Und weil Rena nichts richtig schwerfiel, konnte sie alles anbieten, was von ihr verlangt wurde. Darüber war sie im Grunde auch froh, hatte sie mir einmal anvertraut. Auf diese Weise könne man sich nützlich fühlen, auch wenn man unglücklich sei.

Wenn ich mich jetzt an den Abend erinnerte, dachte ich weniger an die Verpflichtung, die Rena ihrer Mutter gegenüber empfinden musste, sondern vor allem an das, was wir gegessen hatten: die Säure der Gummibärchen, die Marzipan-Nougat-Riegel, die sonst nur alte Damen kauften und die für einen Moment jeglichen Gedanken erstickten, wenn man sie aß, weil der Geschmack so intensiv war; die Chips »zur Neutralisierung«, wie Anton sagte.

Irgendwann hatten wir uns auf den kalten Boden gesetzt,

das Essen in unserer Mitte ausgebreitet und uns darauf fokussiert wie auf ein Lagerfeuer, über das man nicht mehr zu wissen brauchte, als dass es jetzt da war, und wer wusste schon, was danach kommen würde.

Anton und Rena hatten sich zwei Tage später mit einem Blumenstrauß und einem Geschenkgutschein bei meinen Eltern bedankt. Auf die Karte dazu hatte Anton geschrieben: *Glück ist das Einzige, was sich verdoppelt, wenn man es teilt.* Und Rena hatte darunter geschrieben: *Er meinte eigentlich: Sorry, dass wir eure Süßigkeiten aufgegessen haben, und danke, es war sehr gut.*

Als ich an den Abend im Kiosk mit Rena und Anton dachte, musste ich inmitten der Gluthitze lächeln. Bald jedoch verblassten meine Gedanken; sie rannen mir in einem kleinen Fluss aus Schweiß die Stirn hinunter und tropften mir in die Augen. Die Szenerie um mich herum begann zu flimmern, die Sekunden dehnten sich aus und zogen sich wieder zusammen, und plötzlich wurde mir klar, dass ich weder auf die Vergangenheit noch auf die Zukunft Zugriff hatte – mit einem Schlag war alles weg. Ich war kurz davor, aufzugeben und die Hitze einfach ihr Ding machen zu lassen, egal, wie es für mich ausginge. Erst im letzten Moment kam mein Überlebenswille zurück. Mit einem Ruck stand ich auf.

Die Hitze war im Stehen und Gehen noch beißender. Endlich draußen konnte ich sogar Rena ansehen, wie sehr die Hitze ihren Körper verändert hatte. Ihr Gesicht war dunkelrot, sie atmete zu schnell, viel schneller als Anton und ich, und für einen Moment befürchtete ich, sie werde in Ohnmacht fallen. Aber sie ging zielgerichteten Schrittes zum Steg, zögerte nicht, sondern nahm Anlauf und sprang in den See.

Anton tat es ihr gleich, auch wenn er direkt wieder auftauchte und zurück zum Rand schwamm. Ich selbst stand lange auf dem Steg, trat von einem Bein aufs andere und konnte mich nicht überwinden. Der Kontrast zwischen meiner aufgeheizten Haut und dem dunklen, kalten Wasser erschien mir einfach zu stark. Doch irgendwann machte ich es wie die anderen beiden und sprang. Als sich das eiskalte Wasser um meinen Körper schloss, hatte ich das Gefühl zu sterben.

Ich spürte, wie meine Muskeln sich anspannten und sich für eine Reise bereit machten – an einen Ort, wo man noch nicht alles über sich weiß. Da konnte ich loslassen. Auf einer Linie mit den Wellen ließ ich den Hinterkopf ins Wasser sinken und schaute in den Himmel. Das Dunkel der Wolken schien mir aus vielen bunten Punkten zusammengesetzt zu sein.

Kurz bevor mich die Kraft in meinen Armen und Beinen vollends verließ, stieg ich aus dem Wasser. Auch Rena war schon draußen, Wassertropfen perlten von ihrer Haut ab, sie hatte sich das Handtuch nur um den Kopf geschlungen und den Körper nicht einmal abgetrocknet. Erst jetzt sah ich die frische Narbe an ihrem linken Rippenbogen. Sie war auffällig genug, dass ich sie sofort wahrnahm, aber dann auch wieder unauffällig genug, dass ich nicht sofort nachfragte, was dahintersteckte.

Rena bedeutete Anton und mir, uns neben sie auf eine Bank zu setzen. Merkwürdigerweise fror ich nicht.

»Ich ... Was ich euch sagen wollte ...«, setzte sie an. »Oder, was anderes zuerst: Wie hat es euch bis jetzt gefallen?«

»Bitte, Rena, sag uns einfach, was du sagen wolltest, okay?«, sagte Anton. »Ich halte keine weitere Verzögerung mehr aus!«

»Okay«, sagte Rena. »Ja. Also eigentlich wollte ich euch nur zeigen, wie es ist.«

»Wie was ist?«, fragte Anton.

»Dieser Wechsel, wisst ihr? Es ist so ein Schock.«

»Ja?«

»Ich war schon mal tot«, sagte sie unvermittelt, so unvermittelt, dass ich anfing zu lachen. Es war eine Übersprungshandlung, die ich nur mühsam unter Kontrolle bekam. Anton warf mir einen mahnenden Blick zu.

»Es war vor zwei Wochen«, sagte Rena. »Ich habe euch nicht ganz die Wahrheit gesagt.« Sie seufzte.

In meinem Kopf raste es. Sie musste die Sache in der Bibliothek meinen. Leider war ich nicht dabei gewesen, ich hatte nur die Berichte der anderen gehört, die nicht besonders dramatisch klangen: ein Schwächeanfall zwischen den Bücherregalen und Sanitäter, die Rena abtransportiert hatten; schließlich ein paar Tage im Krankenhaus. Anton und ich hatten sie dort besucht und ihr Gummibärchen und Blumen mitgebracht, und Rena hatte steif und fest behauptet, sie sei nur zur Beobachtung da, alles wieder gut.

Als sie die Geschichte nun erneut erzählte, klang sie ein wenig anders. Sie habe plötzlich nicht mehr richtig atmen können, sagte sie. Zuerst habe sie sich nichts dabei gedacht. Dann aber sei ihr klar geworden, dass das Gefühl, ihr stecke ein Messer in der Brust, nicht vorübergehend war, sondern mit jeder Minute schlimmer wurde, und sie sei panisch geworden. Die Bibliotheksaufsicht habe einen Krankenwagen für sie gerufen.

Ich stellte mich schon auf eine detaillierte Schilderung grausiger medizinischer Details ein. Doch davon erzählte Rena fast nichts. Sie konzentrierte sich auf den Teil im Krankenwagen. Sie waren kaum losgefahren, sagte sie, da habe sie gespürt, dass etwas nicht stimmte. Sie fühlte sich in etwas zurückgezogen, zu etwas hingezogen und von etwas fortgezogen – alles gleichzeitig. Sie habe diese Empfindungen nicht zuordnen können, sagte sie; es sei so schnell gegangen. Aber als sie sich selbst von oben gesehen habe, habe sie verstanden.

Mir stellten sich die Härchen am Unterarm auf.

Rena legte den Arm um mich. »Sorry, dass ich euch nicht

früher davon erzählt habe«, sagte sie. »Aber ich konnte irgendwie nicht. Ich musste das erst für mich selbst verarbeiten.«

Es sei ein Erlebnis, das sich nicht einmal im Ansatz vermitteln ließe, fuhr sie fort. Das sei das Problem. Es übersteige die eigenen Wahrnehmungen und schrumpfe einen, und am Ende fühle man sich schon deshalb von allen anderen getrennt, weil man etwas erfahren hatte, was sonst niemand erfuhr und was man wahrscheinlich gar nicht erfahren können sollte, weil einem nämlich anschließend der Kopf platzte.

»Aber wie war es denn, ich meine …«

Es gebe eigentlich keine Worte dafür, sagte Rena. Das sei ja das Problem. Aber wenn sie nicht darüber rede, fühle sie sich so, als sei sie eine Tote unter Lebenden, als sei sie in jenem Moment wirklich gestorben und nun von allen anderen durch einen unsichtbaren Vorhang getrennt.

Ich nahm ihre Hand. »Aber du bist doch noch da«, sagte ich.

»Bin ich das wirklich?«, fragte Rena und sagte, sie habe das Gefühl, seitdem immer an zwei Orten gleichzeitig zu sein.

»Besser an zwei Orten gleichzeitig als an gar keinem Ort«, sagte ich, und Rena begann zu lachen.

»Du bist wirklich nicht gut im Trösten«, sagte sie.

Ich sagte: »Tut mir leid«, und sie sagte: »Wollen wir noch reingehen?«

Ihr sei nach Leichtigkeit gewesen, meinte Rena später. Ihr Körper sei ihr plötzlich zu schwer geworden, und dann habe sie ihn verlassen und ihn von der Decke aus betrachtet, wie man Wellen im Meer betrachtete: Sie waren schön, aber man konnte ihnen keine Identität zuweisen.

Anton sah erst aus wie vom Donner gerührt. Dann leuchtete etwas Rationales in seinen Augen auf, und er beruhigte sich wieder.

»Aber sag doch mal, was hattest du jetzt eigentlich?«, fragte er. »Ich meine, woher kamen die Schmerzen und alles?«

»Einer meiner Lungenflügel ist kollabiert«, sagte Rena.

»Einfach so?«, fragte Anton fassungslos.

»Die wollen noch ein paar Tests machen«, sagte Rena. »Ist ein bisschen ungewöhnlich, dass ein Lungenflügel einfach so kollabiert, aber ... ja.«

»Vielleicht haben die dir was Komisches gegeben im Krankenwagen«, sagte Anton. »Vielleicht hast du dich deswegen von oben gesehen.«

»Aber das war keine Halluzination.«

»Woher willst du das wissen?«, fragte Anton.

Ich hatte Angst, dass die beiden ausgerechnet jetzt beginnen würden zu streiten, also versuchte ich, das Gespräch umzulenken. »Was muss man denn machen, wenn ein Lungenflügel kollabiert ist?«, fragte ich schnell.

»Die haben einen Schlauch in mich reingelegt«, sagte Rena. »Irgendwie zwischen die Rippen oder so.« Sie wirkte, als würde es sie nicht interessieren. Für sie lief ihre Erzählung auf etwas anderes hinaus.

»Warum hast du uns das alles nicht früher erzählt?«, fragte Anton, der sich anscheinend doch noch nicht vom Schock erholt hatte.

Rena zuckte mit den Schultern. »So was erzählt man nicht einfach so. Wie gesagt, man muss es erst einmal für sich selbst verarbeiten. Vor allem, weil ihr euch nicht vorstellen könnt, wie einen das ...« Sie brach ab.

»Aber danach?«, fragte Anton weiter. »Was hast du dir gedacht, als du ... dich selbst so angesehen hast?«

»Man denkt nichts mehr«, sagte sie. »Man ist einfach.«

Da war ich fast neidisch.

Wir gingen an diesem Tag noch viele Male in die Sauna. In die erste, die »normale«, in der wir schon gewesen waren, und in die zweite, die dunkle, in der fast nur Männer saßen und sich mit Birkenzweigen auf die Schultern klopften. Die zweite Sauna hieß »Rauchsauna«, und wenn man sie verließ, klebten überall am Körper kleine Rußpartikel, die auch das Seewasser nicht abspülen konnte.

Je öfter wir in der Sauna waren, desto ruhiger und schwerer fühlte ich mich – als hätte sich die ganze Luft der Welt verdichtet und drückte mich zu Boden. Vielleicht lag es auch daran, dass in der Hitze nichts mehr eine Rolle spielte. Ich fand es selbst merkwürdig. Obwohl immer noch ein Teil von mir in Aufruhr war und weitere schlechte Nachrichten von Rena befürchtete, wurde ich plötzlich von einer inneren Hitze getragen, der nicht einmal die Kälte des Sees etwas anhaben konnte.

Rena redete und redete – aber nur in den Saunapausen, im Wasser oder direkt danach; nie in dieser Hitze, die einen aufzulösen schien und alle Gedankengänge stoppte. Auf der Terrasse, eingehüllt in Handtücher, erzählte sie uns, dass sie versucht habe, ihr Erlebnis entweder einzuordnen oder zu vergessen, dass es ihr aber nicht gelungen sei. Vor allem in den letzten Tagen habe sie immer wieder daran denken müssen, und da sei ihr klar geworden, dass sie mit uns sprechen müsse. Mit Anton und mir.

Plötzlich klang es so, als hätte sie uns noch nicht alles gesagt. Ich sah Rena für eine Millisekunde zögern, bevor sie weitersprach. Sie blickte auf den See. Wasseroberfläche und Himmel waren nun kaum mehr zu unterscheiden: Schwarz ging in Schwarz über, und am Horizont berührten sie sich wohl, aber das konnte man nicht sehen.

»Die Sache ist die.« Sie setzte neu an. »Also, ich habe jetzt meine Policy geändert. Das wollte ich euch sagen.«

»Du hast deine allgemeinen Geschäftsbedingungen geändert?«, fragte Anton und runzelte gespielt besorgt die Stirn.

»Ja, ich sage jetzt immer gleich, was Sache ist«, sagte Rena. »Das habe ich mir vorgenommen. Und die Sache ist die, dass ich ...« Sie machte eine kurze Pause. »Also, ich wollte euch warnen.«

»Wovor?«, fragte Anton.

»Na ja«, sagte Rena. »Ich sage ab jetzt immer die Wahrheit. Wenn ihr beleidigt seid, dann ... ja, dann tut es mir leid, aber ich sage jetzt trotzdem immer das, was ich denke.«

Ich blickte zu Anton. Er grinste mich an. Vermutlich dachten wir beide dasselbe: dass Rena, zumindest uns beiden gegenüber, schon immer recht deutlich gemacht hatte, was sie wollte und was sie nicht wollte. Dass das jetzt noch deutlicher werden sollte, fand ich eine belustigende Vorstellung. Rena hatte ja schon immer zu denjenigen gehört, die nur dann lächelten, wenn sie es wirklich wollten. Das machte ihr Lächeln noch schöner und größer, fand ich. In dem Rewe, in dem wir einkauften, wenn wir zusammen kochten, gab es eine Kassiererin, deren Lächeln ähnlich groß war wie Renas. Sie lächelte uns immer so warm an, dass ich jedes Mal Lust bekam, ihr mein Herz auszuschütten. Diese Kassiererin hatte einmal zu Rena gesagt, dass es zwei Sorten von Lächeln gebe, nämlich das, das wirklich den anderen meinte, und das, das man als Schutz um sich herum baute, als wolle man sagen: »Schau her, ich bin ganz ungefährlich, in mir sind ganz sicher keine Aggressionen.« Rena habe das erste Lächeln, hatte sie gesagt. Rena war damals mit der Situation ein bisschen überfordert gewesen, glaube ich, aber danach hatten sie und die Kassiererin angefangen, sich zu unterhalten. Sie kannten einander mit Vornamen, und manchmal fragte ich mich, ob sie eine heimliche Liebesbeziehung führten, die nur aus Blicken und

Lächeln bestand. Rena hatte ihr letztes Jahr sogar etwas zu Weihnachten geschenkt.

»Sorry, dass ich euch das so vor den Kopf knalle«, sagte Rena und riss mich damit aus den Gedanken. »Aber das Leben ist einfach zu kurz, um in Schnörkeln zu reden, die am Ende niemand versteht. Und ich will, dass ihr wisst, was mit mir los ist. Ich war schon mal tot, aber jetzt gerade bin ich es nicht, und das verunsichert einen eben, wenn ihr versteht, was ich meine. Jetzt wisst ihr wenigstens Bescheid.«

Plötzlich fror ich, und ich bat sie, wieder reinzugehen. Wir setzten uns an den Kamin, hielten die Hände gegen die Glasscheiben, hinter denen das Feuer brannte, und Rena versuchte, das, was sie gerade gesagt hatte, in einen Kontext zu bringen, der uns weniger beunruhigte.

»Wisst ihr, das, was ich erlebt habe, ist eigentlich ganz normal«, sagte sie. »Bei den anderen Nahtodberichten, die ich gelesen habe, war das auch so. Oder so ähnlich.«

»Für mich klingt das auch nach einer völlig normalen Erfahrung«, sagte Anton ironisch.

»Lass sie doch mal ausreden!«, sagte ich, aber Rena ließ sich sowieso nicht beirren.

»Es fühlt sich einfach so real an«, sagte sie. »Gar nicht wie ein Traum. Und ich habe Rückblicke aus meinem Leben gesehen, wie Szenen aus einem Kinofilm, aber total durcheinander. Alle, die darin vorkamen, hatten viele Alter gleichzeitig. Das war vielleicht das Merkwürdigste von allem.«

»Ich bin ausgestiegen, Rena«, sagte Anton, und ich sagte: »Das ist das Gruseligste, was ich jemals gehört habe.« Ich hatte wirklich das Gefühl, ich müsste mich in den Glutofen der Sauna legen und verbrennen, um Renas Worte irgendwie verarbeiten zu können.

»Tut mir leid«, sagte Rena. »Aber ich wollte es euch sagen, weil ich – weil ich das Gefühl hatte, dass es irgendeine

Bedeutung hat. Also, für mich sowieso. Aber vielleicht auch für euch.«

Sie schwieg einen Moment. In ihrem Schweigen sah sie ganz anders aus als sonst, irgendwie älter, aber auch jünger, und mir wurde plötzlich klar, dass ich vorher noch nie darüber nachgedacht hatte, als wen Rena mich eigentlich sah. Umgekehrt auch nicht. Ich hatte nie darüber nachgedacht, wer Rena eigentlich war. Ich hatte ihre Coolness bewundert und mich über ihre Zugewandtheit gefreut. Aber wer war Rena unabhängig von mir? Wer war Rena für sich selbst gewesen, als sie gestorben war?

»Wie meinst du das, auch für uns hat dein äh ... Erlebnis eine Bedeutung?«, fragte Anton schließlich.

»Na ja, für dich vielleicht nicht so, aber für Josie.«

»Warum für mich?«, fragte ich.

»Also, ich habe es ja jetzt erlebt, wie es ist, seinen Körper zu verlassen und wieder in ihn zurückzukommen«, sagte Rena langsam. »Und es ist gar nicht so leicht, da wieder reinzukommen, das könnt ihr mir glauben.«

Anton starrte sie an, als hätte sie den Verstand verloren.

Rena ignorierte seinen Blick und wandte sich direkt an mich: »Wie auch immer. Ich habe das Gefühl, dass du auch noch nicht richtig in deinem Körper angekommen bist.«

Ich hatte in dieser Hinsicht zwar genau dasselbe Gefühl wie sie, war aber trotzdem sauer, so damit konfrontiert zu werden.

»Ach ja?«, fragte ich. »Und woran machst du das bitte schön fest?«

Anton verdrehte die Augen. Wie Rena hatte er sämtliche Phasen meines krassen Körperhasses mitbekommen. Schon zu Abiturzeiten hatte er mir einmal diagnostiziert, eine Essstörung zu haben, wahrscheinlich hatte er sogar recht gehabt, aber damals war es mir egal gewesen, was ich hatte oder nicht, ich wollte mich einfach nur besser fühlen. Manchmal hatte ich auf Fett verzichtet, manchmal auf Kohlenhydrate. Es war immer in Wellen gekommen und hatte sich über mir aufgetürmt, vor allem dann, wenn irgendetwas in meinem Leben passierte, was mich überforderte. Jetzt, im Masterstudium, aß ich »normal«. Ich war »normal«, und ich wollte nicht mehr darauf angesprochen werden.

Rena legte mir eine Hand auf die Schulter. »Jetzt reg dich nicht gleich auf! Ich meine halt nur, du hast deinen Körper so lange gehasst, du könntest doch jetzt damit aufhören, oder?«

Eigentlich wollte ich höflichkeitshalber wenigstens nicken, doch stattdessen kamen mir die Tränen.

»Jetzt komm schon, Josie«, sagte Rena und klopfte mir auf den Rücken. »Jetzt wird es doch erst so richtig spannend.«

»Genau«, sagte Anton und rutschte unbehaglich hin und her. Es war ihm eindeutig unangenehm, mich weinen zu sehen.

Ein vages Schuldgefühl stieg in mir auf. Rena hatte uns gerade gesagt, dass sie fast gestorben war, und trotzdem war ich nun das Thema dieses Gesprächs. Etwas in mir zog sich zu einem kleinen, festen Knoten zusammen.

»Jedenfalls, Josie«, fuhr Rena fort. »Die Sache ist die: Mir ist etwas klar geworden.« Sie machte eine Pause. »Du musst dir deinen Körper zurückholen.«

Diese Aussage verwirrte mich so sehr, dass ich nicht wusste, was ich darauf antworten sollte. Und noch bevor ich zu einer Antwort ansetzen konnte, redete Rena weiter: »Wir machen das zusammen. Ist ja nicht so schwer. Aber leicht ist es wahrscheinlich auch nicht. Ich glaube, es geht darum, neue Erfahrungen zu sammeln. Damit man sich irgendwie ... also, damit man nichts verpasst von dem, was theoretisch möglich gewesen wäre, verstehst du?«

»Nein?«

»Wir brauchen neue Erfahrungen«, sagte Rena mit fester Stimme. »Vertrau mir. Ich bin jetzt Expertin.«

»Expertin worin?«

»Du weißt genau, was ich meine«, sagte Rena, und dabei sah sie so bestimmt aus, dass ich mich nicht traute nachzufragen.

# 2

Rena und ich hatten die Vorstellung, dass man durch die Liebe auf magische Weise Zutritt zu einer anderen Dimension des Lebens bekommen würde. Ja, im Prinzip stellten wir uns Liebe vor wie eine Tür, durch die man einfach hindurchgehen konnte. Ich wusste nicht, wie es Rena damit ging, aber ich persönlich fühlte mich von dieser Idee verfolgt. Bei jedem meiner Dates musste ich daran denken, sogar dann, wenn unsere Gespräche banal waren und ich mich langweilte. Leider war es oft so – es war mir bisher nicht gelungen, bei den Männern, die ich traf, zu etwas vorzudringen, was mich wirklich interessierte, oder auch nur zu etwas, was mir das Gefühl gab, als Person gemeint zu sein. Anton meinte, dass ich vielleicht nicht lange genug am Ball bliebe, um das überhaupt beurteilen zu können, doch selbst wenn ich es zu einem zweiten oder dritten Date kommen ließ, änderte sich meine Einschätzung eigentlich nie: Was ich gesehen hatte, hatte ich gesehen; unsere Welten trafen sich nicht. Trotzdem war ich nicht bereit aufzugeben. In meinem Profil bei Tinder stand: *Hasse Tinder, aber das echte Leben ist auch schwierig.*

Rena föhnte sich ihre Haare, ich band meine zu einem Dutt zusammen und zog eine Mütze darüber, und dann saßen wir schweigend im Bus, der uns wieder Richtung Stadtmitte brachte. Der Countdown von vorhin pochte in meinen Adern. Ich hatte das Gefühl, dass ich *jetzt* etwas tun musste, dass ich *jetzt* mein Leben ändern musste, Rena retten, mich selbst upgraden, irgendetwas Neues erfahren, was ich noch nicht über mich wusste.

Am Hauptbahnhof trennten wir uns. Rena und Anton fuhren nach Hause, ich war noch mit einem Tinder-Date verabredet.

»Lass Liebe in dich rein«, sagte Rena zum Abschied zu mir.

»Ich verstehe, was du meinst, Rena«, sagte Anton. »Aber in dieser Wortwahl und in diesem Kontext klingt es irgendwie gruselig.«

»Ich meine Selbstliebe«, sagte Rena, und ich sagte: »Lasst doch selbst Liebe in euch rein, ihr zwei Knalltüten.«

»Liebe ist wichtig«, sagte Rena, und Anton sagte: »›Knalltüte‹, das Wort habe ich auch schon lange nicht mehr gehört.«

Mein Date für diesen Abend hieß Lee. Ich erkannte ihn sofort. Er war schon da, als ich durch die Tür kam – hochgewachsen, dunkles Haar; er sah viel schöner aus als auf seinem Profilbild. Dort hatte er einen leicht brutalen Zug, den ich wahrscheinlich aus selbstzerstörerischen Gründen erst gut gefunden hatte, der mir jetzt aber unangenehm war. Von diesem Gewaltsamen war zwar im realen Leben nur eine kleine Spur übrig, aber ich hatte das Gefühl, dass sie auf einem Foto wieder sehr deutlich sichtbar sein würde.

Er stand auf, als ich auf ihn zukam. Ich musste mich auf die Zehenspitzen stellen, um ihn zu umarmen, und er beugte sich gleichzeitig herunter, allerdings so tief, dass wir unsere jeweilige Position neu justieren mussten.

»Das war schwierig«, sagte er, nachdem wir aufgehört hatten, uns zu umarmen.

»Ja.«

»Aber wir haben es hinbekommen«, sagte er.

Ich hielt ihm die Hände zum High Five hin. Er schlug ein –

eine unkomplizierte, aufeinander abgestimmte Bewegung, die mein Herz dazu brachte, plötzlich stärker zu schlagen.

»Bist du schon lange da?«, fragte ich und ließ den Blick über die Tischplatte gleiten. Es stand kein Getränk vor ihm, nur ein Teelicht und ein Salz- und Pfefferstreuer.

»Fünf Minuten oder so«, sagte er. »Ich besorge uns erst einmal was zu trinken, oder? Was magst du haben?«

Mein Herz schlug immer noch hart gegen meinen Brustkorb. Ich verstand es nicht. Sonst machte es das nie. Normalerweise befand ich mich hellwach und neutral über der Situation und analysierte alles, was gesagt und nicht gesagt wurde.

»Ich nehme ein Bier«, sagte ich.

Lee verschwand Richtung Theke, und ich verschränkte die Arme und presste sie gegen das Pochen in meiner Brust.

Die Lichter in der Bar waren gedimmt, Lees Rücken wurde in der Ferne immer mehr zu einem Schatten unter vielen.

In seinem Tinder-Profil hatten lediglich sein Name und sein Alter gestanden: *Lee, 26*. Er war zwei Jahre jünger als ich, und aus seinen Fotos hatte ich geschlossen, dass er bei den Lebensmittelrettern war und manchmal als DJ auflegte. Mir hatte sein Lächeln gefallen. Vielleicht hatte ich mich aber auch nur von seinen Fotos angezogen gefühlt, weil es durch seine Größe so ausgesehen hatte, als könnte er mich entweder ganz umschließen oder auf eine elegante Art zerstören. Was auch immer mich dazu bewegt hatte – jedenfalls hatte ich kurz entschlossen nach rechts gewischt; wir hatten ein paar Nachrichten hin- und hergeschrieben, in denen er wenig von sich selbst erzählt, dafür aber umso mehr gefragt hatte, und das hatte für mich ausgereicht, um mich für ein Treffen zu verabreden.

»Wie traurig, Josie«, hatte Rena gesagt. »Dass du schon dankbar bist, wenn du eine Frage zu dir bekommst.«

»Ich bin nicht *dankbar* dafür«, sagte ich.

»Ein bisschen dankbar«, sagte Rena. Sie war der Meinung, dass ich als Kind oft ignoriert worden war, weil meine Eltern so viel arbeiteten, und dass ich davon jetzt ein Trauma hätte, was mich übermäßig dankbar werden ließ für normalen sozialen Kontakt.

»Haha«, sagte ich. »Nein, es ist einfach meine Strategie, die Leute, die immer nur von sich erzählen, direkt auszusortieren.« Die wenigen, die ich nicht aussortiert hatte, versuchte ich möglichst schnell zu treffen, weil man sich ja im echten Leben gut verstehen musste und nicht per Text. Rena hatte meine Art zu daten einmal im Scherz mit einem Assessment Center verglichen, bei dem fast niemand durchkam, in das ich aber ziemlich viele Kandidaten einlud. Sie meinte damit, dass ich mich mit vielen Männern traf, es aber immer bei einigen wenigen Treffen blieb.

»Was kann ich dafür, dass ich mit niemandem vibe?«, fragte ich.

»Du kannst nichts dafür«, sagte Rena. »Das war kein Vorwurf. Aber vielleicht *will* ein Teil von dir ja gar nicht viben? Weil du Angst hast, am Ende bei einer Person zu landen, die dir das Gefühl gibt, nicht wichtig zu sein?«

Sie sah mich ernst an, ich sagte: »So würde ich das jetzt nicht sehen. Und außerdem: Warum sollte ich mir die Mühe machen und die treffen, wenn ich gar nicht will?«

Damals hatte Rena entgegnet, außer mir würden nur wenige Menschen das Wort »Mühe« im Datingkontext verwenden. Sie selbst bezeichnete sich als sapiosexuell, lehnte Datingplattformen ab und wollte lieber im echten Leben jemanden kennenlernen.

Lees und mein Tisch stand an der Glasfront zur Straße, ich sah, wie jemand verzweifelt versuchte einzuparken, rangierte, aber immer wieder in der gleichen Position endete. Schließlich fuhr der Wagen davon. Der Boden unter meinen Füßen hatte die Farbe von Asphalt und die Struktur glatt gestrichener Sahne; es war eine dieser Hipster-Bars mit dunklen Wänden, in die ich normalerweise nur mit Anton ging. Allein hätte ich mich fehl am Platz gefühlt, aber zu zweit war es in Ordnung, auch wenn ich nicht aufhören konnte, die Getränkepreise hier mit denen meiner Eltern im Kiosk zu vergleichen.

Endlich kam Lee mit den Getränken zurück. Er schob mir mein Bier hin und umfasste sein Glas mit beiden Händen.

»Danke für das Bier«, sagte ich. »Also, ich meine, ich bezahle das natürlich selbst. Also danke für das Bringen.«

»Klar, gern, wie immer du willst«, sagte Lee. »Also mit dem Bezahlen.«

Den Rhythmus meines eigenen Pulses in den Ohren, nahm ich einen Schluck und versuchte angestrengt, mir vorzustellen, dass mein Herz nicht Teil meines Körpers sei, dass es neben mir pochte und es für mich keine Rolle spielte, was es tat. Merkwürdigerweise beruhigte mich das wirklich ein bisschen.

»So, da sitzen wir nun«, sagte ich.

»Da sitzen wir nun«, echote Lee. »Zwei ratlose Menschen mit Biergläsern vor sich.«

Das, was er sagte, und die Art, wie er es sagte, erinnerte mich an die Nachrichten, die wir uns vorher geschickt hatten. Es ging schnell hin und her, fast so, als würde ich mich mit Rena oder Anton unterhalten.

»Zwei Menschen sitzen sich in einer Bar gegenüber und möchten eine Unterhaltung beginnen«, sagte ich.

»Zwei Menschen in einer Bar beginnen nun eine Unterhaltung«, sagte Lee. »So, ich stelle nun eine Frage. Bist du bereit?«

»Bin bereit.«

»Hast du gut hergefunden?«

»Hast du mir absichtlich die langweiligste Frage gestellt, die es gibt?«, fragte ich.

»Nein, leider ist mir wirklich keine gute Frage eingefallen«, sagte er. »Es ist anfangs immer so awkward, oder?«

»Okay, dann stelle ich dir eine Frage«, sagte ich. »Was ist das Krasseste, was dir in der letzten Zeit passiert ist?«

»Warum fragst du ausgerechnet das?«

»Ich weiß nicht. Glaube, weil mir heute etwas Krasses passiert ist.«

»Erzähl.«

Ich berichtete vom Abend in der Sauna und dass eine Freundin eine Nahtoderfahrung gehabt hatte, aber ich erwähnte Renas Namen nicht. Das war mir merkwürdigerweise zu persönlich; auch dass Rena meine beste Freundin war, erwähnte ich nicht.

»Es war so heftig«, sagte ich, »das von jemandem zu hören, der mir gegenübersitzt und sagt, dass er sich selbst von oben gesehen hat.« Während ich davon erzählte, überkam mich erneut Gänsehaut.

Lee sagte: »Klingt wirklich ziemlich krass«, und dann wusste er nicht mehr, was er sagen sollte, und deshalb versuchte ich, schnell das Thema zu wechseln. *Das war kein sehr gutes Thema für ein erstes Date*, sagte ich mir tadelnd. *Erstes Date, und dann gleich über den Tod reden, in welcher Welt lebst du eigentlich, Josie?*

Ich fragte Lee, wie er auf die Sache mit dem Lebensmittelretten gekommen sei.

Lee sagte, er mache den überraschenden Sprung von Nahtoderfahrungen zu Lebensmittelretten gern mit, warum nicht. Also, seine Schwester habe damit angefangen, und als er gesehen habe, wie viel Essbares einfach weggeschmissen werde, habe er das auch unbedingt machen wollen. Natürlich spare man auch ziemlich viel Geld, aber ihm gehe es, ehrlich gesagt, auch ums Prinzip.

Ich fragte ihn, ob er auch nachts in Container kletterte, ich stellte es mir spannend vor, aber er sagte, es komme vor, aber nicht oft. Sie hätten ein, zwei Supermärkte, mit denen seine Gruppe kooperiere, da würden sie das Essen abholen und meistens selbst verwerten, es sei denn, es sei so viel, dass sie das nicht schafften. Dann verteilten sie die Lebensmittel an gemeinnützige Organisationen. Jedenfalls, sagte er, bekomme man manchmal richtig Weltschmerz, wenn man sehe, wie viel Essen –

Dann gefror sein Gesicht. Ich verstand erst nicht, warum, doch als ich seinem Blick folgte, sah ich, dass zwei Männer auf ihn zusteuerten. Sie hatten noch ihre Jacken an, also waren sie wohl eben erst von draußen reingekommen.

»Bist du ein Gespenst?«, fragte einer von ihnen Lee und versuchte gleichzeitig, ihn zu umarmen. Er hatte lange braune Haare, die in einem losen Pferdeschwanz zurückgebunden waren.

Der andere klopfte Lee auf den Rücken. »Wir dachten, du wärst tot, Alter«, sagte er, und seine messingfarbene Achtzigerjahrebrille glänzte, als er sich bewegte. »Ich meine, echt cool, dich zu sehen, aber what the fuck?«

Lee schob den Stuhl zurück, als wollte er aufstehen und gehen. Aber dann drehte er sich nur zu ihnen um, stand auf und umarmte sie noch einmal einzeln. »Es tut mir echt leid«, sagte er. »Sorry. Es war einfach zu stressig bei mir, ich –«

»So stressig, dass du nicht mal kurz absagen kannst?«, fragte der Mann mit dem Pferdeschwanz.

»Ich hab's echt nicht geschafft«, sagte Lee. »Ich war irgendwie total –«

»Und wer ist das?« Der Mann mit der Brille zeigte auf mich. »Bist du ihretwegen abgetaucht?«

»Wieso abgetaucht?«, fragte ich verwirrt.

»Nee, wir haben uns gerade erst kennengelernt«, sagte Lee.

»Bist du sicher?«

»Ziemlich sicher.«

»Schade«, sagte der Mann mit dem Pferdeschwanz. »Diese Erklärung hätte mir am besten gefallen.«

Ich wurde aus der Unterhaltung nicht schlau, und irgendwie war es mir auch unangenehm, Zeugin davon zu sein.

»Also, nur zur Erklärung für dich«, sagte Lee zu mir gewandt. »Ich sollte für die beiden auflegen, aber dann —«

»Aber dann bist du einfach verschwunden«, sagte der Mann mit der Sonnenbrille. »Wenn ich dich nicht so sehr mögen würde, wirklich, Bro —«

»Hey, ich liebe euch auch«, sagte Lee. »Ich erkläre euch das ein anderes Mal, ja? Jetzt ist es wirklich ein bisschen schlecht.«

»›Ein bisschen schlecht‹ – ich fasse es nicht«, sagte der Typ mit dem Pferdeschwanz. »Uns ghostest du einfach, dann treffen wir dich überraschend bei einem Date – und dann ist es für dich gerade ›ein bisschen schlecht‹ zum Reden?«

»Es tut mir wirklich leid, okay?«, sagte Lee. »Ich erkläre euch das. Ich rufe euch an!«

»Könntest du ihn bitte dazu zwingen, uns wirklich anzurufen?«, fragte der Typ mit dem Pferdeschwanz und sah mich dabei an.

»Was soll das?«, fragte Lee. »Kannst du sie da bitte rauslassen?«

Der Mann mit dem Pferdeschwanz öffnete den Mund. Er sah so aus, als wollte er weiterdiskutieren, aber da stand Lee auf und schob die beiden mit weit geöffneten Armen einfach in eine andere Ecke der Bar. Die beiden lachten und wehrten sich, aber nur pro forma. Eigentlich ließen sie sich ziemlich bereitwillig wegdrängen, woraus ich schloss, dass die Verbindung zwischen ihnen freundschaftlich sein musste und sie sich schon öfter gegenseitig irgendwo hin- oder weggeschoben hatten. Sie wirkten miteinander vertraut.

Die beiden Männer setzten sich an einen Tisch. Lee setzte sich zu ihnen und besprach offenbar etwas mit ihnen. Seine Gesten wirkten beschwichtigend, vielleicht auch erklärend; auf jeden Fall beruhigte er irgendwie gerade die Lage.

Ich warf einen Blick auf mein Handy. Rena hatte mir ein Foto ihres alten Globus geschickt. Er leuchtete in ihrer Zimmerecke vor sich hin, und ihr Zeigefinger lag auf einem Land, das ich nicht richtig erkennen konnte. Darunter hatte sie geschrieben: *Sitze auf einer Picknickdecke in der Wüste und trinke Pfefferminztee mit Zucker. Die Sonne ist gerade untergegangen, aber während die Luft schon kälter wird, ist der Sand unter mir noch warm. Schlaf gut, Josilein.*

Ich schrieb zurück: *Marokko???* und *Bitte pass auf Dich auf*, weil es das war, was ich den ganzen Tag hatte sagen wollen, aber nicht gesagt hatte.

Lee kam zurück, sagte: »Oh mein Gott, sorry, dass du da jetzt mit reingezogen wurdest«, und dann wechselte er das Thema, indem er mich nach meinem Studium und meinen Lieblingsbüchern fragte.

Ich zählte ihm erst fünf meiner circa hundert Lieblingsbücher auf, dann fragte ich ihn nach seinen und schließlich danach, was das mit den zwei Männern eben genau gewesen war.

»Na ja, wie gesagt, ich sollte für die beiden auflegen«, sagte Lee zögerlich. »In ihrem Club. Und ich war halt ... länger nicht zu erreichen. Also, schon ziemlich lang.«

»Wieso warst du nicht zu erreichen?«

»Ja, na ja, ich war da gerade in so einer Phase«, sagte er. Er schaute nach unten auf die Tischplatte, und ich wartete darauf, dass noch etwas kam, aber es kam nichts. Seine Finger lagen elegant und glatt auf dem Tisch vor mir.

»Was für eine Phase denn?«

Er antwortete nicht, und gerade als ich anfing zu überlegen, wie üblich Drogenexzesse bei Musikern waren und ob Lee irgendwelche Anzeichen von Drogenkonsum aufgewiesen hatte, die ich als solche hätte erkennen können, hob er den Kopf, setzte sich aufrecht hin und sah mich an, als habe er sich zu etwas entschlossen.

»Ich war einfach zu depressiv, um auf Nachrichten zu antworten«, sagte er.

»Meinst du, richtig depressiv?«, fragte ich. »Oder nur ein bisschen?«

»Wie meinst du das: ›nur ein bisschen depressiv‹?«, fragte Lee verwirrt.

»Ich weiß nicht, das sagt man doch manchmal so«, sagte ich. »Wenn man einfach keine Lust hat, irgendwas zu machen.«

»Nee, nee, ich war schon *richtig* depressiv«, sagte Lee.

»Oh«, sagte ich und suchte fieberhaft nach etwas, was ich sagen konnte. Wie reagierte man gleich noch einmal auf so etwas? »Das tut mir leid«, sagte ich schließlich. Es klang etwas zu förmlich, und ich hasste mich dafür.

»Aber irgendwie ist es auch lustig«, sagte Lee.

»Was?«

»Das mit dem ›richtig depressiv‹«, sagte er. »Das klingt ja fast so, als hätte ich etwas richtig gemacht, während ich im Bett lag und mein Leben gehasst habe. Die anderen waren nur ein ›bisschen depressiv‹, aber ich, ich war total *richtig* depressiv! Ich habe die Depression korrekt durchgeführt! Gebt mir einen Preis!«

»Ich verleihe dir hiermit den Preis für völlig korrekte Depressionen«, sagte ich mit ernster Miene und überreichte ihm den Salzstreuer, der auf dem Tisch stand.

»Vielen, vielen Dank«, sagte er und verneigte sich leicht.

»Ich grüße meine Schwester und meine Eltern, vor allem meine Eltern. Ohne sie wäre ich nicht, wo ich heute bin!«

Ich fragte mich, wie viel Ironie in dem Satz lag. Hatte er gerade gesagt, dass seine Eltern schuld an seiner Depression waren?

»Glaubst du, ich kann den Salzstreuer mitgehen lassen?«, flüsterte er dann. »Wäre assi, oder? Aber ich hätte ihn echt gern. Ich habe noch nie einen Preis für meine Depression bekommen.«

»Ich kann ein Foto von dir machen«, bot ich an, und er brachte sich sofort in Position: Er hielt den Salzstreuer so hoch wie einen Pokal, lächelte aber nicht, sondern blickte todernst in die Kamera.

Sobald ich mein Handy senkte und ihm das Bild zeigte, lächelte er doch. Das Lächeln in seinem Gesicht war so groß, dass ich Angst hatte, es könnte in meinem Leben völlig überhandnehmen. Es sah gleichzeitig warm und wehrlos aus.

Meine Finger wollten über seine Wange streichen. Ich stellte mir vor, dass die Haut dort samtig und fest war und dass ich über den Übergang zwischen Haut und Barthaaren mehrmals hinwegstreichen müsste, um den Wechsel von etwas Weichem zu etwas Widerstandsfähigem zu verstehen. Ich würde versuchen, es zu verstehen, aber ich würde es niemals verstehen, und deswegen müsste ich die Stelle immer wieder berühren, mehrmals am Tag. Sie würde sich immer exakt gleich anfühlen, und ich würde sie niemals richtig begreifen.

Erst jetzt bemerkte ich, dass Lee mich ebenfalls ansah – nicht nur ich ihn –, und instinktiv schlug ich die Augen nieder. In seinem Blick lag keine Frage und keine Aussage; er war rein betrachtend. Ich wusste, dass es unfair war, aber ich mochte es nur, andere anzuschauen, nicht, selbst längere Zeit angeschaut zu werden. Sobald ich im Fokus von jemandem stand, hatte ich das Gefühl, mich langsam in eine Fotografie zu verwandeln – in etwas, das angeschaut und beurteilt werden, aber nicht zurückblicken kann.

Ich atmete tief durch und versuchte, mit Lees Blick klarzukommen, ihm vielleicht sogar etwas entgegenzusetzen. Aber plötzlich war ich müde. Die Hitze und Kälte der Sauna machten mich jetzt, Stunden später, mit einem Mal benommen.

Später unterhielten wir uns über unsere Familien. Ich sagte, ich hätte meine Eltern hauptsächlich an mir vorbeilaufen sehen, irgendetwas hätte immer erledigt werden müssen, und es sei auch immer alles erledigt worden. Wenn ich selbst irgendein Problem gehabt hätte, erzählte ich, hätte ich es mit meiner besten Freundin besprochen, also alles cool. Und bei ihm?

Er lächelte und sagte: »Ziemlich ähnlich, Anwaltseltern«, als ob damit alles gesagt sei und ich mir sowieso vorstellen könnte, wie Anwaltseltern sich verhielten. Ich hatte tatsächlich eine vage Idee davon – Sakkos schon zum Frühstück, teure Kaffeemaschinen, Gespräche über Uhren und Tennis –, aber keine Ahnung, ob sie der Realität entsprach. Ich amüsierte mich mehr und mehr. Lee hatte eine lebhafte Art zu sprechen, seine Pointen wurden immer überraschender.

Irgendwann sagte er, es sei für ihn ein Akt des Widerstands, einfach mal nichts zu machen, und zwar allein. Es sei eine antikapitalistische Aktivität und man werde dabei garantiert nicht ausgebeutet, sagte er. Außerdem müsse man einmal im Leben nicht hundert Prozent geben, damit sie gelinge. Sie gelinge einfach immer.

Ich lachte und legte meine Hand auf Lees Arm, eine unbewusste Bewegung, die mein Körper von ganz allein ausführte. Ich sah nur erstaunt dabei zu.

Als Lee mich nach Hause brachte, sagte er, ich müsse mir keine Sorgen machen, das mit den Depressionen sei immer nur eine Phase, gerade gehe es ihm gut. Also die meiste Zeit sei er normal, so wie alle anderen auch, ich solle mir keine Gedanken machen.

Auf den Straßen war es so still, dass ich unsere Schritte hören konnte. Wir gingen nebeneinander her, der Asphalt glänzte feucht, und die Luft roch nach nassem Laub. Ich zog meinen Schal höher, sodass er mir fast bis zur Nase reichte. Mit einem Mal tauchte Rena in meinem Kopf auf. Sie legte tadelnd den Kopf schief, sagte »ts« und rückte mir den Schal gerade. Ich atmete die kalte Luft ein, und eine zittrige Vorfreude breitete sich bis zu meiner Lunge aus.

Als ich die Tür zu meiner Wohnung aufschloss und das Licht anmachte, brannte der Wechsel von dunkel zu hell in meinen Augen. Lee folgte mir durch den winzigen Flur in mein Zimmer und sah sich dann suchend um.

»Wo ist das Bad?«, fragte er.

»Es gibt nicht so viele Möglichkeiten«, sagte ich. »Du musst zurück in den Flur und dann durch die einzige Tür, die es gibt.«

»Ach so«, sagte Lee. »Sorry. Bin gleich wieder da.«

Ich ging in der Zwischenzeit in die Küche und holte zwei Gläser und eine Flasche Wasser, die ich neben das Bett auf den Boden stellte. Eine Couch hatte ich nicht; tagsüber legte ich meistens eine gesteppte Decke über das Bett, damit ich etwas anderes anzuschauen hatte als nachts. Die Wohnung lag nah an der Uni und war relativ günstig. Außerdem hatte sie einen kleinen Balkon mit Blick auf den Innenhof. Es war fast immer ein wenig dunkel bei mir, weil die Nachbarhäuser das Licht schluckten, aber ich hatte ein paar Pflanzen, die trotzdem überlebten. Außerdem machte ich sowieso immer meine Standleuchte mit dem roten Lampenschirm an, sobald ich nach Hause kam, damit ich die Zitate lesen konnte, die ich an die Wand geheftet hatte. Anton hatte bei seinem ersten Besuch bei mir damit angefangen, und ich hatte nach und nach Textausschnitte hinzugefügt, bei denen ich das Gefühl gehabt hatte, dass jemand einen meiner Gedanken laut aussprach, den ich bis dahin selbst noch nicht gekannt hatte. Rena hatte bei einem ihrer letzten Besuche ebenfalls ein Zitat beigesteuert. Sie hatte groß *Jeder ist ein Mond und hat eine dunkle Seite, die er niemandem zeigt – Mark Twain* auf einen Zettel geschrieben und diesen über mein Bett gehängt. Wir machten uns zwar immer über Antons Sprüche lustig, aber insgeheim waren auch wir längst in ein Zitate-Spinnennetz eingewebt worden.

Ich hörte die Klospülung, dann wurde der Wasserhahn auf- und wieder zugedreht, und schließlich kam Lee aus dem Bad. Er setzte sich nicht sofort zu mir aufs Bett, sondern blieb stehen und sah sich um.

»Schön hast du's hier«, sagte er. »Und hier geht's zu deinem Wohnzimmer?«, fragte er dann und deutete auf die geschlossene Tür zur Küche.

»Nee, da ist nur die Küche«, sagte ich.

»Schön«, sagte er erneut, doch sein Gesicht verriet eine Verunsicherung, die ich nicht verstand, die sich aber trotzdem auf mich übertrug. Er fühlte sich nicht wohl in meiner Wohnung, das war eindeutig. Seine eigene war wahrscheinlich größer, schöner und neuer, dachte ich, Anwaltseltern wollten bestimmt schöne Wohnungen für ihre Kinder.

»Ich hab dir was zum Trinken hingestellt«, sagte ich und deutete auf die Gläser neben mir. »Wenn du magst.«

»Danke«, sagte er, nahm eines der Gläser und setzte sich neben mich.

»Oder willst du lieber etwas anderes? Kaffee? Tee? Oder warte, ich habe auch noch ein Bier da, glaube ich.«

»Nein danke, Wasser ist super«, sagte er. Dann stellte er das Glas ab und fragte: »Wo lernst du dann? In der Bibliothek?«

»Ja, manchmal«, sagte ich. »Wieso?«

»Ach so, klar«, sagte er, und dann versuchte er schnell, das Thema zu wechseln. Er deutete auf einzelne Zitate an den Wänden und fragte mich, was genau mir daran gefallen hatte, oder erzählte, welche Bedeutung für ihn persönlich darin lag.

Ich war nervös, deswegen erinnere ich mich heute nicht an alle Zitate, auf die Lee mich ansprach. Nur eines von Jane Austen ist mir im Gedächtnis geblieben: *One does not love a place the less for having suffered in it, unless it has been all suffering, nothing but suffering.*

Er blickte lange auf das Zitat und las es sich selbst halblaut vor. Dann drehte er sich zu mir um. »Was gefällt dir daran?«

»Weiß ich auch nicht genau«, sagte ich. »Mir gefällt es einfach.«

»Leidest du in dieser Wohnung?«, fragte er. »Oder an dieser Wohnung?«

»Haha«, sagte ich. »Nein, ich glaube, mir hat es irgendwie gefallen, weil es ... Vielleicht mochte ich es, weil es genau solche Orte in meinem Leben gibt. Orte, die ich liebe, aber die mich ... Und das noch mal so zu lesen, gibt dem Ganzen irgendwie mehr Sinn? Wenn du verstehst?«

»Was für Orte meinst du?«

»Orte von früher.«

»Du willst es nicht sagen.«

»Es ist nicht wichtig.«

»Das Zitat hat dir eben einfach gefallen«, sagte er. »Alles in Ordnung.« Er lächelte und legte seine Hand in einer schnellen, fließenden Bewegung auf meine. Die Berührung war warm und unkompliziert, und ich spürte sie am ganzen Körper.

Noch bevor ich mich daran gewöhnt hatte, wie sich Lees

Hand anfühlte, zog er sie wieder weg und fragte: »Sollen wir noch mal auf den Balkon? Kurz frische Luft schnappen?«

Auf dem Balkon legte er den Arm um mich, und die Wärme seiner Haut übertrug sich durch seinen Pullover auf mich. Ich lehnte mich an seine Schulter. Eigentlich hätte ich ihn gern umarmt, Wange an Wange, aber dazu war er zu groß. Stattdessen schaute ich zu ihm hoch. In Lees Blick sah ich keine Frage, aber auch keine Antwort. Er beugte sich zu mir herunter und küsste mich. Seine Lippen schmeckten nach Heu, das zum Trocknen aufgeschüttet worden war. Ich legte meine Arme um seine Taille, er drückte mich gegen sich.

Irgendwann fingen meine Hände von allein an, sich suchend unter seinen Pullover vorzuarbeiten. Seine Haut fühlte sich so heiß an, dass ich an helles Licht denken musste.

Plötzlich hörte Lee auf, mich zu küssen. »Sollen wir reingehen?«, fragte er. Ich nickte und ging voraus.

Wir legten uns aufs Bett. Ich berührte mit einer Hand die Stelle seiner Wange, an der seine glatte Haut in einen Dreitagebart überging, und spürte plötzlich eine Schwere in meinem Körper. Ich hatte Lust, mit Lee zu schlafen, und gleichzeitig Angst, mich danach zu hassen. Ich hätte mir selbst gern geglaubt, dass es mir nicht darum ging, schön gefunden zu werden. Doch wenn ich ehrlich war, wollte ich genau das. Schönheit war nicht angreifbar. Sie war einfach nur da.

Lee setzte sich auf und zog erst sich selbst und dann mir den Pullover aus. Dabei strich er mir leicht über den Arm. »Du bist so unglaublich weich«, sagte er.

Ich wusste nicht, was ich darauf sagen sollte, aber Lee schien keine Antwort zu erwarten, und wir legten uns wieder hin. Ich hatte mir seine Berührungen routiniert und fest vorgestellt, aber es war ganz anders. Wir lagen auf der Seite, einander gegenüber, und Lee fuhr mit der Hand unter mein T-Shirt und strich mir mit den Fingerspitzen über den Rücken, bis hoch zum Haaransatz. Mein ganzer Körper kribbelte. Es war, als würde sich meine Haut auf weitere Informationen vorbereiten, die sie gleich erreichen würden. Ich war in diesem Zustand erhöhter Aufmerksamkeit, in dem man das nächste Berührtwerden antizipiert und dann, wenn es eintritt, schon wieder bedauert, dass es irgendwann enden wird. Es reichte nicht, es würde niemals reichen, und ich wusste in diesem Augenblick, dass es gefährlich gewesen war, ihn zu mir einzuladen.

Während Lees Hände weiter über meinen Rücken strichen, veränderte sich mein Atem. Ich konnte es wahrnehmen, aber nicht steuern; es war ein ganz neuer Rhythmus, in dem meine Befürchtung, er könne hier, in dieser Wohnung, um mich herum und an mir, etwas entdecken, was er nicht mochte, allmählich von unserer Körperwärme in den Hintergrund gedrängt wurde. Lee reagierte auf jede Veränderung meines Atems, was mich zugleich beruhigte und beunruhigte. Einerseits war es schön, so viel Aufmerksamkeit zu bekommen. Auf der anderen Seite fühlte es sich ungefähr so unbehaglich an wie minutenlang angesehen zu werden. Man wartet darauf, dass der andere irgendwann blinzelt, kurz wegblickt, weil einem der Fokus auf einen selbst zu viel wird. Man fühlt sich gesehen, aber gleichzeitig auch seziert.

Ich schloss die Augen. Als ich sie wieder öffnete, sah ich, dass Lee mich immer noch ansah. Ich rutschte noch ein Stück näher an ihn heran, bis ich die Luft, die er ausatmete, als feinen Strom auf meiner Wange spürte, und schloss dann sofort wieder die Augen. Auf diese Weise fühlte ich mich ihm nahe, gleichzeitig aber auch unsichtbar. Einen Teil seiner Atemluft sog ich ein. Sie roch nach Körperwärme und etwas, das ich nicht zuordnen konnte und über das ich gern mehr gewusst hätte.

Aus einem Reflex heraus kam ich immer näher, bis meine

Lippen kurz davor waren, seine zu berühren. Meine Hände waren in seinen Haaren, an seinem Rücken, an der Außenseite seiner Oberschenkel. Es war leicht, meine Bewegungen mit seinen abzustimmen, und nachdem sich meine Hände einen groben Überblick über seinen Körper verschafft hatten und ich wusste, wie sich der Stoff seiner Jeans anfühlte und dass seine Haut warm und sehr glatt war, drehte Lee mitten im Kuss den Kopf von mir weg. Es war eine sanfte Bewegung, aber ich erschrak dennoch.

Er setzte sich auf und knöpfte erst seine, dann meine Hose auf. Ich zog meine selbst herunter, dann legte ich mich wieder hin. Ich verschränkte meine Beine mit Lees, ich wollte mehr von ihm wissen, genau genommen wollte ich alles von ihm wissen, und das war mir so unangenehm, dass meine Bewegungen mechanisch wurden und ich fast mit dem Atmen aufhörte. Wir lagen noch eine Weile so da, aber ich merkte, dass sich auch Lees Körper verkrampfte. Er sah mir lange in die Augen, als wollte er mich etwas fragen, und ich versuchte, den Blick zu erwidern, aber am Ende schloss ich einfach erneut die Augen. Ich öffnete sie erst wieder, als Lee sich ruckartig aufsetzte.

»Was ist?«, fragte ich erschrocken.

»Ich weiß nicht«, sagte er. »Ich finde es ein bisschen schwierig, dich zu lesen. Findest du es gerade gut, was wir machen?«

»Ja, klar«, sagte ich. »Warum fragst du?«

»Weil du ... weil deine Körpersprache vielleicht was anderes sagt«, erwiderte er.

»Aber ich würde gern weitermachen«, sagte ich. »Bitte.«

Wir mussten beide lachen. Ich klang wie ein Kind, das noch ein Eis haben wollte.

»Ich wollte ja nur nachfragen«, sagte er schnell. »Wenn es dir gut geht, ist alles okay.«

Seine rechte Hand lag auf meiner Hüfte. Wir begannen erneut, uns zu küssen, und ich spürte, wie seine Hand langsam an der Innenseite meines Oberschenkels entlangstrich, quälend langsam, scheinbar ohne Ziel, zumindest ohne eines, das ich kannte. Wenige Minuten später waren wir nackt, und ich zog eine Kondompackung aus meinem Nachttisch.

Nachdem Lee sie aufgerissen hatte, bedeutete er mir, mich hinzulegen, aber ich stand auf und ging zum Fensterbrett. Ich wollte nicht gern unter ihm liegen. Irgendwie hatte ich den Eindruck, dass ich in der Position passiv bleiben müsste, wie ein Blatt Papier, das jemand mit energischer Handschrift vollschreiben würde. Lee beobachtete mich, während ich mich auf die Fensterbank setzte. Die Rollläden waren schon heruntergelassen.

»Kommst du rüber?«, fragte ich.

Lee zögerte kurz. Dann stand er auf, und ich setzte mich ganz vorn auf die Fensterbank, stellte die Füße auf die Heizungskante. Das kalte, harte Glas in meinem Rücken fühlte sich gut an. Ich sagte Lee nicht direkt, was er tun sollte, aber meine Körpersprache war wohl ziemlich eindeutig. Er sah mich an, dann stand er auf und stellte sich vor mich. Einige Sekunden passierte nichts, dann drückte er sich plötzlich mit seinem ganzen Körpergewicht an mich, mein Rücken wurde gegen das Fensterglas gepresst.

Die Bewegungslosigkeit und der gleichmäßige Druck hatten auf mich eine fast hypnotische Wirkung – die Grenzen meines Körpers waren auf einmal klar umrissen und eng begrenzt. Dann ließ mich Lee auch schon wieder los und trat einen Schritt zurück. Er suchte in meinem Gesicht nach Zeichen der Zustimmung oder Ablehnung, doch ich sagte nichts, sondern legte die Hände an Lees unteren Rücken und ließ sie langsam nach unten wandern.

Lee schob sein Becken langsam nach vorn. Einmal in mir,

bewegte er sich vorsichtig vor und zurück, als könnte er mir leicht wehtun, aber ich drückte mich mit dem Rücken vom Fenster ab; ich brauchte mehr Widerstand, und ab da wurden auch seine Bewegungen bestimmter.

»Oh mein Gott, du bist so unglaublich weich«, sagte er immer wieder. Seine Schultern waren angespannt, die Muskeln bewegten sich mit, und in diesem Rhythmus erwachte in mir plötzlich eine Energie, die ich lange nicht gespürt hatte. Sie breitete sich in mir als ein heißes Gefühl aus, das von meinem Bauch in meinen Kopf stieg und an Schmerzen erinnerte, weil man keine Wahl hatte, ob man sie spürte oder nicht. Gleichzeitig drängte es alle anderen Gefühle in den Hintergrund.

Plötzlich schien mir alles mit allem verbunden – oder ich mit ihm oder vielleicht auch nur ich mit einem intensiven Teil meiner selbst, hinter dem der Rest meines Lebens langsam verblich. Als wir fertig waren, hatte ich ein ganz wattiges Gefühl im Kopf. Wir gingen zurück ins Bett, ich legte meinen Kopf auf Lees Brust und hörte seinem Herzschlag zu. Er wurde abwechselnd langsamer und dann wieder schneller und dann noch schneller.

Irgendwann drehte Lee sich langsam von mir weg zur rechten Seite des Bettes, wo einer meiner vielen Bücherstapel lagerte.

»Liest du abends vor dem Einschlafen immer noch was?«, fragte er.

»Meistens«, sagte ich.

»Schläft man dann besser?«

»Ich hab eigentlich immer schon gut geschlafen«, sagte ich. »Aber ich leihe dir gern ein Buch aus, dann kannst du's mal ausprobieren.«

»Welches würdest du empfehlen?«

Ich lehnte mich über ihn, um meinen Bücherstapel genauer in Augenschein zu nehmen.

»Hm, vielleicht *Afterdark* von Murakami«, sagte ich. »In dem Buch kommt niemand zum Schlafen. Die sind alle die ganze Nacht wach – bis auf eine Figur, aber die ist in einen komaähnlichen Schlaf gefallen und kann gar nicht mehr aufwachen.«

»Na toll«, sagte Lee.

»Es spielt in Tokio«, sagte ich. »Es ist ein wirklich gutes Buch.«

Er nahm das Buch vom Stapel. »Darf ich mir das ausleihen?«

»Du kannst auch gern hier übernachten und es gleich lesen«, sagte ich. Ich war so entspannt, dass ich alles sagte, was mir in den Sinn kam, ohne nachzudenken, wie es rüberkommen könnte.

»Danke, aber ich muss los«, sagte Lee.

»Ach so, ja dann, nee, kein Problem«, sagte ich. »Ich habe morgen sowieso mein Masterkolloquium, da ist es so vielleicht sowieso besser.«

Das Kolloquium war eigentlich erst übermorgen, aber ich hatte das Gefühl, irgendetwas sagen zu müssen, was klarmachte, dass ich selbst auch beschäftigt war und einen Termin für ihn einräumen musste.

»Master-was?«

»Kolloquium. Da stellt man vorab seine Arbeit vor, und alle äußern Kritik.«

»Konstruktive Kritik?«

»Mal mehr, mal weniger konstruktiv«, sagte ich. »Du kannst das Buch übrigens gern mitnehmen. Nimm es als Siegerpokal.«

»Als was?« Lees Augenbrauen hoben sich.

»Weil du doch vorhin den Preis für besonders gelungene Depressionen gewonnen hast«, sagte ich.

»Ach so, das, ja, haha«, sagte er und grinste.

In mir stieg der Impuls auf, ihm erneut High Five zu geben. In meinem Hals steckte ein Lachen fest, das prickelnd wie Alkohol langsam nach oben stieg.

Während er sich anzog, die Schuhe zuband und sich dann suchend nach seiner Jacke umsah, sagte ich: »Aber weißt du, was ich nicht verstehe? Warum konntest du dich bei mir melden, aber nicht bei deinen Kumpeln?«

Ich wollte es wirklich wissen, weil ich es verstehen wollte. Ich hatte immer gedacht, dass bei Depressionen einfach gar nichts mehr ging, und ich war gerade in einer Stimmung, in der ich sagte, was ich dachte.

Lee drehte sich zu mir um. Es schien, als wäre seine Körperspannung mit einem Mal verschwunden. »Ja, das ist ein bisschen kompliziert ... Ich glaube, ich habe mich bei dir gemeldet ... weil ich mich einfach melden *wollte*. Und bei meinen Kumpeln hätte ich mich melden *müssen*, und dazu hatte ich nicht genügend Energie, wenn du verstehst, was ich meine?«

»Weil du nur noch Energie für Sachen hast, die du gerade machen willst?«, fragte ich.

»Genau. Und außerdem ... wissen die auch gar nicht, dass ich krank war. Deswegen weiß ich nicht richtig, was ich sagen soll. Aber, wie gesagt: Das sind nur Phasen. Nicht, dass du denkst, dass es bei mir ... dass ich ... also, ich meine, mir geht es eigentlich ganz gut gerade, nur for the record.«

Er sagt es schon zum zweiten Mal, registrierte ich.

Nach einer kurzen Pause schob er hinterher: »Ja, ich weiß, war nicht so cool von mir, mich nicht zu melden.«

»Wirst du dich bei mir melden?«, fragte ich. Es war als Scherz gemeint, aber unmittelbar nachdem ich es gesagt hatte, dachte ich: *Reiß dich zusammen, Josie! Wieso sagst du so was, was man so leicht missverstehen kann? Am Ende denkt er jetzt, du wärest ein Kontrollfreak oder würdest ihm unterstellen, dass er –*

»Nee«, sagte Lee. »Ich ghoste aus Prinzip alle. Damit es gerecht ist.«

»Na, dann«, sagte ich. Für mich selbst überraschend lächelte ich – oder besser gesagt: Der Teil von mir, der sich immer Mühe gab zu gefallen, lächelte, und das nervte mich so sehr, dass ich versuchte, damit aufzuhören. Es gelang mir nicht. Mein Gesicht lächelte von allein weiter.

Lee stand schon an der Tür, den Schal bis zur Nase hochgezogen. Ich kletterte aus dem Bett, wickelte mir die Bettdecke wie ein Handtuch um den Körper und versuchte, ihn so zu umarmen. Wir umarmten uns umständlich, wobei ich mich leicht auf die Zehenspitzen stellte. Lee beugte sich nicht mehr so tief hinunter wie zu Beginn des Abends – den Part bekamen wir also immerhin schon einmal hin.

Er küsste mich nicht zum Abschied, und ich war plötzlich passiv und machte gar nichts mehr, weil ich Abschiede so hasste, sondern sah ihm einfach nur nach, während er den Korridor hinunterging. Als er außer Sichtweite war, schloss ich die Tür mit einem Knall.

Immer noch mit der Decke umwickelt, ging ich ein paar Runden durch das Zimmer. Lee hatte das Buch liegen lassen, das er sich hatte ausleihen wollen.

Aus den Augenwinkeln sah ich mein Handydisplay aufleuchten. Rena hatte zurückgeschrieben: *Ich höre Schlangen und Skorpione über den Sand kriechen, aber wir haben ein Feuer gemacht. Ich bin sicher hier, mach Dir keine Sorgen. Es ist schön hier in Marokko, und es ist unglaublich, von so viel Sand umgeben zu sein. Alles türmt sich um einen herum auf, aber Du musst nicht hinschauen, weil Du auf eine angenehme Art immer genau dasselbe siehst.*

Ich sah an mir hinunter. Dann ließ ich die Decke fallen, stellte mich nackt vor den Spiegel und betrachtete mich, als würde ich mich gerade zum ersten Mal sehen. Ich sah Adern, die dann und wann unter meiner Haut hervorschienen. Ich sah die Stellen, an denen meine Haut gerissen war. Ich sah Füße und Brustwarzen und Knöchel und Hände, aber ich konnte das Bild nicht zu einem Ganzen zusammensetzen. Irgendetwas fehlte immer. Mein Bild von mir war grob und unkonturiert, ungefähr wie die länglichen Luftballons, die man auf Kindergeburtstagen zu Tieren und Menschen knoten konnte.

Was hatte Lee gesehen, als er mich angeschaut hatte? Ich zog mich wieder an, legte mich ins Bett und wickelte die Decke so fest um mich, dass ich mich kaum mehr bewegen konnte.

# 3

»Und, wie war es?«, wollte Rena am nächsten Tag wissen.

»Ich habe Angst, dass er mich ghostet«, sagte ich.

»Das klang gerade so, als wolltest du eigentlich sagen: ›Ich habe Angst, dass er mich *tötet*.‹«, sagte Rena.

Sie trug Jogginghosen und ein fast durchsichtiges weißes Top mit dünnen Trägern und saß im Schneidersitz in ihrem winzigen Badezimmer. Ihre Knie berührten dabei mühelos den Boden, und ich wusste, dass Rena sich aus dieser Position flach auf den Boden legen konnte, wenn sie wollte, so gelenkig war sie. Vielleicht trug auch diese Tatsache dazu bei, dass sie so mühelos mit den Umgebungen verschmolz, in denen sie sich befand.

Ich saß direkt hinter ihr auf dem Badewannenrand und flocht ihre Haare zu kleinen Zöpfen. Die Strähnen rutschten immer wieder unter meinen Fingern weg, weil sie so seidig waren. Es würde noch ein wenig dauern, bis wir damit fertig sein würden.

»Wie gruselig, Rena! Warum sagst du so was?«, fragte ich.

»Wie kommst du darauf, dass er dich ghosten könnte?«

»Wir haben zufällig Freunde von ihm getroffen, die er geghostet hat.«

»Oh, Mensch, Josie«, sagte Rena und dann: »Mehr Details, bitte.«

Ich begann zu erzählen, was er gesagt hatte, was ich gesagt hatte: dass er Depressionen hatte, dass er irgendwo hätte auflegen sollen und dann nicht aufgekreuzt war, dass wir noch zu mir gegangen waren. Doch das Wesentliche schien mir nicht in Worte zu fassen zu sein: dass er eine so schöne Präsenz mitgebracht hatte, dass er mir das Gefühl gegeben hatte, ein wichtiger Mensch zu sein. Ich wusste selbst nicht, wie er das gemacht hatte.

Als ich mit den wichtigsten Details meines Dates durch war, stand Rena auf, um sich im Spiegel zu begutachten. Ihr Gesichtsausdruck sah nicht prüfend oder kritisch aus; sie war nie jemand gewesen, der sich grundsätzlich infrage gestellt hätte. Sie nahm sich selbst als etwas hin, das da und nicht diskutabel war, wie ein Berg. Ihre Herangehensweise an sich selbst war ungefähr entgegengesetzt zu meiner, und an guten Tagen färbte sie auf mich ab.

»Was sagt dein Bauchgefühl?«, fragte Rena, den Blick immer noch in den Spiegel gerichtet.

»Mein Bauchgefühl hat längst aufgegeben«, sagte ich.

»Egal, was passiert, Josie: Hauptsache, du denkst nicht, dass du dich für irgendjemanden verändern müsstest«, sagte Rena.

Ich hatte keine Lust auf dieses Thema und sagte deshalb nur: »Ja, ja, nee, weiß ich schon.«

»Was glaubst du, wie geht es weiter?«, fragte Rena.

»Ich habe Angst«, sagte ich.

»Aber du bist auch ein bisschen gespannt«, sagte Rena. »Das kann ich dir ansehen. Angst und Vorfreude sind eine gute Mischung«, fuhr sie fort. »Das bedeutet, dass etwas wirklich neu ist für dich.« Dann drängelte sie sich an mir vorbei, zog ihre Hose herunter und setzte sich aufs Klo.

Das mit der Angst und der Vorfreude hatte Rena schon einmal zu mir gesagt. Damals hatten wir uns am Flughafen verabschiedet, wohlwissend, dass wir uns fast ein Jahr nicht sehen würden. Rena studierte zwei Semester in Paris, ich in Edinburgh, wir flogen am selben Tag und gingen noch gemeinsam durch die Sicherheitskontrolle. Rena umarmte mich so fest, dass mir ein letzter Rest Luft aus der Lunge entwich, dann packte sie mich an den Schultern, schüttelte mich und sagte: »Angst und Vorfreude sind eine gute Mischung, also REISS DICH ZUSAMMEN, Josie, wir schaffen das!«, aber sie weinte selbst auch, und das mit dem Zusammenreißen sagten wir immer nur, um unsere Mütter zu karikieren.

Sobald sie gelandet war, hatte sie mir geschrieben: *Angst und Vorfreude*. Dazu hatte sie das Foto einer heruntergekommenen Pariser Stadttaube geschickt.

Ich hatte ihr geantwortet: *Angst und Vorfreude*, darüber das Foto einer hämisch aussehenden Möwe.

Wir hatten uns jeden Tag geschrieben, mindestens zwei Mal die Woche telefoniert, und trotzdem war ich froh, als wir beide wieder vereint waren. Ich mochte es, wenn Rena am gleichen Ort war wie ich. Es gab mir ein Gefühl von Zuhause.

Ich hörte die Klospülung, Rena wusch sich die Hände und als sie sich wieder setzte, machte ich einen kurzen Body-Check im Spiegel. Das hatte ich mir leider in meiner Teenagerzeit angewöhnt – sobald irgendwo etwas Spiegelndes war, musste ich kurz überprüfen, ob mein Körper noch »in Ordnung« für mich war (witzigerweise war er das nie, deswegen weiß ich nicht, warum ich es überhaupt noch überprüfte).

»Ts«, sagte Rena, die meinen Body-Check gesehen hatte.

Ich begann erneut mit dem Flechten. Ihre Haare dufteten nach dem Pfirsich-Shampoo, das sie schon seit Jahren benutzte. Eigentlich wollte ich sie fragen, wie sich das Nahtoderlebnis genau angefühlt hatte – die ganzen Details –, aber ich traute mich nicht. Aus irgendeinem Grund fürchtete ich, mit meinen Fragen die Grenze zu etwas Unaussprechlichem zu übertreten und Rena damit vor den Kopf zu stoßen, dass ihr Erlebnis für andere nicht vermittelbar war, nicht einmal für mich. Am liebsten hätte ich Rena nicht mehr losgelassen, immer irgendeinen Teil von ihr berührt, um sicherzugehen, dass sie wirklich noch da war. Ich packte ihre Haare ein wenig fester, Rena zuckte zusammen.

»Wie auch immer«, sagte sie. »Ich hoffe, ich kann ihn irgendwann auch mal kennenlernen. Endlich mal jemand, den du nicht langweilig findest. Allein deswegen bin ich gespannt.«

Das hätte in meinen Ohren vorwurfsvoll klingen können, wenn ich nicht gewusst hätte, dass Rena ebenfalls einige Probleme mit dem Dating hatte. Ich kannte alle ihre Exfreund:innen. Mit allen war Rena auf der Inhaltsebene super zurechtgekommen, sie konnten gute Gespräche führen, aber der emotionale Teil hatte irgendwie immer gefehlt und war auch nicht nachgekommen, und Rena hatte jedes Mal Schluss gemacht, sobald sie das gemerkt hatte. Zu mir hatte sie einmal gesagt, sie verstehe einfach nicht, wie manche Pärchen so aufeinanderhängen könnten, das müsse doch anstrengend sein. Aber ich dachte, dass sich das doch jeder in irgendeiner Form wünschte: eine unanstrengende Form der Anwesenheit eines oder einer anderen; eine Verbundenheit durch ein inneres Band, und nicht notwendigerweise durch einen reibungslosen, inhaltlich anregenden Gesprächsfluss.

Plötzlich legte sich Schwere über meine Brust. Ich musste daran denken, wie zuhause ich mich durch Lee in meinem Körper gefühlt hatte: so als wäre auch ich irgendwie verbunden mit dieser Welt. Ich wollte das genau so noch einmal erleben, und der Gedanke, dass das vielleicht nicht passieren würde, ließ mich mich unvermittelt zusammenkrümmen. Es war eine altbekannte Art von Schmerz – die Art von Schmerz, die daraus besteht, sich von der Welt getrennt zu fühlen, nach einer Verbindung zu suchen und stets Gefahr zu laufen, eine einmal gefundene Verbindung wieder zu verlieren.

»Was ist los?«, fragte Rena.

»Nichts«, sagte ich.

»Sag mal, hast du eigentlich schon gefrühstückt?«, fragte Rena plötzlich. »Du wirkst auf mich irgendwie, als hättest du nicht gefrühstückt.«

Als ich nicht sofort antwortete, sagte Rena: »Alles klar, habe verstanden.«

Sie richtete sich auf, obwohl ihre Haare noch nicht fertig waren, und ging in ihre kleine Küche. Ich hörte sie im Besteckkasten herumkramen und Teller aufeinanderstellen. Dann steckte sie den Kopf zurück ins Badezimmer und fragte: »Müsli? Toast? Marmelade oder Käse? Kaffee?«

»Kaffee«, sagte ich. »Und Müsli. Danke.«

Wir setzten uns auf Renas Bett und löffelten das Müsli. Auf dem Boden hatte Rena ein paar Teelichter angezündet.

Renas Apartment lag in einem siebenstöckigen Neubau, der vor einem kleinen Waldstück in die Höhe ragte. Es waren an sich schöne Zimmer mit weißen Einbaumöbeln, die an den richtigen Stellen angebracht waren und Platz sparen sollten, aber Rena meinte, sie fühle sich wie in einem Bienenstock und könne alles hören, was ihre Nachbarn taten. Sie hatte verzweifelt versucht, das fremde weiße Zimmer zu ihrem zu machen, und überall Bilder und Fotos und Konzerttickets aufgehängt, aber das hatte nur dazu geführt, dass die siebzehn Quadratmeter noch enger wirkten als davor und man das Gefühl hatte, dass in Renas Leben kein einziges Konzert mehr passte, ohne dass sie umziehen musste.

In der Ecke neben dem Bett stand der Globus. Es war ein Geburtstagsgeschenk ihres Vaters gewesen, ein Jahr, bevor er plötzlich gestorben war. Er sah eigentlich aus wie ein ganz normaler Globus, aber wenn man ihn nachts anschaltete, leuchtete er so verheißungsvoll, dass man das Gefühl hatte, dass er etwas wusste, was man selbst niemals erfahren würde. Rena sagte, sie unterhalte sich manchmal mit ihrem

Vater, aber das ginge nur, wenn der Globus an sei, ansonsten keine Chance.

»Ich habe eine Bucketlist geschrieben«, sagte Rena plötzlich.

»Was hast du?«

»Ich habe eine Liste darüber geschrieben, was ich noch machen möchte, bevor ich sterbe«, sagte Rena langsam und überdeutlich.

Als ich nicht sofort antwortete, sagte sie: »Schau mich nicht so an! Ist doch klar, dass ich jetzt so eine Liste brauche!«

»Ja, aber ...«, setzte ich an. »Aber du ...«

»Ja, meine Güte«, sagte Rena. »Klar habe ich vor, noch ein bisschen zu leben. Aber man muss sich mit der Realität arrangieren.«

»Die da wäre?«

»Na ja, die Realität ist doch, dass wir alle nicht wissen, wie viel Zeit genau wir haben«, erwiderte Rena. »Und da möchte man eben das Wichtigste nicht verpassen.«

»Okay«, sagte ich und seufzte. Dann sagte ich: »Gib mir mal die Liste.«

Ein paar Minuten später saßen wir gemeinsam vor Renas Computer.

*Mit Kassiererin im Rewe anfreunden, mich nachts in einem Supermarkt oder Kaufhaus einschließen lassen, paragliden gehen, eine längere Wanderung machen, generell: die Liebe finden, in Flüssen schwimmen, ein Haustier anschaffen, Klimaerwärmung verstehen und etwas dagegen tun, auf mehr Demos gehen, französische Macarons backen lernen,* las ich unter anderem. Die Liste war ziemlich lang.

Vor allem zwei Punkte fielen mir auf. Sie wollte ihre Promotion abbrechen und »Gerechtigkeit walten lassen«.

»Was meinst du damit?«, fragte ich. »›Gerechtigkeit walten lassen‹?«

»Meine Doktormutter«, sagte Rena. »Mir reicht's.«

»Was hast du vor?«, fragte ich, aber Rena sagte nur, sie sei das Machtgefälle leid und die Tatsache, dass sie dazu verdammt sei, immer zuvorkommend und höflich zu sein.

Für einen Moment schwieg sie, dann sagte sie, dass sie sich jetzt schon freue, heulend und schreiend irgendwo zusammenzubrechen. Dann sagte sie nichts mehr.

»Aber so oft triffst du sie doch gar nicht«, sagte ich.

»Es geht mir ums Prinzip«, sagte Rena.

»Und dein Stipendium?«, fragte ich.

Renas Doktorarbeit wurde mit einem Stipendium gefördert, weshalb sie nebenbei nicht arbeiten musste. Auf der anderen Seite wusste ich, dass Rena ihre Promotion schon seit Längerem keinen Spaß mehr machte, ja, vielleicht noch nie Spaß gemacht hatte, dass sie nicht ständig etwas machen wollte, an dessen Ende eine Note stand, die eine einzige Person oder vielleicht maximal zwei Personen vergeben hatten. Und doch war sie gut darin, würde später als Lehrerin gut verdienen und gab sich Mühe, weil sie sich bei allem Mühe gab. Ihre Doktormutter war eine hochgewachsene, elegante und leicht angsteinflößende Person, die sich auf Proust spezialisiert hatte und so wirkte, als erwarte sie von einem, ihr alle Türen aufzuhalten. Rena hatte oft Witze über ihre Exzentrik gemacht, weshalb ich gedacht hatte, dass sie wenigstens auf diese Weise gut unterhalten wäre, auch wenn sie sich sonst nicht sonderlich wohlfühlte.

»Die merken doch nicht gleich, dass ich nicht weiterschreibe«, sagte Rena. »Und für danach lasse ich mir eben irgendetwas einfallen.«

»Tut mir leid, wenn das falsch rübergekommen ist«, sagte ich. »Ich wollte eigentlich nichts sagen, was klingt wie: ›Stell dich nicht so an.‹ Das ist mir so rausgerutscht.«

»Kein Problem«, sagte Rena. »Ich sag mir auch immer noch

die ganze Zeit, dass ich da eben durchmuss. Aber ich will damit aufhören. Ich meine, am Ende wird das mein ganzes Leben gewesen sein, verstehst du? Ich will nicht einfach nur durch irgendwas ›hindurchgemusst‹ haben, und das war es dann.«

Rena sagte, dass es ihr vielleicht auch einfach um Gerechtigkeit ginge. Ihre Chefin rastete auf der Arbeit oft aus – warum dürfe sie, Rena, das nicht? Sie würde sich so gern einmal einen Tobsuchtsanfall gönnen. Oder einen hysterischen Zusammenbruch. Oder jemanden anschreien. Einfach mal so sein, wie sie sich in dem Moment fühle. Einfach mal authentisch sein.

»Einfach mal authentisch und wütend und bitter sein«, sagte ich.

»Authentisch und wütend und bitter«, wiederholte Rena.

Wir sahen uns an und grinsten. Wir dachten genau dasselbe. Es war ein Spiel, es war verlockend, und endlich einmal seine eigene Meinung sagen zu dürfen, schien mir als eine Art Lebensziel durchaus relevant zu sein.

»Ich glaube, ich setze das beim nächsten Symposium um«, sagte Rena plötzlich. »Eigentlich bin ich zum Kaffeekochen und Gästebegrüßen eingeteilt. Aber es lockt mich definitiv mehr, irgendetwas Authentisches durchzuziehen.«

Mehr wollte sie nicht verraten. Ihre Augen sahen dunkel aus, aber dass Entschlossenheit in ihnen lag, konnte ich trotz der schlechten Lichtverhältnisse erkennen. Wenn ich sie richtig verstand, hatte Rena mir gerade eröffnet, dass sie bislang hauptsächlich für andere gelebt hatte und das nun ändern wollte. Sie wollte in ihrem eigenen Leben die Hauptrolle spielen – sie wollte sich wenigstens einmal kennengelernt haben, bevor es zu spät dazu war.

Ich musste an Rena als Teenagerin denken. Sie hatte damals immer schon so vernünftig gewirkt, dass sich ihr alle anvertraut hatten, auch ich. Sogar Renas Mutter hatte bei

Beziehungsproblemen bei ihr Rat gesucht, was ich damals nicht hinterfragt hatte, jetzt aber erschien mir die Rollenverteilung doch irgendwie falsch. Mir hatte Rena die Begriffe »Body Positivity«, »Body Acceptance« und »Body Neutrality« sowie passende Instagram-Accounts ans Herz gelegt, als es mir schlecht gegangen war.

Rena war diejenige, bei der immer alles geklappt hatte, und jetzt stellte sie genau das infrage. Und auch ich fragte mich: Hatte es wirklich bei ihr selbst geklappt – oder nur bei der Person, die sie vorgegeben hatte zu sein? Bei dem Gedanken stellten sich mir die Nackenhaare auf. Ich nahm mir vor, ihr mehr und bessere Fragen zu stellen, damit sie einmal selbst Redefreiheit hatte und nicht immer nur anderen zuhören musste.

»Du musst noch mehr von der vorletzten Woche erzählen«, sagte ich schließlich. »Ich meine, wie war das für dich?«

Rena nickte langsam. Sie sah nach oben, als würde sie dort etwas suchen. Dann sagte sie: »Na ja, am Ende ist alles relativ, oder? Also, ich meine, irgendwie war es auch ziemlich interessant zu sterben. Eine interessante Erfahrung.«

Ich hatte das Gefühl, dass in diesem Moment der Schein der Teelichter ein wenig schwächer wurde. Renas Gesicht verschwand vor meinen Augen.

»Der Übergang war einfach krass«, sagte sie. »Es war beinahe so, als würde ich aus meinem Körper herausgesaugt.«

»Klingt ziemlich gruselig.«

»Es war überraschend«, sagte Rena. »Aber wenn man sich daran gewöhnt hat, sieht man nach vorn, weißt du? Und da war diese Straße aus Licht und Wärme. Auf der bin ich plötzlich gelaufen, einfach so. Ich habe meinen Körper im Krankenwagen liegen lassen, ohne mich noch einmal umzuschauen, und bin gegangen. Und am Ende dieser Straße wurde das Licht immer heller, und –«

»Aber wie konntest du deinen Körper einfach so liegen lassen?«, unterbrach ich sie. »Hat dir das nicht leidgetan?«

Rena sah mich erstaunt an. »Um ehrlich zu sein, war ich froh, als ich da aussteigen konnte«, sagte sie. »Oder besser gesagt: Es war eher so eine fröhliche Gleichgültigkeit.«

»Und wie ist es so, ohne Körper?«, fragte ich.

»Man hat da keine Wahl«, sagte Rena. »Man wird aus seinem Körper hinauskatapultiert und wieder hinein. Man kann sich nicht einfach so mit dem Licht verbinden!«

»Mit dem Licht verbinden?«, fragte ich verwirrt.

Rena sah aus, als hätte ich sie bei etwas ertappt.

»Na ja«, sagte sie. »Dieses Licht sah sehr verlockend aus, und ich wollte da hinein. Ich wusste, dass ich mich da mit allem verbinden würde, weißt du?«

Plötzlich sah sie müde aus, als wäre es ihr zu anstrengend, mir zu erklären, wie es sich anfühlte, zwischen Tod und Leben zu stehen.

»Jedenfalls …«, begann sie noch einmal. »Das Licht war da, ja, und ich bin darauf zugegangen, aber ich kam nicht hinein.«

»Wieso nicht?«

»Da war eine Art Türsteher.«

Ich prustete los, und sie stimmte in mein Lachen ein. Sie ließ es wirklich so klingen, als hätte sie versucht, abends in einen Club zu kommen, und wäre abgewiesen worden.

Als wir uns wieder gesammelt hatten, sagte Rena: »Aber im Ernst: Da kommt nicht jeder rein. Ich hab's wirklich versucht, aber die wollten mich nicht reinlassen.«

»Wer waren die?«

»Ja, das ist es eben«, sagte Rena zögerlich. »Ich habe da meinen Vater gesehen, und ich habe mich so gefreut und wollte ihn umarmen, aber er hat mich nicht an sich herangelassen, weil er nicht wollte, dass ich –«

Sie brach ab. Ich hatte plötzlich das Gefühl, dass mir etwas Schweres auf der Brust saß.

»Jedenfalls kamen dann die anderen«, fuhr sie schließlich fort. »Ich wusste irgendwie, dass es dort, von wo sie hergekommen sind, wundervoll ist, dass sie mich abholen wollten, aber mein Vater hat sich zwischen uns gestellt.«

»Und dann?«, fragte ich, obwohl ich die Antwort zu kennen glaubte.

»Dann wurde ich irgendwie zurück in meinen Körper gesaugt«, sagte Rena und seufzte.

Es entstand eine kurze Pause, während ich fieberhaft überlegte, was ich sagen sollte. Aber mir fiel nichts ein.

»Ja, und damit muss man erst mal klarkommen«, sagte Rena. »Irgendwie fühle ich mich um eine Erfahrung betrogen. Oder als hätte ich viel zu viel erfahren und wäre jetzt eigentlich innerlich schon tot. Irgendwie so.«

»Aber du lebst doch noch«, sagte ich.

»Bist du dir sicher?«, fragte Rena.

»Ich weiß es nicht. Wir sitzen hier zumindest beide zusammen«, sagte ich.

»Oder du bist auch schon tot«, sagte Rena und grinste. Dann seufzte sie. »Jedenfalls, seitdem ich wieder hier bin, fehlt mir irgendwie die Verbindung.«

»Wie meinst du das?«

»Ich weiß es auch nicht, ich fühle mich, als würde ich alles durch eine Glasscheibe betrachten«, sagte sie.

»Dich übrigens auch«, ergänzte sie nach einer kurzen Pause. »Nichts für ungut. Trotzdem danke fürs Haareflechten, gell?«

»Ich bin noch gar nicht fertig damit«, sagte ich.

»Egal. Magst du noch ein Eis?«

Ich wollte keines, also holte Rena nur für sich ein Eis am Stiel, dessen Schokoladenüberzug laut knackte, wenn sie hineinbiss. Dann setzte sie sich wieder neben mich auf den Boden.

»Und wie war es, danach wieder aufzuwachen?«, fragte ich.

»Es war schrecklich«, sagte Rena und drehte dabei das Eis in der Hand, um zu sehen, welche Stelle sie sich als Nächstes vornehmen wollte. »Mir hat alles wehgetan, alles hat sich so schwer angefühlt, und ich wollte eigentlich nur zurück.«

Ich hatte das plötzliche Bedürfnis, sie an den Schultern zu packen und zu schütteln. Stattdessen krallten meine Hände sich in den Saum meiner Jeans.

»Ich möchte mich einfach nur wieder so leicht fühlen«, sagte Rena. Sie schloss die Augen. »Sorry«, sagte sie. »Wo waren wir vorhin stehen geblieben?«

»Sollen wir noch ein bisschen rausgehen?«, fragte ich. »Bisschen auf andere Gedanken kommen?« Ich war mit der Situation überfordert. Ich wusste nicht, was ich Sinnvolles sagen sollte, und Rena zustimmen konnte ich ja auch schlecht.

Plötzlich hellten sich Renas Augen auf. »Ich hab eine Idee«, sagte sie. »Am Fluss gibt es doch diese Feuerstelle, oder? Wo man im Sommer Lagerfeuer machen kann?«

Ich nickte, unsicher, worauf sie hinauswollte.

»Da verbrenne ich jetzt meine Unisachen«, sagte Rena mit leuchtenden Augen.

»Du bist wahnsinnig geworden, Rena«, sagte ich.

Sie wollte alles neu haben, das verstand ich jetzt. Und doch fühlte ich mich wie jemand, der erfolglos versucht, einen anderen vor einem Fehler zu bewahren.

Rena ließ sich von mir nicht abhalten. Sie zwang mich sogar, drei ihrer vier Ordner zu tragen. In Rucksäcken und Tragetaschen schleppten wir sie zur U-Bahn und fuhren damit zum Park.

Er führte fast immer am Fluss entlang, in dem wir im Sommer oft schwammen und der sich mal schlängelte, mal um Kurven und mal starr geradeaus floss, umgeben von Baumgruppen, Pfaden und Wiesen. Es gab Flächen, auf denen im Sommer Mohnblumen wuchsen, aber auch brennnesselbewachsenes Dickicht, durch das ich mich einmal durchgekämpft hatte, weil ich, von Pioniergeist erfasst, dahinter Großartiges vermutet hatte. Was ich gefunden hatte, war ein Zugang zum Fluss, den ich bis dahin noch nicht gekannt hatte, mit Felsen im Wasser und starker Strömung, unbeschwimmbar, und die Brennnesseln hatten noch ein paar Stunden auf meiner Haut gebrannt.

Rena ging zielgerichtet zur Feuerstelle am Fluss.

»Darf man das überhaupt?«, fragte ich, während Rena die Ordner öffnete, das Papier herausnahm und es auf die Feuerstelle stapelte.

»Du glaubst gar nicht, wie egal mir das ist«, sagte sie.

Ich konnte einen Blick auf ein paar Textpassagen erhaschen, es waren Renas Recherchen zu Zeitkonzeptionen und zur literarischen Moderne, vieles davon auf Französisch. Mir tat es irgendwie leid um die vielen Stunden Arbeit und die ganzen *Accents aigus*, aber ich sagte nichts.

Rena hielt ein Feuerzeug an das Papier, und wir sahen zu, wie sich der Berg aus Denkaufgaben und faktischem Wissen in Flammen auflöste. Es sah schön aus. Wir hielten unsere Hände an das Feuer, das aufleuchtete, schwarze rußige Fetzen bildete und schnell wieder verlosch. Ich erwischte mich bei dem Gedanken, von nun an jeden Tag Feuer machen zu wollen.

Rena sah jedem einzelnen Funken nach, der davonflog und über der Wasseroberfläche verglühte. »Weißt du, was man genau machen muss, wenn man sich exmatrikulieren möchte?«, fragte sie plötzlich.

»Woher soll ich das wissen?«, fragte ich zurück. »Und was willst du denn stattdessen machen?«

»Das finde ich schon noch heraus«, sagte Rena leichthin.

»Ich würde erst einmal immatrikuliert bleiben«, sagte ich. »Schon wegen der Versicherung, oder?«

»Ach so, ja, da hast du recht«, sagte Rena. Sie schloss die Augen. »Ist ziemlich warm hier, oder?«, sagte sie dann.

Sie begann, sich auszuziehen. Erst die Schuhe, dann die Socken, dann die Jacke, dann den Pullover. In diesem Moment fragte ich mich wirklich, ob ich sie eigentlich noch kannte.

»Was ist los mit dir?«, fragte ich.

Sie antwortete nicht, aber ein paar Sekunden später ging sie zum Wasser und hielt einen Fuß hinein. »Gar nicht so kalt«, befand sie.

Da begriff ich, was sie vorhatte. Sie wollte weitere Grenzen einreißen, und ich fragte mich, ob ich ihr wirklich nur dabei zusehen wollte. Mir gefiel die Idee, gleichzeitig schauderte ich, wenn ich an das Wasser dachte.

Ich konnte Rena lange genug aufhalten, um vorher wenigstens kurz zu googlen. Ich fürchtete, dass es gesundheitsschädlich für sie sein könnte – immerhin war sie vor Kurzem fast gestorben, und ich wusste nicht, wie kaltes Wasser auf ihre Lunge wirkte. Ehrlich gesagt, war mir selbst die Tragweite dessen, was wir vorhatten, nicht ganz klar. Dennoch spürte ich ein leichtes, vorfreudiges Knistern in der Magengegend, das sich direkt neben einem unmissverständlichen Knoten aus Angst befand. Mir fiel ein, dass ich letzten Winter einmal Schwimmer:innen mit grell orangefarbenen Bojen am Hafen gesehen hatte und mir deren Anblick auf dieselbe

Art im Gedächtnis geblieben war wie ein Brand mit lodernden Flammen: zerstörerisch, aber auch mächtig. Was wir vorhatten, war extrem, egal, wie es ausgehen würde, und allein das gefiel mir.

»Ich rufe noch schnell bei Anton an«, sagte ich zu Rena. Mir war klar, dass wir vielleicht jemanden brauchen würden, der uns retten konnte, falls irgendetwas schiefging.

Er sagte, dass er sich sofort auf den Weg machen würde. Das wolle er auf keinen Fall verpassen. Er habe uns beide schon immer einmal scheitern sehen wollen und werde den Anblick auf jeden Fall genießen und dokumentieren.

»Er hat gesagt, dass er alles dokumentieren wird«, informierte ich Rena, die gerade dabei war, sich wieder anzuziehen. Anscheinend war ihr doch kalt geworden.

Nach etwa zehn Minuten war Anton da – mitsamt seines Milchschaumthermometers, das er triumphierend in die Luft hielt. »Ihr seid so schlecht vorbereitet«, sagte er. »Wenn ihr mich nicht hättet, wüsstet ihr nicht einmal, wie viel Grad das Wasser hat!« Sein Milchschaumthermometer war sein ganzer Stolz, er benutzte es jedes Mal, wenn Rena und ich bei ihm Kaffeetrinken waren, und verpasste nie eine Gelegenheit, darüber zu fachsimpeln. Ich war gerührt, dass er es tatsächlich mit an den Fluss gebracht hatte.

»Glaubst du wirklich, dass wir es von der Temperatur abhängig machen, ob wir baden gehen?«, fragte Rena amüsiert. »Wir gehen hier jetzt ins Wasser, egal, wie viel Grad es hat!«

Immerhin konnte Anton sie überreden, zu einer anderen Stelle des Flussufers zu wechseln. Da, wo wir gerade waren, sei die Einstiegsstelle gar nicht gut, sagte er, der Untergrund falle viel zu steil ab, es sei viel zu gefährlich für uns, hier würde er sein Milchschaumthermometer garantiert nicht in den Fluss halten!

Am Ende führte er uns zu einem sandigen Stück Flussufer,

an dem im Sommer immer Leute badeten. Dort war der Einstieg nicht von Bäumen verdeckt und die Strömung nicht zu stark. Anton ging ans Wasser und tauchte sein Milchschaumthermometer ein. »Das Wasser hat heute neun Grad«, verkündete er laut. »Bleibt ihr bei eurer Entscheidung?«

Rena sagte nicht viel dazu, sondern zog sich ihr T-Shirt über den Kopf. Es war ein bewölkter Novembertag, frühmorgens hatte noch Raureif auf den Dächern gelegen, und jetzt stand Rena hier barfuß und hängte die Klamotten, die sie bereits ausgezogen hatte, an einen kahlen Ast am Flussufer. Für einen kurzen Moment sah es für mich so aus, als würde der Baum sich auf Renas Haut weiter verzweigen, so deutlich waren die Adern auf ihrem Oberkörper zu sehen.

»Was ist?«, fragte sie nach einer Weile und sah uns auffordernd an. »Macht doch nichts, wenn wir hier nur halb angezogen sind. Sieht uns doch fast keiner.«

Allerdings war »halb angezogen« eine Übertreibung. Rena zog sich vollständig aus und sagte angesichts unserer verwirrten Blicke: »Ist natürlicher so.«

Mit diesen Worten ging sie Richtung Fluss.

Als ihr Fuß das Wasser berührte, sah ich sie für einen Moment zögern. Aber dann schien sie sich zu besinnen und ging Schritt für Schritt immer ein Stückchen weiter, bis sie bis zur Taille im Wasser stand.

Ich war der festen Überzeugung, sie würde sich nun in die Fluten werfen, aber nach ein paar Minuten drehte sie sich einfach um und kam zu uns zurück. Als sie aus dem Wasser stieg, sah man eine deutliche Zweiteilung ihres Körpers: Die obere Hälfte war so blass wie immer, die untere, die Kontakt mit dem Wasser gehabt hatte, war krebsrot. Rena atmete schnell, aber sie sah glücklich aus.

»Also, das ist der Wahnsinn«, sagte sie. »Und wisst ihr, was das Krasseste ist? Dass man keine Ahnung hat, wie der

Körper reagieren wird. Ich habe wirklich gedacht, ich gehe jetzt schwimmen. Aber das ging wirklich nicht. Mein Herz hat so krass schnell geschlagen.«

Ihre Hände waren rot gefroren, ihre Brustwarzen klein und dunkel, von ihr ging etwas so Lebendiges aus, dass ich nicht wegschauen konnte. Ich zog mich ebenfalls aus, ließ aber die Unterwäsche an. In diesem Moment dachte ich nicht über meinen Körper nach wie sonst. Ich dachte nicht in Einzelteilen von mir, die ich später niemals wieder zu einem Ganzen zusammengesetzt bekäme: Hautpartien, die sich zu Bergen und Tälern zusammenfalteten, wenn ich mich bückte, die weich und so dehnbar waren, dass ich sie ein ganzes Stück von mir wegziehen konnte, die Haare wachsen ließen, deren Entfernung kapitalistisch ausgebeutet wurde. Ich dachte nicht an meinen Körper als etwas, dessen Fehler ich ausgleichen musste, wenn ich dazugehören wollte. Mein Kopf war leer, und ich dachte nur an eine einzige Sache: Werde ich es schaffen?

Es war ein schönes Gefühl, plötzlich Gras unter den Füßen zu spüren, doch überall sonst an meinem Körper stellten sich sofort Härchen auf. Der Wind war kalt, und gleich ins Wasser zu steigen, erschien mir plötzlich überflüssig an der Grenze zur Sinnlosigkeit. Aber vor Antons feixenden Augen konnte ich jetzt keinen Rückzieher machen.

Das Wasser sah leicht und gleichgültig und kühl aus, ganz anders als im Sommer, als Rena, Anton und ich hier abends am Ufer gesessen und geredet hatten, bis am Horizont ein graublauer Streifen erschienen war, der uns das Ende der Nacht ankündigte. Ich machte einen Schritt Richtung Fluss, und in dem Moment, als meine Füße die Wasserfläche durchbrachen, spürte ich am ganzen Körper, dass diese Kälte anders war als alles, was ich davor an Kälte erlebt hatte, kompakter, grenzenloser und schneidender. Meine Füße zuckten zurück, aber ich zwang mich weiterzugehen, so, wie Rena das gemacht hatte.

Ich sank langsam in den weichen Sand ein, mit einem ziehenden Schmerz in den Waden, der langsam in Richtung Oberschenkel wegglitt.

Mit viel Willenskraft schaffte ich es in die Mitte des Flusses, wo mir das Wasser bis zur Taille reichte. Auf meinem Körper verlief nun, wie bei Rena vorhin, eine scharfe Trennlinie. Bis zum Bauchnabel war die Kälte so gleichmäßig, dass ich sie irgendwann nicht mehr als Kälte wahrnahm, sondern nur noch als Bedrohung. An meinem Oberkörper hingegen fröstelte ich, weil ab und zu ein leichter Wind wehte, der die Temperatur veränderte. Ich versuchte, mit den Händen nicht das Wasser zu berühren.

Für einen Moment blieb ich stehen, bemüht, meinen Atem zu beruhigen. Die Bäume am Ufer wirkten von hier noch größer, verzweigten sich Richtung Himmel, als höben sie bittend die Hände. Langsam begann meine Haut zu brennen, um mich herum floss das Wasser, immer mehr Wasser. Ich hatte den Eindruck, dass mich die Kälte greifen und ruhigstellen wollte. Mein Herz schlug schnell und hart, und mir wurde langsam klar, dass ich keine Ahnung hatte, was passieren würde, wenn ich es wirklich schaffte, hier zu schwimmen. Würde etwas auf den Schmerz folgen, würde er irgendwann aufhören, würde er nie mehr aufhören? In der Sauna war ich vor dem Sprung ins Wasser aufgeheizt gewesen, und ich hatte gewusst, dass ich danach sofort wieder ins Warme gehen konnte, wenn ich wollte. Aber hier war nichts. Nur der Fluss und meine Haut als letzte Barriere.

»Na los, nicht schwächeln!«, rief Anton. »Du bist doch fast drin!«

Ich blickte zu Rena. Sie war mittlerweile wieder angezogen und hüpfte auf der Stelle auf und ab, um warm zu werden.

»Ein gesunder Geist wohnt in einem gesunden Körper!«, rief Anton hinterher.

»Wie wäre es mal mit Klappehalten?«, schrie ich.

Wenig später wurde mir klar, dass es mir genauso ging wie Rena: Ich schaffte es nicht, in das eiskalte Wasser einzutauchen. Ich konnte mir nicht vorstellen, wie ich jemals wieder warm werden sollte, wenn ich jetzt in dieses Wasser eintauchte. Meine Beine waren taub, und ich blutete leicht am Oberschenkel, wahrscheinlich hatte mich im Fluss ein Zweig gestreift, ohne dass ich es gemerkt hatte. Ich versuchte noch, einen Scherz zu machen, als ich umdrehte und wieder ans Ufer watete, aber meine Stimme war ganz leise, und Anton und Rena sahen mich erschrocken an. Mit klammen Fingern zog ich mich an, die Kälte immer noch wie Nadelstiche auf der Haut, die ansonsten taub war. In diesem Moment war mir sogar egal, ob mich jemand so sehen konnte. Das Frieren hörte nicht auf.

Ich fror weiter, auch dann, als wir längst auf dem Nachhauseweg waren. Meine Beine bewegten sich wie von selbst, ich kam einfach nur mit. Erst als wir an einem Kiosk haltmachten und Anton Rena und mich auf Kaffee und Schokoriegel einlud, spürte ich zum ersten Mal wieder so etwas wie innere Wärme, allerdings nur in just dem Moment, als mir der warme Kaffee die Kehle hinunterrann. Wenn ich gerade nicht trank, hielt ich den Kaffeebecher mit beiden Händen fest umschlossen.

Ich sah zu Rena hinüber. Sie hielt ihren Kaffee ebenso umklammert wie ich und lächelte mich an.

»Darf ich ein Foto von euch machen?«, fragte Anton. »Ihr seht gerade beide so schön entrückt aus.«

»Wenn es sein muss«, sagte Rena. Sie behielt exakt ihre Position bei, zupfte sich nicht einmal die Haare zurecht. Ihr war es vollkommen egal, wie sie auf dem Bild aussehen würde.

Ich legte einen Arm um sie, senkte den Kopf ein wenig und lächelte. Aber später sah ich mir das Foto nicht einmal an, ich interessierte mich nur noch für die Wärme des Kaffees.

»Ich wollte euch noch was fragen«, sagte Anton plötzlich. »Also, alles rein theoretisch. Nehmen wir an, ihr würdet jemanden daten. Und dann nehmen wir an, derjenige hätte bald Geburtstag und ihr würdet ihm etwas schenken wollen. Genau genommen würdet ihr ihm am liebsten einen selbst gemachten Zitatekalender schenken. Aber ihr wisst nicht, ob er zu den Leuten gehört, die sich über so etwas freuen würden, oder ob er zu denen gehört, die Zitatsammlungen verachten.«

»Wie heißt er?«, fragte Rena sofort.

»Kennen wir ihn?«, fragte ich.

»Ihr seid grauenhaft«, sagte Anton. »Es war eine rein hypothetische Frage!«

»Ich würde ihm den Sprüchekalender schenken«, sagte Rena. »Wenn er ihm gefällt, weißt du, dass ihr in dieser Hinsicht den gleichen Geschmack habt.«

»Zitatekalender«, korrigierte Anton. »Und was meinst du?«, fragte er dann mit Blick zu mir.

»Rena hat recht«, sagte ich.

»Habe verstanden«, sagte Anton. »Aye, aye, Sir. Alles klar.«

»Als Dank bekommen wir aber schon irgendwann ein Update von dir, oder?«, fragte Rena.

Darauf antwortete Anton nicht. Er war in Liebesdingen immer sehr zurückhaltend. Seinen Exfreund hatte er auch erst nach Monaten auf Renas Geburtstagsparty mitgebracht. Ich glaube, er wollte sich selbst erst sicher über seine eigene Gefühlslage sein. Vielleicht befürchtete er aber auch, dass wir ihm den Zauber der ersten Verliebtheit zerstören könnten, indem wir irgendetwas sahen, was er nicht sah, oder irgendetwas kommentierten, was er lieber nicht hören würde. Trotz seiner sonstigen Extrovertiertheit war er schon immer so diskret gewesen, deswegen nahm ich an, dass er es zu Hause so gelernt hatte. Rena und ich hatten Anton einmal gefragt, warum er sich immer so lange in Schweigen hülle, und Anton hatte nur gegrinst, mit den Schultern gezuckt und gesagt, wir hätten einfach keine Geduld, daran liege es und an nichts anderem.

Weil meine Wohnung näher am Fluss lag als Renas, gingen wir zu mir, um heiß zu duschen. »Wie war dein Date gestern eigentlich noch?«, fragte Anton, als ich gerade die Wohnungstür aufschloss. »Schön«, sagte ich. »Es war schön, aber ...«

»Josie hat Angst, dass sie von ihm geghostet wird«, sagte Rena für mich.

»Gib mir mal dein Handy«, sagte Anton.

Ich tastete unauffällig in meiner Manteltasche nach meinem Handy und schloss die Hand fest darum. Ich würde es ihm auf gar keinen Fall geben. Allerdings sah Anton meine Bewegung und schaffte es nach einer kurzen Rangelei wirklich, mein Handy an sich zu nehmen.

»Wage es ja nicht«, sagte ich zu Anton, aber er hielt das Handy hoch, sodass ich nicht drankam. Offenbar musste er ein wenig herumsuchen, um die richtige Nachricht im richtigen Profil ausfindig zu machen. Meinen Entsperrcode kannte er leider, wie wahrscheinlich alle anderen auch – es war Renas Geburtsdatum. Ich sah Anton irgendetwas tippen.

»Ich fasse es nicht«, sagte Rena. »Mensch, jetzt gib ihr das Handy zurück, Anton.«

Anton grinste und wollte mir das Handy gerade geben, als er zusammenzuckte.

»Oh no«, sagte er.

Wir starrten alle auf den Messenger.

»Jetzt hab ich's aus Versehen gesendet«, sagte er. »Sorry, Josie! Ich wollte dich eigentlich nur reinlegen, ich –«

»What the fuck«, sagte ich. Ich starrte auf den Text, den er verschickt hatte. *Bitte nicht ghosten*, stand da, daneben das Emoji eines Geistes. *Sonst werden Josies Freunde sauer, und du ziehst einen Fluch auf dich.*

»»Und du ziehst einen Fluch auf dich««, wiederholte ich langsam.

Ich sah Renas Mundwinkel verdächtig zucken.

»Dafür, dass du selbst so diskret bist, verhältst du dich selbst ziemlich indiskret, du Arsch«, sagte ich, dann fing Anton an zu lachen, Rena ebenfalls und schließlich auch ich.

»Sorry noch mal«, sagte Anton.

Irgendwie regte es mich auf, aber irgendwie war es mir auch egal. Ich dachte an den Fluss, daran, wie meine Füße im Sand versunken waren.

Ich musste mich regelrecht dazu zwingen, mich in die Realität zurückzuholen. *Sorry, die Nachricht war nicht von mir*, schrieb ich Lee. *Handy wurde gekapert. Längere Geschichte. Hoffe, dir geht es gut.*

Anton setzte sich auf meinen Schreibtischstuhl und sagte, er sei stolz auf uns. Es sei zwar eine im Grunde sinnlose und gesundheitsgefährdende Aktion gewesen, aber er wolle uns unterstützen und würde uns auch jederzeit wieder einen Kaffee kaufen. Dann klingelte sein Handy, und er stand hastig auf und ging vor die Tür. Wir konnten hören, wie sich sein Tonfall veränderte und sanfter wurde. Rena und ich grinsten uns an.

»Hast du ihn schon mal gesehen?«, flüsterte Rena.

Ich schüttelte den Kopf.

»Na ja, irgendwann wird er ihn uns schon vorstellen«, sagte Rena. Sie hatte sich auf meinem Bett zusammengerollt wie eine Katze. Ihre Augen waren halb geschlossen. Es war das Zufriedenste, was ich seit Langem gesehen hatte.

»Wie geht es dir, Josie?«, fragte sie.

»Erleuchtet«, sagte ich. »Und ein bisschen sauer, aber auch erleuchtet.«

»Glaubst du, Anton hat dein Risiko, geghostet zu werden, erhöht oder verringert?«, fragte sie.

Ich zuckte mit den Schultern. Ich spürte, wie Blut durch meine Beine und meine Arme gepumpt wurde. Wenn meine Gedanken vorher auf und ab gegangen waren, zeigten sie jetzt nur noch eine gerade Linie an.

»Ich denke, wenn er sich nicht mehr meldet, hat er keinen Humor«, sagte Rena, aber sie wirkte ein wenig schuldbewusst.

»Hm.«

Ich konnte an nichts anderes mehr denken als daran, wie gut sich mein Körper gerade anfühlte. Er schien mir plötzlich angenehm umgrenzt zu sein. Ich konnte meine Haut so genau spüren, als wäre ich immer noch umflossen von Wasser, das gegen meine Haut drückte.

»Alles klar bei dir?«, fragte Rena.

»Ja, klar, alles gut«, sagte ich.

»Gut, gut«, sagte Rena und grinste. »Du bist gerade zu entspannt, um zu reden, oder?« Dann setzte sie sich abrupt auf und fragte: »Hast du kurz was zum Schreiben?«

Ich brachte ihr Stift und Zettel, sie schrieb etwas darauf, zwei Zeilen. Anschließend verlangte sie Tesafilm und eine Schere, und dann hängte sie ein neues Zitat an meine Wand: *Liebe ist kein Kapitalismus. Liebe wird einem geschenkt, man muss sie sich nicht verdienen. Sie ist am Ende immer geschenkt, egal, was du machst.*

»Das hast du schön gesagt«, sagte ich.

»Geschrieben, meinst du«, sagte Rena. Dann sagte sie: »Ich brauche noch mehr Papier.«

Sie schien sich in Rage geschrieben zu haben. Nach und nach produzierte sie noch: *Reminder für Josie: Man muss sich die Anwesenheit eines anderen Menschen nicht erst durch die eigene Vorzüglichkeit verdienen*, und: *Es sollte viel mehr um Gefühle gehen und viel weniger um Aussehen, schöne Grüße, eure Gegenwart.*

Anscheinend dachte sie immer noch viel über die Moderne

nach, obwohl sie ihre Doktorarbeit auf Eis gelegt hatte, was mich irgendwie rührte.

Kurz darauf brachen Rena und Anton auf. Ich umarmte sie zum Abschied, und Rena sah mich dabei so verschwörerisch an, dass mir klar war: Wir würden demnächst wohl einige Zeit im Wasser verbringen.

Erst als beide aus der Tür waren, fiel mir siedend heiß ein, dass morgen das Kolloquium war.

# 4

Das Hauptgebäude der Uni war groß und ein wenig protzig und hatte in manchen Bereichen so hohe Decken wie eine Kirche – ein klassizistisches Gebäude, symmetrisch angelegt, mit einem Springbrunnen vor dem Eingang. Jedes Mal, wenn ich an ihm vorbeiging und die schwere Tür zum Foyer aufstemmte, verspürte ich das Bedürfnis, mir selbst auch irgendeine Bedeutung zu verschaffen oder zumindest so auszusehen, als würde ich zu diesem Gebäude gehören und wüsste, wie ich mich darin zu verhalten habe. Rena meinte, das liege an meinem »Arbeiterklassenhintergrund«. Ihr selbst sei es ähnlich gegangen, behauptete sie, aber seit sie Bourdieu gelesen habe, habe sich alles doch sehr relativiert, und ich solle mich da nicht so reinstressen.

Mein Masterkolloquium fand im Untergeschoss statt. Als ich ankam, waren meine Kommiliton:innen und die jeweiligen Betreuer:innen der Masterarbeiten schon da. Nur noch ein einziger Stuhl war frei.

Ich hatte am Abend zuvor schnell noch versucht, meine Präsentation auswendig zu lernen, um mich nicht zu verhaspeln und weil ich es hasste, vor anderen zu reden. Ich hatte es nicht mehr ganz geschafft, und so las ich einfach ungefähr jeden dritten Satz ab, dachte an Rena und hoffte, dass mir ein guter akademischer Geist beistehen würde. Vor allem hoffte ich darauf, dass ich ruhig und gelassen wirkte, so als sei ich am richtigen Platz und nicht jemand, der zufällig in dieses Seminar hereingeschneit war und bei dem sich alle fragten, wer man eigentlich war.

»Ja, also ich möchte über *Das Paradies der Damen* von Zola schreiben«, setzte ich an. Mein Mund war so trocken, dass meine Zunge bei jedem »S« am Gaumen kleben blieb und ein schmatzendes Geräusch produzierte. »Darin geht es um eines der ersten großen Kaufhäuser in Paris, das vor allem Frauen anlocken und zum Kleiderkauf animieren sollte, und ich möchte zeigen, dass … äh … dass Zolas Roman eine gestörte Konsumlogik inszeniert.«

Die These hatte ich von Rena. Sie hatte sie in einem Gespräch einfach mal so in den Raum gestellt, ich fand sie gut, außerdem wusste ich, dass Rena fast immer recht hatte, also sollte mir damit ja wohl nichts passieren. Ich war eine mittelgute Studentin, nicht gut, nicht schlecht, einfach mittel, eine Alltagsstudentin, und wenn mir schon mal eine gute These über den Weg lief, würde ich sie nicht ungenutzt lassen.

»In Zolas Roman geht es auf allen Ebenen um Konsum«, fuhr ich fort. »Aber dieser Konsum ist einer, der den Konsument:innen nichts gibt, sondern ihnen im Gegensatz etwas wegnimmt. Die Kundinnen des Mega-Kaufhauses werden mit dem Versprechen gelockt, dass sie mit dem Kauf neuer Kleidung ihren Körper komplettieren, ihn vollends begehrenswert und weiblich machen können, aber tatsächlich werden sie vom Kaufhaus selbst konsumiert.«

Ich warf einen Blick in mein Publikum, traf auf einige verständnislose, einige interessierte und einige frustrierte Blicke und schaute dann schnell wieder auf meine Notizen.

»Das fleischfressende Kaufhaus verspeist in der Bildsprache Zolas seine Kund:innen, während es ihnen eigentlich verspricht, ihnen Weiblichkeit zu verkaufen«, endete ich. »Dieses Thema inszeniert Zola auf vielen Ebenen des Romans, vor allem über die über den ganzen Text verteilten Essensszenen. Ja, und darum soll es in meiner Arbeit gehen.« Ich stellte meine Gliederung vor, mir wurden Vorschläge zur Sekundärliteratur gemacht, die ich unbedingt aufnehmen sollte, und dann war mein Vortrag schon wieder vorbei, und ich hörte den anderen zu, wie sie über ihre Projekte sprachen, und schrieb Rena heimlich unter dem Tisch eine Nachricht: *Präsentation vorbei. Danke für Deine These!!!*

»Kommen Sie gleich noch einmal mit in mein Büro?«, fragte mich der Hauptbetreuer meiner Arbeit, Prof. Dr. Lükken, als ich schon auf dem Weg nach draußen war.

Mein Herz fing an zu rasen. Was gab es jetzt noch, was er mir persönlich sagen wollte, statt vor der ganzen Gruppe? Mit gesenktem Kopf folgte ich ihm über einen langen, mit Linoleum ausgelegten Gang zu seinem Büro und schloss die Tür hinter mir.

Der Professor ließ sich auf seinen Schreibtischstuhl sinken und sah mich erwartungsvoll an.

»Das war eine ausgezeichnete Projektskizze«, sagte er. »Die Fragestellung kannte ich natürlich schon. Aber alles sehr gut durchdacht und ausgearbeitet. Sehr vielversprechend.«

»Oh«, sagte ich. »Danke.«

»Sie sollten über eine Promotion nachdenken.«

»Wie bitte?«

»Ich meine es ernst«, sagte er. »Ich wäre bereit, Sie zu betreuen.«

Er sah mich so hoffnungsvoll an, dass ein Teil von mir Ja sagen wollte, nur damit er sich freute.

»Okay, wow, vielen Dank«, sagte ich stattdessen. Unter anderen Umständen hätte ich mich vielleicht geehrt gefühlt, aber so dachte ich vor allem daran, dass wir erst gestern Renas Uni-Unterlagen verbrannt hatten.

»Lassen Sie es sich ruhig erst einmal durch den Kopf gehen«, sagte er. »Ihr Projekt passt thematisch sehr gut in ein Forschungsprojekt, das demnächst hier starten wird.«

»Was für ein Projekt?«

»Essen als kultureller Akt«, sagte er, und ich sah, dass er in diesem Moment zu einem Keks schielte, der auf der Seite seines Schreibtischs zwischen Papierstapeln lag.

»›Essen als kultureller Akt!‹«, schrie ich wenige Minuten später in mein Telefon. »Ich fasse es nicht! Sie würden ein frauenverschlingendes Kaufhaus in dieses Forschungsprojekt mitaufnehmen!«

»Haha«, sagte Rena am anderen Ende der Leitung. Dann sagte sie nichts mehr.

»Bist du sauer, weil es deine These war und nicht meine?«, fragte ich.

»Ist doch klar, dass du nicht sagen konntest, von wem die These ursprünglich war«, sagte Rena. »Vielleicht kommt man manchmal ein bisschen ins Zweifeln, weißt du? Das ist alles.«

Ich wusste genau, was sie meinte. Wenn eine halbherzig gebrainstormte These von Rena ausreichte, um mir ein Promotionsangebot zu verschaffen, würde es Rena in ihrem Fach vermutlich auch ohne größere Anstrengung weit bringen.

»Und, nimmst du das Angebot an?«, fragte Rena.

»Ich wollte doch eigentlich arbeiten«, sagte ich.

»Eigentlich wolltest du doch vor allem lesen«, sagte Rena scherzhaft.

»Ich weiß.«

»Hauptsache, man führt ein Leben, in dem man selbst auch vorkommt«, hatte Anton früher immer gesagt, wenn er mal wieder statt in die Schule zum Skaten gegangen war, und ich konnte mir nicht vorstellen, in meinem eigenen Leben vorzukommen, wenn ich nicht ständig lesen durfte. Ich brauchte Parallelwelten. Rena wusste das.

»Vielleicht ergibt sich ja in deinem Nebenjob bald was?«,

fragte sie, und ich schüttelte den Kopf, obwohl sie das am Telefon natürlich nicht sehen konnte.

Ich arbeitete ein paar Stunden in der Woche in einem Verlag, wo ich die unverlangt eingesandten Manuskripte prüfte und entweder an die Lektor:innen weiterleitete oder aussortierte. Es war eine extrem ruhige Tätigkeit, bei der es mit meinen Kolleg:innen weder Schnittpunkte noch Konfliktpotenzial gab – ich las in einer Ecke still vor mich hin und fiel nur auf, wenn ich raschelte oder eine Kaffeetasse abstellte. Aber der Kaffee war ziemlich gut.

Anton hatte ihn bei einem seiner Besuche dort auch einmal gekostet, und schon während des Trinkens gesagt, dass er diesen Geschmack nie wieder würde vergessen können, er mache einen ja regelrecht zu einem besseren Menschen, einem Menschen, der nur noch arbeiten und nie wieder nach Hause gehen wolle. Dann war er abrupt aufgestanden und hatte in den Schränken nachgesehen, ob er die Marke der Bohnen herausfinden konnte, und dabei so viel Krach gemacht, dass im Flur die Bürotüren aufgingen und die Leute die Köpfe nach draußen streckten. Selbst arbeitete Anton an einem Waffelstand auf dem Marktplatz. Das hatte er sich so ausgesucht, weil er den Kontakt zu normalen Menschen nicht verlieren wollte, wie er es ausgedrückt hatte. »Es ist auch mal schön, mit Leuten zu sprechen, die einfach nur eine Waffel kaufen möchten«, sagte er. »Weißt du, was ich meine? Keine versteckte Metaebene. Nirgendwo. Es geht wirklich nur um Waffeln.« Er machte eine kurze Pause. »Eigentlich kaum zu glauben. Wirklich ganz anders als die Gespräche mit dir und Rena.«

Rena und ich waren durch unser Studium auf Ambivalenzen und Widersprüche in Texten getrimmt – und das merke man, meinte Anton. Es sei schon ziemlich anstrengend mit uns.

Jedenfalls gab es im Verlag gerade keine offenen Stellen,

und die letzte Volontärin hatte erst vor ein paar Wochen begonnen. Es gab also keine Chance für mich, demnächst dort anzufangen. Deswegen hatte ich mich in den letzten Wochen bei einigen Online-Redaktionen beworben, es war das Nächstbeste, was mir eingefallen war.

Am Dienstag aß ich mit Anton in der Mensa. Wir sprachen über Rena und darüber, dass Anton ihre Nahtoderfahrung für eine Art übertriebenen Traum hielt, dem Rena, so meinte er, viel zu große Bedeutung beimaß. Vor uns standen ein Teller veganes Gyros mit Pommes, zu dem sich Anton noch etwa zehn Päckchen Ketchup mitgenommen hatte, und ein Teller Gemüsesuppe. Im Hintergrund waren Stimmengewirr und das Klappern von Besteck zu hören.

»Ist ja alles schön und gut«, sagte Anton. »Ich verstehe ja, dass es schwierig ist für sie. Aber ich glaube wirklich, sie ist gerade so durcheinander, dass sie nicht weiß, was sie tut.«

»Wie meinst du das: Sie weiß nicht, was sie tut?«

»Na, dass sie jetzt ihre Promotion abbrechen will«, sagte Anton. »Ihre verdammte *Promotion*. Ich will ihr absolut nichts vorschreiben! Ich würde ihr das niemals sagen! Aber das ist doch irre.«

Ich war so erstaunt, dass ich den Löffel, den ich gerade in die Suppe eintauchen wollte, einfach fallen ließ. Er kam zum Glück auf der Tischplatte auf, ein metallenes Geräusch, und Anton legte den Kopf schief und schaute mich an.

»Was ist?«, fragte Anton gereizt. »Ich kann doch wohl mein eigenes Studium abbrechen und trotzdem glauben, dass es für jemand anderen nicht das Richtige ist!«

Ich nahm den Löffel wieder in die Hand und sagte: »Jetzt entspann dich mal.«

Plötzlich sah ich es um Antons Mundwinkel herum verdächtig zucken.

»Ich hätte nie gedacht, dass ausgerechnet du einmal diesen Satz zu mir sagen würdest«, sagte er.

Ich griff nach einer Fritte auf Antons Teller, steckte sie mir in den Mund und sagte kauend: »Die Zeiten ändern sich.«

Ich sah Antons würdevoller Miene regelrecht an, dass nun gleich ein Spruch folgen würde. »Tu es nicht«, sagte ich. »Bitte!«

Aber Anton hatte sich schon aufgerichtet und skandierte, während er mit den Händen im Rhythmus mit gestikulierte: »*Tempora mutantur, nos et mutamur in illis.*«

Das hatten wir beide irgendwann einmal im Lateinunterricht gelernt, und es bedeutete im Prinzip dasselbe, was ich gerade gesagt hatte: *Die Zeiten ändern sich und wir uns in ihnen*, nur eben auf Latein.

Ich seufzte. Anton grinste, er hatte gesiegt.

Anton griff nach einer Packung Ketchup, riss sie auf und verteilte den Inhalt großflächig auf dem Gyros. Nach einem Bissen sagte er: »Viel besser. Da hat vorher wirklich ein bisschen Säure gefehlt.«

»Wir sollten einfach ein Auge auf sie haben«, sagte er dann. »Ich glaube, sie ist gerade ziemlich durch. In so einem Zustand macht man schon mal irgendwas.«

Rena hatte in der Zwischenzeit begonnen, täglich kalte Duschen zu nehmen. Sie hielt mich darüber in Sprachnachrichten auf dem Laufenden, die wohl auch den Zweck hatten, mich dazu zu inspirieren, es ihr gleichzutun. Aber ich brachte es nicht über mich, das Wasser von warm auf kalt zu drehen. Es erschien mir unnatürlich. Mir fehlte die Freiheit des Flusses, die sich auf natürliche Weise mit der Kälte verband und sie sinnvoll machte.

Inzwischen merkte man das Tempo, mit dem die Tage immer kürzer wurden; der Himmel war abwechselnd tiefgrau und durchbrochen von einzelnen Sonnenstrahlen, und die Wolkenformationen änderten sich ständig, aber in so kleinen Abständen, dass kaum auffiel, dass sie sich bewegten. Ich dachte oft an Lee und stellte mir vor, dass er neben mir stand und mir bei allem zusah, was ich machte. Wenn ich mit öffentlichen Verkehrsmitteln fuhr, öffnete ich jetzt immer sofort den Browser und googelte Lee. Seinen Nachnamen kannte ich nicht, also suchte ich in folgenden Kombinationen: »Lee DJ«, »Lee DJ Depressionen«, »Lee Lebensmittelretten«. Ich fand ein Foto von einem Auftritt vor einem Jahr, auf dem er hinter einem DJ-Pult stand und aussah, als sei er in Trance. Auf der Webseite, auf der das Foto stand, gab es einen Link zu mehr Tracks von Lee, ich lud sie mir herunter und sagte mir, dass auch dies eine wissenschaftliche Recherche war – ich suchte lediglich Sekundärliteratur zu jemandem, den ich mochte. Ich schickte ein Lied, das mir besonders gut gefiel, an Rena, doch sie antwortete nur: *Wann gehen wir wieder schwimmen?*

Am Mittwoch bekam ich die Einladung zu einem Vorstellungsgespräch in einer Redaktion. Die Stellenausschreibung hatte ganz gut geklungen, vielleicht nicht ganz genau das, was ich eigentlich machen wollte (es würde wohl viel um Wohntrends gehen, und ich interessierte mich eigentlich eher für die Lebensgeschichten anderer Menschen), aber trotzdem wäre es eine richtige Arbeitsstelle, ein Volontariat, also eine potenzielle Eintrittskarte ins »richtige« Berufsleben.

Ich sagte sofort zu.

Am Donnerstag lud Anton Rena und mich zum Essen ein und teilte uns feierlich mit, dass er übernächsten Freitag bei einem Poetry Slam auftreten werde, seinem allerersten. Es gab selbst gemachten Kartoffelsalat und Safranhähnchen, und zum Schluss wollte Anton uns überreden, ein großes Stück eines mit Cannabis versetzten Brownies zu essen. Rena widersetzte sich, ich gab nach, und die Umrisse der Welt wurden weicher; ich selbst auch. Als der Rausch nachließ, stützte ich meine Unterarme auf der Tischplatte auf und legte mein Gesicht in meine Hände. Ich musste an das feine elektrische Kribbeln denken, das Lees Hände auf meinem Rücken ausgelöst hatten – ein sehr spezifisches Kribbeln, nichts, was sich von jemand anderem ersetzen ließe. Es machte mich traurig, daran zu denken, und ich aß noch einen Bissen des Brownies, aber ohne eine Wirkung zu erzielen.

»Ich bin einsam«, sagte ich ziellos in die Runde, und Rena, die mittlerweile offenbar Gedanken lesen konnte, strich mir über den Rücken, immer wieder in dieselbe Richtung, als sei ich eine Katze, deren Fell durch zu wirres Streicheln durcheinandergebracht werden könnte.

»Hat er sich eigentlich gemeldet?«, fragte Anton so betont beiläufig, dass ich sofort merkte, dass er immer noch ein schlechtes Gewissen hatte.

Ich antwortete nicht. Einige Minuten vergingen, mein Rücken wurde immer wärmer, und irgendwann veränderte sich meine Stimmung, und ich fühlte mich wie ein geliebtes Haustier, dessen Leben unendlich sein würde, Augenblick nach Augenblick nach Augenblick, alles immer wieder neu und schön.

»Überall ist Krieg, aber wir sitzen hier und essen Hähnchen«, sagte Anton irgendwann in die Stille hinein. »Wie krass ist das eigentlich?«

»Man müsste irgendetwas machen«, sagte ich. »Man

müsste sich irgendwie engagieren.« Aber meiner Stimme fehlte der Elan, und schon deswegen fühlte ich mich schlecht.

»Leben ist generell krass«, sagte Rena. »Alles passiert gleichzeitig, und was soll man eigentlich machen, während man lebt?«

Plötzlich kam mir eine Idee. Es war nur eine sehr kleine Idee. Leider konnte ich damit die Welt nicht retten, aber ich konnte immerhin etwas für jemanden tun, den ich liebte.

»Hast du am Wochenende schon was vor?«, fragte ich Rena.

»Nö«, sagte sie. »Du?«

»Und damit haben wir beide am Samstag ein Date«, sagte ich. »Ich hole dich abends ab, okay?«

Auf dem Nachhauseweg war die Luft klar und eisig, und jedes Mal, wenn ich atmete, bildete sich eine Wolke direkt vor meinem Gesicht. Meine Hände konnten das Handy kaum halten, weil es so kalt war.

»Hallo?«

»Ich bin's nur«, sagte ich. »Stör ich gerade?«

»Ist dir was passiert?«

»Was soll mir denn passiert sein, Mama?«, sagte ich. »Ich wollte einfach mal wieder anrufen.«

»Na, dann ist gut. Wie läuft das Studium?«

»Ganz gut. Ich schreibe ja gerade an meiner Masterarbeit, also –«

»Soll ich dir mal wieder ein bisschen Schokolade schicken?«

»Für die Masterarbeit?«, fragte ich verwirrt. Dann fiel mir ein, dass meine Mutter diese Frage jedes Mal stellte, weil sie am liebsten praktisch etwas für mich tat.

»Brauchst du nicht«, sagte ich. »Ich hab noch was da.«

»Wie geht es Rena und Anton?«

Sie war gestresst, das merkte ich an der Art, wie sie Frage um Frage nachschob. Deswegen kam ich gleich zur Sache. »Rena und ich schauen übermorgen vielleicht mal bei euch vorbei«, sagte ich. »Würde euch das passen?«

»Natürlich!«, sagte meine Mutter wie aus der Pistole geschossen. »Was wollt ihr essen?«

»Und äh ... Könnte ich dann vielleicht den Schlüssel für den Kiosk bekommen?«, fragte ich.

»Geht klar«, sagte meine Mutter, die nie eine Freundin vieler Worte gewesen war. »Vielleicht Gulasch? Oder Kartoffelbrei mit Frikadellen?«

»Kartoffelbrei«, sagte ich.

»Und was machen deine Bewerbungen?«, fragte meine Mutter.

»Ja, ganz gut«, sagte ich, und merkwürdigerweise gab sie sich mit dieser Antwort zufrieden. Wenn sie mich etwas fragte, dann nach meinen Bewerbungen, nie nach meinem Studium, und ich glaube, das lag daran, dass sie sich nichts unter meinem Studium vorstellen konnte. Es würde für sie und meinen Vater vermutlich erst greifbar werden, wenn ich dadurch einen »richtigen« Job bekäme. Was mein Vater genau darüber dachte, wusste ich allerdings nicht. Meine Eltern hatten mir immer viel Freiheit gelassen, das war ihnen wichtig, und zu dieser Freiheit gehörte auch, dass ich Studiengänge wählen durfte, zu denen sie nichts sagen konnten.

Während ich dem Klang meiner Schritte auf dem Asphalt zuhörte, die in der Nacht verhallten, sagte ich mir, *es wird schon irgendwie klappen. Wird schon alles irgendwie klappen.*

Daheim angekommen, zog ich mich sofort aus, legte mich ins Bett und versuchte, mich daran zu erinnern, wie Lees Lippen sich angefühlt hatten. Aus reiner Gewohnheit googelte ich »Lee DJ« und anschließend »Wie schnell antworten Dating«, »Wie lange nicht antworten Ghosting« und »Warum werde ich immer geghostet«.

Dann sagte ich streng zu mir: *Reiß dich zusammen, Josie. Ghosting ist völlig normal. Es hat nichts mit dir persönlich zu tun. Es hat überhaupt sehr wenig mit einem selbst zu tun, wie sich andere Leute verhalten, okay?*

Ich drückte mein Gesicht in mein Kopfkissen und atmete tief ein. Das Kissen roch wie etwas, was mich sehr gut kannte und mich immer unterstützen würde. Ich hatte es schon immer mit etwas sehr Lebendigem verbunden, das die Nächte mit mir teilte und auf mich aufpasste, während ich schlief. Die Wärme der Bettdecke breitete sich langsam in meinem Körper aus, und der letzte Gedanke, den ich vor dem Einschlafen hatte, war, dass ich nachts am Fluss spazieren gehen wollte, neben mir Wassermassen, die sich leise bewegten wie von Zauberhand, völlig geräuschlos, ganz in Schwarz.

# 5

Früh um halb fünf wachte ich davon auf, dass ich meine Tage bekam. Sie begannen meistens in den frühen Morgenstunden, anfangs noch sachte und vorsichtig, wie jemand, der in ein Zimmer kommt und sich vorher vergewissert, ob sich jemand darin befindet. Später, wenn die Krämpfe stärker wurden, ging es nicht mehr darum, ob man jemanden in diesem Schmerz erahnen konnte, sondern nur noch darum, denjenigen möglichst geräuschlos zu zerstören. Ich nahm 600 mg Ibuprofen, ließ mir ein warmes Bad ein, legte meine Beine auf den Badewannenrand und schloss die Augen. »Pling«, machte mein Handy. Es war Lee.

*Sorry, dass ich mich nicht gemeldet habe*, schrieb er. *Ich hatte mir tatsächlich einen Fluch zugezogen, woher wussten deine Freunde das?*

Ich spürte: Angst, Vorfreude, Schaum, der sich um mich schmiegte, kleine Wellen, die ich mit der Bewegung meines Armes erzeugt hatte. Ich war nicht vergessen worden. Er hatte sich an mich erinnert.

*Guten Morgen*, schrieb ich. *Bist du den Fluch denn wieder losgeworden? Es ist das Wichtigste, Flüche wieder loszuwerden.*

Ich sah, dass er tippte, pausierte. Er ging kurz offline und tippte dann weiter.

*Hast du zufällig ein paar Tipps, wie man Flüche wieder loswerden kann?*, schrieb er.

Ich musste lächeln, mir fiel auf die Schnelle keine Antwort ein, und ich schrieb: *Habe gleich ein Vorstellungsgespräch. Melde mich später noch einmal wegen des Fluchs.*

Ich legte das Handy auf den Badewannenrand. Um 9 Uhr hatte ich das Vorstellungsgespräch für das Volontariat in der Redaktion. Während ich in der Badewanne lag, wurde es draußen langsam hell – ein vorsichtiges Aufhören der Dunkelheit, aber ganz sicher sein konnte man sich nicht. Ich las noch einmal meine Notizen für das Gespräch durch und hörte gleichzeitig einen Podcast, weil ich meistens mehrere Dinge gleichzeitig tat, und ließ immer wieder heißeres Wasser nachlaufen, obwohl ich eigentlich aufstehen und mich hätte fertig machen müssen. Die Kacheln an der Wand waren beschlagen, und immer wenn ich etwas las, das ich auf keinen Fall vergessen durfte, machte ich mit dem Finger einen Strich in den Dampf.

Schließlich legte ich meine Beine auf den Badewannenrand und tauchte mit dem Kopf ins Wasser ein. In der Kombination aus der Hitze des Wassers und dieser Position hörten die Krämpfe in meinem Bauch manchmal kurz auf. Ich stellte mir vor, wie Lee mit den Fingerspitzen darüberstrich, dann stellte ich mir vor, dass er seine ganze Hand darauflegte, und in meiner Vorstellung war seine Hand fast so breit wie mein Becken. Als ich wieder auftauchte, sah ich, dass Rena mir geschrieben hatte:

*Muss ich morgen eigentlich Badesachen mitnehmen?*
*Nein*, schrieb ich. *Guten Morgen!*
*Kein Problem*, schrieb Rena. Ich meinte, eine vage Enttäuschung aus ihren Worten herauszulesen, aber dann schickte sie noch ein Foto ihres Globus. Ihr Finger zeigte wieder auf irgendeinen vagen Spot im Ozean. Darunter hatte sie geschrieben: *Bin auf einer random Segelmission unterwegs, aber auch hier gibt es Kaffee!!!* Dann schickte sie das Bild ihrer Espressokanne.
*Wie geht es eigentlich deiner Lunge?*
*Luftig*, schrieb Rena.

Das Redaktionsgebäude lag in einem Industriegebiet am Rande der Stadt: breite Straßen mit seitlich geparkten Lkw, weit auseinanderstehende Gebäude, bei denen ich mich fragte, wie viele Menschen sich hinter den verspiegelten Fenstern verbargen. Die absolute Funktionalität der Gegend gab mir ein schlechtes Gefühl, das sich noch verstärkte, als ich das Redaktionsgebäude betrat. Es sah aus wie ein Möbelhaus aus den Neunzigern. Der Boden war mit Teppich in dunklem Türkis ausgelegt und schluckte jedes Geräusch.

Auf der Suche nach dem Besprechungszimmer ging ich an einem Springbrunnen vorbei, der in einer Ecke untergebracht war und freudlos Wasser zwischen Plastikbäumen hervorsprudelte. Die langen Gänge waren leer, ich hatte bislang noch keinen Menschen gesehen, und die Schmerztabletten wirkten immer noch nicht richtig.

Der Chefredakteur der Zeitschrift, der sich mir schlicht als Günther vorstellte, saß schon im Besprechungsraum, als ich kam. Er stand auf, um mir zur Begrüßung die Hand zu schütteln, dann bot er mir einen Stuhl an und ging an mir vorbei zurück zur Tür. Ich hörte das Klicken von Metall gegen Metall, und plötzlich war ich mir sicher, dass er die Tür zugesperrt hatte. Der Schlüssel steckte nicht mehr. Das konnte ich sehen, als er sich wieder zu mir umdrehte.

Noch nie in meinem Leben war ich in so einer Situation gewesen.

Der Chefredakteur kam zurück, setzte sich mir gegenüber, und ich sah, dass ihm eine Haarsträhne an der Stirn klebte. Sie erinnerte mich an einen Fluss, der seinen Kopf hinunterfließen wollte, daran aber von Naturgesetzen gehindert wurde, und ich versuchte einzuschätzen, ob ich ihn mit einem Stuhl k.o. schlagen könnte. Er war nur wenig größer als ich, seine Klamotten hingen schlaff an ihm herab, und er hatte kaum Körperspannung. Am liebsten hätte ich das Gespräch sofort abgebrochen, aber ich hatte Angst, etwas zu tun, was ihn provozieren könnte.

Er begann das Gespräch damit, seine Zeitschrift noch einmal vorzustellen: Interior Design, Trends und so weiter, man müsse die Anzeigenkunden gut behandeln, dürfe im Prinzip nur Positives schreiben, aber ohne seine Integrität zu verlieren. Das wiederholte er mehrmals. Es sei eine Gratwanderung, sagte er, ohne den Blick von mir abzuwenden. Diese Gratwanderung müsse man beherrschen. Man müsse zu dem stehen können, was man schrieb, und trotzdem immer positiv bleiben, denn die Anzeigenkunden seien das Wichtigste. Ob ich mir das vorstellen könne?

»Ja, ja, natürlich«, sagte ich. Ich hatte kaum auf den Inhalt dessen geachtet, was er von sich gegeben hatte, sondern vor allem auf mögliche Anzeichen darauf, dass die Stimmung kippen könnte. Bislang hatte ich noch keine entdeckt.

Es ginge auch darum, eine gute Beziehung zu den Anzeigenkunden aufzubauen, sagte er nach einer kurzen Pause. So, wie er mich bislang erlebt habe, könne er sich das gut vorstellen.

»Was meinen Sie damit?«, fragte ich.

»Man braucht in so einer Rolle natürlich ein gepflegtes Äußeres«, sagte er.

Mein Herz pumpte so stark, dass ich spürte, wie die Adern in meiner Stirn zuckten. »Ja, ja, natürlich«, sagte ich wieder. Ich wollte einfach nur noch nach Hause.

»Haben Sie eigentlich einen Freund?«, fragte der Redaktionsleiter plötzlich.

In diesem Moment wurde der Druck in meiner Stirn so groß, dass ich für einen Moment nichts mehr sah.

»Glauben Sie wirklich, dass Sie das was —« In letzter Sekunde konnte ich mich bremsen. Ich drückte den Rücken durch und sagte stattdessen: »Ich glaube nicht, dass das … dass das Teil dieses Gesprächs sein sollte.«

»Nein, nein«, beeilte er sich zu sagen. So meine er das gar nicht. Es gehe nur um die Dienstreisen, mit denen müsse mein Freund natürlich einverstanden sein.

»Vielen Dank für die Nachfrage«, sagte ich. »Aber ich möchte hier nicht über dieses Thema sprechen.«

»Fragen Sie ihn«, bat Günther. Falls mein Freund Probleme mit Eifersucht habe, könne das mit der ausgeschriebenen Stelle kollidieren. Ich müsse oft Anzeigenkunden besuchen, das sei wichtig für die Kontaktpflege.

Ich spürte, wie sich meine Muskeln anspannten. Im Nacken, in den Beinen, im Bauch. »Ja, natürlich«, sagte ich.

»Sehr gut«, sagte der Redaktionsleiter. »Sie bringen Potenzial mit, das merke ich.«

Ohne dass ich mir dessen richtig bewusst war, griffen meine Hände nach meiner Tasche. Ich nahm sie so schwungvoll hoch, dass ich mir für einen Moment selbst nicht sicher war, was ich damit tun würde. Würde ich sie ihm ins Gesicht schleudern? Aber dann hörte ich mich nur sagen: »Ich muss leider los, ich habe gleich noch einen anderen Termin.« Ich hatte nicht einmal mehr Angst, merkte ich, ich war einfach nur noch wütend.

Er machte keine Anstalten, mich aufzuhalten, ging voraus zur Tür und sperrte sie wieder auf. Er werde bei Meetings ungern gestört, sagte er. Aber er werde sich in den nächsten Tagen auf jeden Fall bei mir melden und sagen, wie er sich entschieden habe. Dabei lächelte er entschuldigend.

Zu meinem Entsetzen hatte ich das Lächeln bereits erwidert, bevor ich begriff, was ich da gerade tat, und die restlichen Sekunden unserer Begegnung konzentrierte ich mich darauf, dass meine Körperhaltung gerade war und mir niemand ansehen konnte, dass ich Schmerzen hatte. Zum Abschluss legte er seine Hand auf meinen unteren Rücken und schob mich auf die Weise durch die Tür.

Ich war so perplex, dass ich so tat, als würde ich es nicht bemerken. Als ich endlich aus dem Redaktionsgebäude trat, schaute ich nur noch auf den Boden. Ich konnte auch nicht mehr so schnell gehen, wie ich wollte, weil die Schmerzen wieder stärker geworden waren. Ich hasste in diesem Moment alles, sogar die Konturen fremder Menschen. Meine Wut nahm erst in der Sekunde ein wenig ab, als ich an der Uni angekommen war, die Tür zu den Toiletten öffnete und sah, dass niemand da war. Ich ließ mir eiskaltes Wasser über die Handgelenke laufen und nahm eine weitere Schmerztablette.

Im Lesesaal der Bibliothek empfing mich dichtes Schweigen. Diejenigen, die da waren, waren gleichzeitig nicht da, weil sie sich mental in einem komplett anderen Raum befanden. Deswegen war die Bibliothek einer der wenigen Orte, an denen ich mich zuhause fühlte, weil ich das Gefühl hatte, hier vollkommen unterzugehen. Ich erstarrte wie alle anderen in einer Lektürehaltung. Wir wurden Teil des Raumes mit seinen Regalen, die so hoch waren, dass an ihnen Leitern befestigt waren. Wenn man ging, hörte man die Schritte nicht, weil der Boden mit Teppich ausgelegt war. Es war hell erleuchtet und vollkommen still, und das Einzige, was sich aus der Zeitlosigkeit heraushob, waren meine Gedanken, die bestimmten Linien folgten und anderen nicht. Sie nahmen einen Verlauf an, von dem ich einen Moment lang gesagt hätte, dass er mich ganz fasste, aber dann war der Moment schon wieder vorbei, und ein neuer begann, und ich las den nächsten Absatz.

Ich musste immer etwas Interessantes finden, mit dem ich mich beschäftigen konnte, sonst hatte ich sofort das Gefühl, vor Langeweile zu sterben. Meine Eltern hatten in meiner Kindheit immer wieder durchblicken lassen, dass sie mich für ein außergewöhnlich ungeduldiges Kind hielten, aber sie besorgten mir brav Informationsnachschub in Form von Büchern und Zeitschriften und später ein Smartphone, und vielleicht führte das letzten Endes dazu, dass ich insgeheim glaubte, die Realität sei – im Vergleich zu den Texten, die ich gelesen hatte – nicht besonders gut aufbereitet. Es fehlten Schlagwörter, es gab keine Überschriften, man wusste ja meistens nicht einmal, worum es genau ging.

Ich beschloss, die fehlende Sekundärliteratur zu Zola zusammenzusuchen, dann hatte ich das wenigstens schon einmal erledigt, aber nach ein paar Minuten entdeckte ich Anton in der Bibliothek, und da war es mit meiner Konzentration vorbei. Er saß neben einem etwas kleineren Mann und flüsterte ihm etwas ins Ohr. Der andere Mann lächelte, und etwas an der Körpersprache der beiden sagte mir, dass sie aneinander interessiert waren. Es gab keinen Abstand zwischen den beiden, nichts, was erschreckt zurückzuckte, wenn man berührt wurde.

Ich sah den beiden eine Weile zu und spürte, dass ich innerlich ganz weich wurde. Ich war gerührt. Anton war, soweit ich das aus der Ferne abschätzen konnte, gut darin, Gesten der Zuneigung zu machen, die zufällig wirkten, bei denen man den anderen Körper aber trotzdem schon einmal ausprobieren konnte, und ich ertappte mich dabei, dass ich insgeheim ein bisschen stolz auf ihn war. Er hatte lange Zeit damit gekämpft, nicht »in die heteronormative Struktur der Gesellschaft zu passen«, wie er es selbst ausgedrückt hatte, aber jetzt hatte er offenbar gesiegt. Er war fröhlich, und er war er selbst, und vor allem um das Zweite beneidete ich ihn.

Erst da fiel mir wieder ein, dass ich Lee noch antworten musste. Ich ging nach draußen, setzte mich auf einen Heizkörper, entsperrte mein Handy und tippte eine Nachricht an Lee.

*Also, ich brauche noch mehr Informationen über den Fluch*, schrieb ich. *Wie fühlt er sich an, wie ist er entstanden?*

# 6

Rena und ich waren umgeben von Twix, Bounty, Snickers, Mars, Milky Way und Raffaelo-Kugeln. Wir lagen in Schlafsäcken auf dem Boden im Kiosk meiner Eltern. Ich hatte eine Taschenlampe mitgebracht, mit der ich die Produkte im Dunkeln anleuchtete. Neben uns standen Thermoskannen mit heißem Tee, neben mir zusätzlich eine angebrochene Packung Ibuprofen.

»Wie süß von dir, Josie«, sagte Rena. »Mein erster Bucketlist-Punkt! Das wird eine großartige Nacht!«

Zwei Stunden später: »Kannst du schlafen?«

»Nee. Du?«

»Klinge ich so, als würde ich gerade schlafen?« Sie drehte sich zur Seite. »Das Komische ist«, sagte sie, »ich wollte ja immer schon mal im Supermarkt übernachten. Kiosk ist ja fast dasselbe. Ich habe es mir so cool vorgestellt, dass man alles zur Verfügung hat. Aber —«

»Aber?«

»Ich wollte mich einfach nur so fühlen, als würde alles mir gehören, als könnte ich alles haben, weißt du? Und jetzt, wo ich alles haben könnte, will ich irgendwie gar nichts.«

»Findest du es trotzdem schön hier?«, fragte ich, und Rena sagte: »Mit dir finde ich es immer schön.«

Die Regale des Kiosks schienen im Dunkeln immer näher zu kommen, ich konnte sie regelrecht auf mir spüren, jedes einzelne ein dumpfer Druck auf meiner Brust. Plötzlich leuchtete mein Handy im Dunkeln auf.

*Hier folgen weitere Informationen zu meinem Fluch*, schrieb

Lee. *Der Fluch wurde mir vor ein paar Jahren von einem bösen Zauberer auferlegt. Hier ist ein Bild von ihm.* Darunter hatte er das Bild einer aufgeplusterten Taube mit starren roten Augen gesendet. Dann schrieb er: *Der Zauberer bestimmte, dass ich nur zu manchen Zeiten im Jahr Dinge machen kann, zu anderen nicht. In diesen anderen Zeiten bin ich wie gelähmt und kann mich einfach nicht befreien.*

*Süß*, schrieb ich zurück. *Du wurdest von einer Taube verflucht. Wie hast du das geschafft?*

*Die Taube steht für unsere Gesellschaft*, schrieb Lee. Er habe kein besseres Bild gefunden, und ein Bild von McDonald's habe er mir nicht schicken wollen.

*Wir müssen dich befreien*, schrieb ich.

»Weißt du noch, wie du bei unserer Abiverabschiedung für alle abgelaufene Schokoriegel mitgebracht hast?«, fragte Rena in die Dunkelheit hinein.

»Aber die waren doch noch gut«, sagte ich. »Meine Eltern konnten die nur nicht mehr verkaufen.«

»Jeder hat einen bekommen«, fuhr Rena fort. »Und dann haben wir versucht, uns bei deinen Eltern zu bedanken.«

Ich wusste, worauf sie hinauswollte. »Anton und du und ich haben meine Eltern gesucht, aber –«

»Aber sie waren längst wieder zu Hause«, sagte Rena.

»Sie waren nicht *zuhause*«, sagte ich, meine Stimme klang ein wenig spitz. »Sie waren im Kiosk, weil es da Probleme mit der Aushilfe gab.«

»Immerhin haben sie gesehen, wie du dein verdammtes Zeugnis bekommen hast«, sagte Rena. »War bestimmt ein krasser Moment für sie, oder? Ich stelle mir das krass vor.«

»Nee, ich glaube, mein Vater musste schon vorher gehen«, sagte ich. »Noch während der Verleihung.«

»Deine armen Eltern«, sagte Rena.

»Und deine arme Josie«, sagte ich.

»Meine Mutter hat jedenfalls ganz viele Fotos von dir gemacht«, sagte Rena.

»Die hat sie dann meinen Eltern geschickt, und sie haben sich sehr gefreut.«

»Und du?«

»Ich mich nicht«, sagte ich. »Aber ich fand es trotzdem nett von deiner Mutter.«

»Wir hatten doch trotzdem einen schönen Abend«, sagte Rena und tastete im Dunkeln nach meiner Hand.

»Ich fand es am besten, als du und Anton mich nach Hause gebracht und dabei so getan habt, als wärt ihr meine Security«, sagte ich. »Ihr habt so Dinge geschrien wie ›Aus dem Weg, Sir!‹ oder ›Achtung, Sicherheitszone auf jeden Fall EINHALTEN‹ und habt euch überall durchgeboxt. Ich bin einfach nur zwischen euch gelaufen und musste gar nichts machen.«

»Ja, das hat echt Spaß gemacht«, sagte Rena. »An mir ist definitiv eine Security-Person verloren gegangen.«

Dann sagten wir eine Weile nichts. Gerade als ich dachte, dass Rena nun eingeschlafen sei, sagte sie: »Ich habe dir noch nicht von meinem Lebensrückblick erzählt, den ich bei meinem … den ich hatte, als ich fast gestorben wäre, oder?«

»Nein, hast du noch nicht«, sagte ich. In meinem Bauch krampfte sich etwas zusammen. Ich tastete nach der Ibuprofenpackung.

»Ja, also«, fing Rena an. »Ich dachte immer, das wäre so ein großer Fake. So etwas, damit sich die Geschichte besser erzählt. Aber ich hatte das tatsächlich auch.«

Ich spürte, wie etwas in meinem Hals ganz eng wurde. »Und, was hast du gesehen?«, fragte ich.

»Das ist es eben«, sagte Rena. »Nicht das, womit ich gerechnet hätte.« Sie machte eine kurze Pause. »Ich dachte immer, man würde so eine Art Best-of bekommen«, sagte sie. »So ungefähr: ›Das hast du aus deinem Leben gemacht, Rena,

Glückwunsch!‹ Aber es war ganz anders. Ich habe nicht mal meine Abiturverabschiedung gesehen!« Sie schüttelte sich. »Ich habe so viel dafür gelernt! Hätte man schon mal zeigen können, finde ich«, sagte sie, und für einen Moment war ich mir nicht sicher, ob sie einen Scherz machte oder nicht. Aber dann fing sie doch an zu lachen, und ich stimmte mit ein.

»Aber was hast du denn jetzt gesehen?«, fragte ich schließlich.

»Zum Beispiel die Kassiererin im Rewe«, sagte Rena.

»Die Kassiererin im Rewe?«

»Ja, merkwürdig, nicht wahr?«, sagte Rena. »Es war auch keine Storyline dahinter. Ich habe einfach nur die Momente gesehen, in denen wir ein nettes Gespräch hatten. Manchmal nicht mal das. Einfach, wenn wir uns angelächelt haben. Als ich diese Momente dann quasi noch mal wiedererlebt habe, war das für mich, als würde ich sehen, dass wir in diesem Moment etwas ausgetauscht haben, ich und die Kassiererin.«

»Wie, ausgetauscht?«

»Also, es sah für mich irgendwie nach Licht oder Energie aus«, sagte Rena. »Aber es war mehr so ein Verbundenheitsgefühl, weißt du? Eigentlich habe ich nur Momente wiedergesehen, in denen ich mich irgendwie verbunden gefühlt habe.«

»Kam ich auch in deinem Rückblick vor?«, fragte ich und war mir schon in dem Moment, in dem ich die Frage ausgesprochen hatte, nicht mehr sicher, ob ich die Antwort darauf wirklich wissen wollte.

Aber Rena sagte nur: »Klar!« Sie grinste. »Rate mal, welche Szenen ich gesehen habe.«

»Welche?«

»Als wir zusammen Radtouren gemacht haben.«

»Ah, okay«, sagte ich enttäuscht. Wir hatten so viel zusammen erlebt, Rena und ich, und am Ende waren ihr ausgerechnet die Radtouren im Gedächtnis geblieben.

»Du klingst enttäuscht«, sagte Rena sachlich. »Aber es war eine sehr schöne Erinnerung. Wir beide im Sommer, mit Fahrtwind in den Haaren, wie wir uns zulächeln.«

»Hm«, sagte ich. »Ja, ich fand unsere Radtouren auch immer schön.« Ich begann, meine Hände zu kneten. Die rechte Hand lag unter der linken, der rechte Daumen strich in kreisenden Bewegungen über die linke Handinnenfläche.

»Hör mal, ich hab mir das doch nicht selbst ausgesucht«, sagte Rena, die meine Missstimmung anscheinend immer noch wahrnahm. »Das ist mir doch auch nur einfach so passiert!«

»Ja, klar«, sagte ich. Ich schluckte.

»Kopf hoch, Josie«, sagte Rena mit fester Stimme. »Ich wollte nämlich eigentlich was ganz anderes erzählen.«

»Ja?«

»Und zwar habe ich mich die ganze Zeit gefragt, was ich jetzt mit diesem Erlebnis machen soll, weißt du? Mir war klar, dass sich was ändern muss. Aber was genau und wie …«

»Wie meinst du das: Etwas muss sich ändern?«

»Na ja, das ist doch wohl klar!«, sagte Rena. Plötzlich klang sie ungeduldig. »Wenn man sein ganzes Leben noch mal an sich vorbeiziehen sieht, in dem Moment, in dem man denkt, es endet – da ist doch klar, dass das etwas mit einem macht.«

»Ja, klar«, sagte ich. »Sorry.«

»Ich habe mich einfach gefragt: Was habe ich bisher gemacht, und wollte ich das wirklich?«, sagte Rena. »Und die Antwort ist: nein. Ich wollte das eigentlich gar nicht. Es wurde so von mir erwartet, und ich konnte es liefern, und deswegen habe ich es gemacht. Aber das, was mir eigentlich Freude macht, konnte ich gar nicht machen.«

»Was macht dir denn Freude?«

»Frei sein, unterwegs sein, Verbindungen schaffen«, sagte Rena. »Oder warte, das klingt so schwammig. Ich meine, ich hätte gern mehr Verbindungen. Und da kommt die Kassiererin ins Spiel.«

Sie holte ein wenig aus. In der Nahtoderfahrung habe sie nicht nur ihre eigene Perspektive gesehen, sondern auch wahrgenommen, wie die andere Person sich bei der Interaktion gefühlt hatte. Also hatte sie auch mitbekommen, wie glücklich die Kassiererin jedes Mal gewesen war, wenn sie und Rena während des Bezahlvorgangs etwas miteinander teilen konnten: nicht Geld, sondern einen kurzen Augenblick, die Dauer eines Lächelns und das Gefühl, etwas mit jemandem gemeinsam zu haben, den man kaum kannte.

»Und diese Momente würde ich in Zukunft gern vertiefen«, schloss Rena.

»Und wie?«, fragte ich.

»Weiß ich auch noch nicht so genau«, sagte Rena. Aber sie wolle die Kassiererin nach der Arbeit abpassen.

Für mich klang es nach Hoffnung auf einen Neuanfang, auf den Enthusiasmus, den man verspürte, wenn man jemand Neues kennenlernte, und auf die Neugier, die all das mit sich brachte.

Ich wusste, dass dies für unsere Freundschaft nichts bedeuten musste, aber möglicherweise war ich dennoch ein wenig eifersüchtig. Möglicherweise. Rena hatte sich eine Fremde ausgesucht, um einem neuen Lebensabschnitt Bedeutung zu verleihen. Hieß das, dass ihr die Bedeutung, die unsere Verbindung hatte, nicht ausreichte?

Wenig später schlief ich ein. Ich träumte davon, dass ich eine ganze Torte aß, jeder Bissen in Großaufnahme und Zeitlupe, die Sahne lagerte sich beschwichtigend auf meinen Nervenenden ab.

Am nächsten Mittag waren wir bei meinen Eltern zum Mittagessen eingeladen. »Josie, mein Mädchen«, sagte meine Mutter zur Begrüßung und drückte mich so fest an sich, dass ich nicht mehr wusste, was ich mit meinen Händen machen sollte. Seit ich ausgezogen war, hatte ich das Gefühl, dass sich meine Eltern viel mehr über meine Anwesenheit freuten als früher, was schön war, aber ungewohnt.

Wie versprochen gab es Kartoffelbrei und Frikadellen. Meine Mutter hatte das gute Geschirr aufgedeckt, es standen sogar Blumen auf dem Tisch, und dann fragte mein Vater Rena, wie es mit der Promotion lief – »Gut«, sagte Rena – und wie es ihrer Mutter ging – »Alles in Ordnung«. Ich durfte nicht beim Aufdecken und auch nicht beim Abräumen helfen, wir wurden bewirtet wie im Restaurant. Ich wusste gar nicht, wie mir geschah. Vielleicht war es, weil Rena dabei war. Meiner Mutter war es wichtig, eine gute Gastgeberin zu sein. Noch nie hatte ein Gast bei uns nach einem Getränk fragen müssen, alles hatte immer bereitgestanden oder war sofort geholt worden. Mein Vater unterhielt sich mit den Gästen, und meine Mutter sorgte für die Infrastruktur. Die Infrastruktur war leise und unauffällig, so als wäre sie immer schon da gewesen, aber immer nur für andere.

Während des Kaffeetrinkens schickte ich Lee ein Foto von meinem Kuchen und schrieb dazu: *Hier, schenke ich dir. Leite es an deine böse Herrscher-Taube weiter, vielleicht löst sich dann der Fluch auf?*

*Haha*, schrieb Lee. *Wie geht es dir, was machst du gerade?*

*Kaffeetrinken bei meinen Eltern*, schrieb ich.

*Und, wie ist es?*

*Schön*, schrieb ich. *Aber es ist ungewohnt für mich, wenn meine Eltern beide da sind und Zeit haben. Außerdem fühle ich mich wie ein Staatsgast, der von allen Seiten bedient wird.*

*Musst du auch immer deine ganzen Erfolge der letzten Zeit aufzählen?*
*Nö. Ich darf einfach nur so Staatsgast sein, ganz ohne Erfolge. Wie toll ist das denn bitte?*, schrieb Lee.

Auf dem Nachhauseweg, während die Landschaft schnell an uns vorbeizog, wurden die Schmerzen wieder stärker, und ich musste an die erste Reise denken, die Rena und ich nach dem Tod ihres Vaters unternommen hatten, eine Jugendfreizeit in Schottland. Wir waren vierzehn und bereit, zwölf Stunden mit dem Bus nach Frankreich zu fahren, um wegzukommen. Dann Fähre, hohe Wellen, Aufstehen zum Sonnenaufgang, unser erster Sonnenaufgang über dem Meer. In Schottland wohnten wir in einem Gemeindehaus mit unverputzter grauer Steinfassade und dunkelgrünem Linoleumboden, in dem einige Räume zu Gemeinschaftsschlafsälen umfunktioniert worden waren. Wir gingen jeden Tag Hand in Hand am Meer spazieren. Schottische Jugendliche fragten uns, ob wir lesbisch seien, und wir sagten: »Yes, of course.«

Am selben Tag gestand mir Rena, dass sie nie verstanden hatte, wie man sich entweder auf Männer oder Frauen fokussieren konnte, es komme am Ende doch auf den Menschen an, oder etwa nicht? Wir machten Fotos voneinander am Strand, kauften in der einzigen Bäckerei der Ortschaft kleine Törtchen, und nachts stahlen wir uns davon, um das dunkle Meer rauschen zu hören. Die Betreuer merkten nichts, und wir – wir wollten einfach nur das Gefühl haben, an jedem Ort sein zu können. Und das hatten wir, denn in der Dunkelheit war das Meeresrauschen überall gleich.

Ich kam mir erhaben vor, als ich mit Rena am Strand entlangspazierte, links vereinzelte Lichter der Ortschaft, rechts das schwarze Rauschen.

»Irgendwie habe ich gerade so ein Unendlichkeitsgefühl«, sagte Rena.

»Ich auch.«

»Irgendwie finde ich es gut, aber irgendwie auch nicht. Irgendwie ist es auch gruselig«, sagte Rena, und dann fing sie an zu weinen. »Ich kann einfach nicht verstehen, dass ich ihn nie wiedersehen werde«, sagte sie zwischen zwei Schluchzern.

Rena sprach selten über ihren Vater; beide hatten sich auch nur selten gesehen. Rena war während eines Urlaubs entstanden, so viel wusste ich. Ihr Vater hatte in einer spanischen Bar gearbeitet, in der ihre Mutter ein paar Gläser Wein getrunken hatte. Als sich Rena ein paar Monate später ankündigte, hatte ihre Mutter Renas Vater nicht mehr erreichen können. In der Bar arbeitete er nicht mehr, er war, wie sich später herausstellte, nach Dänemark gezogen und jobbte dort in einem Hotel. Rena und er hatten nie viel Kontakt gehabt, aber wenn, dann hatten sie ununterbrochen miteinander gescherzt.

Sie habe das Fernweh von ihm, sagte sie, und das sei das Schlimmste. Es klänge sehnsuchtsvoll und hübsch, dieses Wort, dabei bedeute es auch, dass man fast nie an dem Ort sein wollte, an dem man gerade war. Das war ihr Fluch.

»Wie ist es mit hier?«, fragte ich. »Willst du nicht hier sein?«

»Ich will hier sein«, sagte Rena. »Aber gleichzeitig auch draußen auf dem Wasser und in einem Flugzeug, bei dir zu Hause in deinem Zimmer und auf einem Berg. Meine Mutter versteht das nicht«, sagte sie dann noch.

Ich glaube, was sie eigentlich meinte, war: Der Einzige, der mich verstanden hat, ist jetzt tot.

An all das musste ich jetzt denken, und plötzlich bekam

ich eine solche Angst um Rena, dass ich nach ihrer Hand griff und sie fest drückte.

Rena sah mich überrascht an.

»Bin ein bisschen nervös«, sagte ich. »Sorry.«

»Ach, Josie«, sagte Rena. »Wegen der Masterarbeit? Wegen Lee? Sollen wir heute vielleicht tanzen gehen, zur Entspannung?«

»Auf jeden Fall«, sagte ich. Die Schmerzen würden schon noch weggehen, sagte ich mir. Warum wirkte das verdammte Ibuprofen nicht mehr richtig?

Die Tanzfläche war noch fast leer. Wir waren in dem Club, in den wir meistens gingen – die Türsteher kannten uns, und weil sie Rena mochten, ließen sie uns immer hinein. Rena hatte ihnen gleich bei einem unserer ersten Besuche gesagt, dass man uns nicht verarschen solle, dass wir uns das nicht gefallen lassen würden. Während sie das sagte, musste sie die ganze Zeit nach oben sehen – die Türsteher überragten sie um mindestens 30 Zentimeter, hörten ihr aber wohlwollend zu. Ich weiß nicht, ob sie Renas Auffassung vom Leben teilten oder Rena einfach lustig fanden, aber mir kam es so vor, als ob sie Rena als eine von ihnen erkannten und ihr deshalb fortan mit brüderlichem Respekt begegneten.

Rena bewegte sich in großen, anmutigen Bewegungen, die mehr mit dem Takt flossen, als ihn zu imitieren. Ich hingegen bewegte mich nur mit dem Takt, weil der Takt das Einzige war, was ich im Moment fühlte.

»Kennst du das, dass du denkst, du hast Sachen nicht verdient?«, schrie ich Rena ins Ohr.

»Welche Sachen meinst du?«

»Essen zum Beispiel?«

Sie formte ihre Hand zu einem Trichter und schrie »Nö! Alles, was den Weg in meinen Mund findet, habe ich mir hart erarbeitet. Das ist alles komplett verdient.«

»Ich habe heute Nacht eine ganze Torte gegessen!«, schrie ich. »Im Traum.«

»Welche Sorte war es?«

»Haselnuss-Sahne. Aber ich habe sie nicht verdient.«

»Komm mal klar!«, schrie Rena. »Du bist irgendwie total auf einem falschen Track hängen geblieben!«

In diesem Moment wechselte die Musik zu experimentellem Elektro oder etwas, das ich dafür hielt: überdimensionale künstliche Musikgebilde, die ab und zu zerplatzten und ab und zu aufstiegen. Einmal sah ich vor meinem inneren Auge etwas aus Glas zerbersten. Das Geräusch lief mir kalt den Rücken hinunter, gleichzeitig lag in dem Zerbrechen eine Schönheit, die ich mir gern noch einmal genauer angesehen hätte, um sie zu untersuchen.

Wir waren vielleicht eine halbe Stunde im Club, als sich zwei Männer zu uns auf die Tanzfläche gesellten. Ab diesem Zeitpunkt wurden meine Bewegungen noch mechanischer. Das passierte mir oft, wenn ich zusammen mit anderen tanzte. Es war, als würde sich mein Körper in etwas verwandeln, das nur noch für andere da war und gar nicht mehr für mich. Er sollte in den Augen anderer passend aussehen, nicht einmal schön, nur passend.

Erst nach einer weiteren halben Stunde, als sich die Bässe in mein Herz gehämmert hatten, konnte ich mich entspannen. Ich dachte nicht mehr darüber nach, was meine Arme und Beine taten. Rena lächelte mich durch die lichtdurchzuckte Dunkelheit an, und ich hatte plötzlich ein Gefühl der Weite und Leere in mir, das über diesen Abend hinausging, das ich mir für immer würde merken können, ohne mich anzustrengen.

Ich machte ein Foto von der Tanzfläche. Man sah nichts außer Nebel und vagen Gestalten, aber ich beschloss, es Lee zu schicken. *Sind gerade tanzen*, schrieb ich. *Das nächste Mal zu deiner Musik, ja?*

Er antwortete mit einem Foto ohne Text. Auf dem Foto war eine Packung mit kleinen braunen Kügelchen zu sehen.

*Oh mein Gott, er ist doch drogenabhängig!*, dachte ich zuerst, aber dann vergrößerte ich das Bild. Es waren keine Drogen. Er hatte mir eine Packung Pfefferkörner geschickt.

Ich konnte es nicht einordnen. Ich fand die Nachricht irgendwie lieblos gestaltet und ärgerte mich deshalb.

Später, als wir kurz draußen vor dem Club Luft schnappten, zeigte ich das Foto Rena, und sie sagte: »Er muss einfach mal klarkommen.«

Es war so kalt, dass ich von einem Bein aufs andere trat, ich musste mich die ganze Zeit bewegen. »Ich komme damit nicht mehr klar«, sagte ich. »Wenn ich ihn live sehe, nervt er mich nicht so sehr, wie wenn ich Texte von ihm lese.« Es stimmte nicht ganz. Eigentlich war ich von ihm überhaupt nicht genervt, wenn ich ihn sah.

»Ja, wie gesagt«, sagte Rena. »Das ist auch ein Problem der Moderne: dass wir ohne körperliche Präsenz kommunizieren.«

»Ist nicht irgendwie alles ein Problem der Moderne?«, fragte ich. »Klimawandel, Plastik, Umweltverschmutzung, Flächenraub und ununterbrochen schlechte Nachrichten aus der ganzen Welt, manchmal kann man einfach nicht mehr.«

»Ohne die Moderne hättest du ihn aber auch nicht kennengelernt«, sagte Rena. »Das muss man der Moderne zugutehalten.«

»Vermutlich hat er einfach jemand anderen auf Tinder kennengelernt«, sagte ich. »Verdammte Moderne.« Nach einer kurzen Pause gestand ich: »Im echten Leben war er wirklich ganz okay, nur seine Nachrichten machen mich krank.«

»Das hast du sehr romantisch gesagt, Josie«, sagte Rena.

Nach einer Weile schickte Lee doch noch einen Text. Er habe vorhin beim Lebensmittelretten auch Pfeffer gerettet, schrieb er, und dabei an mich denken müssen.

»Wieso denkt er an dich, wenn er Pfeffer sieht?«, fragte Rena mit gerunzelter Stirn, aber auch diese Frage konnten wir nicht klären.

Ich fand auch diese Nachricht lieblos und beschloss, nicht darauf zu antworten.

Später am Abend bestellten Rena und ich an der Bar etwas zu trinken.

Einer der beiden Männer, die vorhin zu uns auf die Tanzfläche gekommen waren, setzte sich neben uns und fragte: »Und, gefällt's euch hier?«

Wir nickten, sahen dann aber sofort wieder in eine andere Richtung, um zu signalisieren, dass wir uns jetzt zu zweit unterhalten wollten.

»Wie heißt ihr?«, fragte der Mann weiter. »Ich bin Julius.«

»Hey, Julius«, sagte Rena. »Nicht böse gemeint, aber wir unterhalten uns hier ein bisschen zu zweit weiter, okay? Wir haben nämlich noch ein paar Dinge zu besprechen.«

Den restlichen Abend über folgte uns Julius, egal, ob wir tanzten oder vor die Tür gingen. Er riet uns mehrfach, uns immer auf das Positive zu fokussieren, so mache er das nämlich, und wir könnten ja mal darüber nachdenken, wenn wir wollten. Zum krönenden Abschluss verriet er mir einen Tipp: »Einfach so tanzen, als wäre niemand da, verstehst du? Du kannst ruhig größere Bewegungen mit den Armen machen. Einfach so, wie du das daheim auch gemacht hättest.«

»Fick dich einfach, Julius«, sagte ich, und Rena sah mich zufrieden an.

Kurz darauf gingen wir. Draußen war es so still, dass ich es in meinen Ohren leise summen hörte.

»Geht es dir auch so?«, fragte Rena. »Dass dir der Club, wenn du ankommst, riesig erscheint wie eine Kathedrale, und wenn du gehst, total klein?«

Ich nickte. Mehr musste ich nicht signalisieren, denn Rena wusste, dass ich sie verstand, und ich wusste, dass sie es wusste.

Mit jedem Schritt, den wir in Richtung meiner Wohnung gingen, fühlten sich meine Beine schwerer an. Ich wickelte meinen Mantel fester um mich. Die Wirkung der Schmerztablette von vorhin hatte bereits nachgelassen, und ich hatte keinen Nachschub dabei. Ich kniff mir mit dem Nagel meines rechten Zeigefingers in den Daumen und versuchte, mit Rena Schritt zu halten. Sie wollte bei mir übernachten, weil meine Wohnung näher am Club lag. Während wir gingen, beschwerte sie sich über »Mansplaining« und über die ungerechte Verteilung des Kapitals, und ich zählte die Meter, die wir noch zurücklegen mussten.

Dann blieb Rena plötzlich wie angewurzelt stehen. »Weißt du, was?«, fragte sie. »Ich glaube, ich hatte eigentlich gar keine Lust auf Tanzen. Das war nur ein Reflex. So als müsste ich das jetzt wollen, weil ich das früher immer gewollt habe.«

»Ach so?«, sagte ich ratlos.

»Ja«, sagte Rena. »Eigentlich war es mir viel zu laut im Club. Eigentlich hätte ich jetzt gern Stille.«

Sie schlug vor, noch einen kleinen Nachtspaziergang zu machen, und wir bogen von der beleuchteten Straße in eine weniger gut beleuchtete ab, die direkt am Fluss entlangführte. Es war ein Umweg von etwa zwanzig Minuten, schätzte ich. Das würde ich aushalten. Ich wollte Renas Abend nicht verderben, nur weil ich vergessen hatte, Schmerztabletten mitzunehmen.

Das Wasser im Fluss war völlig schwarz, und man sah nicht, dass es sich bewegte. Man sah auch nicht, wie tief es war. Die

Luft roch leicht algig, die Wasseroberfläche lag so stumm da wie Steine.

»Am liebsten würde ich da jetzt reinspringen«, sagte Rena.

»Du springst da auf keinen Fall rein«, sagte ich. »Es ist November, es ist stockfinster, und wir sehen nicht mal, wie stark die Strömung ist!«

»War nur so eine Idee«, sagte Rena leichthin. »Ich hab mir vorgenommen, auf meine Ideen zu hören, weißt du? Ich glaube, man bekommt dann neue Erkenntnisse.«

Wir folgten dem Fluss, bis er in den Park mündete, und gingen von dort die restlichen Meter zu mir nach Hause. Um uns herum rauschten die Bäume, und das Licht einzelner Sterne war das Einzige, was die Dunkelheit durchbrach. Ich war schon als Kind gern nachts draußen unterwegs gewesen. Ich mochte es, nichts zu sehen, aber auch von niemandem gesehen werden zu können, die Schwärze, das Rauschen und die Offenheit, die entstand, wenn man die Dinge nicht mehr einordnen konnte, weil sie unsichtbar waren. Nur die Bauchkrämpfe waren mittlerweile so stark, dass ich ab und zu stehen blieb und mich auf meine Oberschenkel stützte. Rena fiel es nicht auf, glaube ich. Sie war mit dem Sternenhimmel beschäftigt und suchte nach dem Kleinen Wagen.

Zehn Minuten später kamen wir endlich bei meiner Wohnung an. Ich nahm noch eine Tablette, dann bezog ich für Rena eine zweite Decke und Kissen, während sie uns Tee aufgoss und ein paar Brote belegte. Schließlich lagen wir Schulter an Schulter in der Dunkelheit, und ich spürte, wann Rena Luft holte und wann nicht. Als ich mir sicher war, dass sie eingeschlafen war, schlich ich noch einmal in die Küche, wo mein Handy lag. Ich nahm es hastig in die Hand und entsperrte es.

Lee hatte mir eine Sprachnachricht geschickt. Die Sprachnachricht war vier Minuten lang. Ich ging ins Badezimmer, setzte mich auf die Fußmatte und drückte auf Play.

# 7

Lees Stimme klang anders, als ich sie in Erinnerung hatte: gedämpfter, als wäre ich unter Wasser oder er. Meine Haare an den Unterarmen stellten sich trotzdem auf, als ich ihn reden hörte, ungefähr so, als würde man mit einer Fleecedecke darüberstreichen. Er fragte, wie es mir gehe. Es folgte eine kleine Pause, und dann brachte er in sehr umständlichen Worten vor, dass er mir etwas sagen müsse, ob ich demnächst vielleicht Zeit für ein Treffen hätte. Vielleicht sogar jetzt gleich?

Ich sah auf die Uhr. Halb zwei. Was konnte so wichtig sein, dass er es mir mitten in der Nacht sagen wollte?

*Im Park?*, schrieb ich.

*Okay*, schrieb Lee. *Können wir machen, aber dann hole ich dich auf jeden Fall ab.*

Ich zog mich an und packte Ibuprofen und Tampons in meine Tasche. In letzter Sekunde fiel mir noch das Murakami-Buch ein, das Lee sich hatte ausleihen wollen. Ich legte es ebenfalls in die Tasche, schrieb Rena einen Zettel und schlich aus der Tür, ohne dass sie aufwachte. Ich konnte das Licht von Lees Fahrrad schon sehen, als ich aus der Haustür trat. Seine Silhouette ging fließend in die Dunkelheit über. Als er mich sah, kam er sofort auf mich zu und umarmte mich. An seiner Jacke roch ich Spuren eines Parfums, das irgendwann vor längerer Zeit aufgetragen worden war.

»Cool, dass du noch Zeit hattest«, sagte Lee. Er umfasste die Lenker seines Fahrrads und begann, Richtung Park zu gehen.

»Und sonst so bei dir?«, fragte ich zusammenhangslos.

»Ja, also erst mal Entschuldigung«, sagte er.

»Wofür?«

»Generell.«

»Generelle Entschuldigungen nehme ich generell nicht an«, sagte ich. Als Lee nicht reagierte, schob ich nach: »War ein Witz.«

Lee hob den Kopf. »Ich will dich einfach nicht mit reinziehen.«

Es war eine völlig andere Stimmung als das erste Mal, als wir uns getroffen hatten.

»Alles in Ordnung«, sagte ich überrascht. »Noch bin ich eigentlich in nichts mit hineingezogen worden, oder habe ich was verpasst?«

*In was denn mit reinziehen?*, fragte ich mich. Gleichzeitig dachte ich mir: *Zieh mich ruhig in alles Mögliche mit hinein. Hauptsache, du bist es, der mich mit hineinzieht.*

Unsere Schritte hallten in den Straßen wider. Wir gingen auf eine menschenleere Kreuzung zu und bogen dort in Richtung Park ab, durch eine hell erleuchtete Unterführung hindurch. In einer kleinen Vertiefung im Beton schliefen zwei eng aneinandergeschmiegte Tauben. Ihre geschlossenen Augen sahen aus wie mit hellgrauem Leder überzogene Murmeln.

»Warum findest du eigentlich, dass Tauben repräsentativ für unsere Gesellschaft stehen?«, fragte ich. Ich hatte an seine Nachricht denken müssen, in der er geschrieben hatte, er sei von einer Taube verflucht worden.

»Na ja, weil es so viele von ihnen gibt und keiner sie haben will«, sagte er. »Sie wurden so gezüchtet, dass sie sich viel öfter vermehren als andere Vögel. Jetzt hat man Millionen Tauben, hasst sie für ihre Existenz und erlässt Fütterungsverbote. Aber eigentlich hat man sie so gezüchtet, sonst wären sie viel weniger und viel weniger hungrig. Dann gibt es noch ›Leistungstauben‹ – die Tauben von Züchtern, die möglichst schnell fliegen sollen. Die werden gehegt und gepflegt, weil sie ja etwas leisten sollen. Aber die anderen, die einfach nur leben, sind allen egal.«

»Leistungstauben«, sagte ich. »Heißen die wirklich so?«

»Nee, ich habe sie nur gerade so genannt«, sagte Lee.

»Meinst du Zuchttauben?«, fragte ich. In meiner Heimatstadt hatte es immer einen Kleintierzuchtverein gegeben.

»Leistungstauben passt doch viel besser. In unserer Gesellschaft sind ja auch nur die wichtig, die etwas leisten«, sagte Lee.

Ich war mittlerweile von seiner Bildsprache komplett verwirrt: Leistungstauben hier, kapitalistische Gesellschaft da, was wollte er mir eigentlich sagen?

»Würdest du von dir selbst sagen, du bist eine Leistungstaube?«, fragte ich schließlich. »Oder eher eine normale Alltagstaube?«

»Alltagstaube, auf jeden Fall«, sagte Lee. Dann fing er an zu lachen, und sein Gelächter hallte in der Unterführung wider. Er wirkte selbst überrascht, wie laut sein Gelächter war.

»Und du?«, fragte er dann und nahm meine Hand.

»Dasselbe«, sagte ich. »Einfach nur eine normale Alltagstaube.«

Im Park war die Luft durchzogen von Geräuschen, die ich nicht einordnen konnte. Wir waren nun an der Stelle angelangt, an der ein breiter Holzsteg begann und die Beleuchtung abrupt abbrach. Der Steg ließ unsere Schritte dumpf klingen, im Sommer war ich hier immer barfuß gelaufen, und aus reiner Gewohnheit meinte ich auch jetzt, das Holz direkt unter meinen nackten Füßen zu spüren. Wenn ich ausatmete, sah ich vor meiner Nase Atemwolken aufsteigen.

»Ja, also, was ich dir sagen wollte«, sagte Lee ohne Übergang. »Ich mag dich wirklich total.«

Mein Kopf ergänzte sofort: *aber ...*, und tatsächlich fuhr Lee fort: »Aber ich ... Ich will dich nicht in was mit hineinziehen, für das du nichts kannst, okay?«

»Was soll das heißen?«

»Ich will dich wirklich nicht mit hineinziehen«, wiederholte er.

Mein Herz begann heftig zu klopfen, hundert graue Stadttauben, die gleichzeitig in einem großen Schwarm davonflogen.

»In was denn hineinziehen?«, fragte ich. *Wenn ich ein Mal jemanden mag*, dachte ich. *So typisch!* Könnte ich einfach aufhören, ihn zu mögen, wenn ich mich sehr anstrengte?

»Ich merke einfach, dass ich nicht ... dass ich einfach nicht so bin wie sonst«, sagte er. »Ich bin gerade eine komplett andere Version von mir, und die lernst du jetzt kennen.«

»Hast du dafür ein Beispiel?«, fragte ich.

»Als du mich letztens gefragt hast, ob ich bei dir übernachten will«, sagte er. »Ich bin mir ziemlich sicher, dass mein früheres Ich das gewollt hätte. Aber mein jetziges Ich hat einfach gar nichts mehr gefühlt und wollte nur noch allein sein.«

»Aber warum?«, fragte ich.

»Weißt du, ich weiß, dass ich hätte glücklich sein müssen, dass ich eigentlich glücklich gewesen wäre, aber ich habe einfach nichts gefühlt«, sagte er. »Ich spüre gerade einfach gar nichts.«

»Okay?«, sagte ich. Es klang wie eine Frage, meine Stimme ging bei der letzten Silbe hoch. »Cool«, sagte ich. »Ja, dann.« Ich blieb stehen. In meinem Bauch zogen sich Muskeln zusammen, die den Rest meines Körpers ganz kraftlos machten.

»Nein, so war das nicht gemeint!«, sagte er.

In meinen Ohren rauschte es. Die Bretter des Holzstegs bewegten sich unter meinen Füßen, als würde ich nicht laufen, sondern als wäre der Boden unter mir eine Rolltreppe und würde mich einfach wegziehen.

»Bitte geh nicht.« Lee ging mir nach, fasste mich an der Schulter an.

Ich fuhr herum und zischte: »Fass mich nicht an!« Dann liefen meine Beine weiter, die Bäume über mir bogen sich hin und her, ich hörte eine kalte Stimme in meinem Kopf, die mir vorwarf, ich hätte all das vorher wissen müssen, wieso hatte ich geglaubt, dass ich jemandem etwas bedeuten könnte?

»Hey, bleib mal stehen!«, hörte ich eine weitere Stimme, Lees Stimme. »Du hast mich falsch verstanden.«

»Bitte, was soll ich daran falsch verstanden haben?«, rief ich. »Du spürst nichts in Bezug auf mich. Es ist in ORDNUNG, so ist das LEBEN!«, rief ich. »Aber sag mir nicht, dass ich das falsch verstanden hätte.«

»Okay, aber du hast es trotzdem falsch verstanden«, sagte Lee. »Lass es mich doch wenigstens erklären.«

Ich blieb stehen. Mein Atem ging in schnellen Stößen. Ich sah immer neue Atemwolken vor mir entstehen, ein wenig in der Luft verharren und dann wieder verschwinden. »Okay«, sagte ich, es klang immer noch wie ein Zischen. »Ich höre.«

»Was ich sagen wollte«, sagte Lee. »Du erwischst mich in einer sehr ungünstigen Phase meines Lebens. Ich will nur, dass du das weißt.«

»Ja, danke, ich glaube, das hast du mir gerade klargemacht«, sagte ich.

»Weißt du, ich fühle mich einfach total taub«, sagte er. »Es ist schwer zu beschreiben. Oder weißt du noch, wie es war, wenn du dir als Kind irgendwo den Kopf gestoßen hast? Dieses weiße Rauschen, bevor du den Schmerz spürst, das so überwältigend ist, dass du nicht mehr weißt, wo du bist und warum? Ein bisschen so ist es.«

»Okay, cool«, sagte ich erneut.

»Ich habe *nicht* gemeint, dass du mir nichts bedeutest«, sagte er. »Ich meinte nur, dass mein Gefühlsleben im Moment ziemlich durcheinander ist.«

»Wie willst du überhaupt merken, dass ich dir etwas bedeute, wenn du gar nichts spürst?«, fragte ich.

»Das merke ich trotzdem«, sagte er.

»Und wie?«

»Ich denke ziemlich oft an dich«, sagte er.

Er sah mich an. Ich sagte nichts. Die Atemwolken vor meinem Gesicht wurden immer größer und schwerer.

»Aber gleichzeitig tust du mir leid«, sagte er. »Du hättest viel mehr verdient.«

»Was soll der Scheiß?«, fragte ich. »Wieso hätte ich viel mehr verdient?«

Lee überging meine Bemerkung. »Jedenfalls, was ich dir eigentlich sagen wollte«, sagte er. »Ich mag dich sehr, und ich wollte, dass du weißt, dass ich zwar leider gerade in einer schlechten Phase bin und deswegen ... Also, es tut mir eben leid, dass du jetzt nur diese Version von mir kennenlernst.«

»Wie wärst du denn sonst?«

»Aktiver«, sagte er, ohne zu zögern. »Fröhlicher. Ich hätte dir schon meine Musik vorgespielt.«

»Können wir nicht einfach so tun, als wärst du deine eigentliche Version, und wir hören uns deine Musik an?«, fragte ich.

Er legte den Arm um meine Schultern. Ich ließ es geschehen, gerade hatte auch ich das Gefühl, gar nichts mehr zu spüren, aber auch Angst, etwas zu zerstören, das mir wichtig war.

»Wie ist es bei dir: Bist du glücklich?«, fragte er.

»Ja, nee, alles normal«, sagte ich, und fast hätte ich selbst gelacht. »Mal im Ernst«, setzte ich neu an. »Was genau wolltest du mir sagen? Ich verstehe es irgendwie nicht.«

»Ich wollte nur, dass du Bescheid weißt.«

»Dass du in einer schlechten Phase bist?«

»Ich weiß es nicht«, sagte Lee. »Das hier ist unsere Kennenlernphase, aber ich erkenne mich selbst gerade nicht wieder. Ich habe keine Ahnung, wen du gerade kennenlernst.«

»Bisher fand ich die Person, die ich kennengelernt habe, eigentlich ganz gut«, sagte ich. »Aber wenn du öfter nachts darüber reden willst, dass ich viel mehr verdient hätte, könnte es sein, dass ich sauer werde.«

»Okay, Josie«, sagte Lee ironisch. »Du hast es genauso verdient, wie es ist.«

Es wurde immer kälter, während wir liefen. Der Holzsteg endete, und wir gingen auf einem Schotterweg weiter. Er war uneben, mit überfrorenen Schlaglöchern übersät, und führte an hohen Bäumen vorbei. Wenn ich nach oben blickte, sah ich sie als lange schwarze Schatten neben mir emporwachsen, der Himmel dahinter eine hellere Nuance von Dunkelblau und Schwarz. Sterne konnte ich keine sehen.

Die Kälte kroch mir erst in die Fingerspitzen, dann die Unterarme hoch und breitete sich schließlich in meiner Lunge aus. Ich rieb die Hände aneinander, um warm zu werden, Lee bemerkte es und bot mir seine Handschuhe an. Ich lehnte ab, damit er nicht fror, aber Lee gab nicht auf, sondern drückte mir die Handschuhe einfach in die Hände. Ich gab sie ihm zurück, und das machten wir so lange, bis wir an Lees Haus ankamen.

»Jetzt, wo ich dir alles gesagt habe«, sagte er und schloss die Tür auf. »Jetzt, wo ich dir alles so ungefiltert mitten in der Nacht gesagt habe, genauso, wie ich es in dem Moment gefühlt habe, kann ich verstehen, dass das alles … dass das alles vielleicht nicht so gut rüberkommt. Bitte bring mich um, wenn das so noch mal passiert.«

»Vergiss es«, sagte ich.

Von seiner Wohnung nahm ich zunächst kaum etwas wahr,

nur dass sie sehr viel größer war als meine und den Geruch von unbehandeltem Holz verströmte. Wir gingen direkt in Lees Schlafzimmer und legten uns ins Bett. Zuerst zog Lee die Decke über uns, damit wir uns aufwärmen konnten, aber irgendwann wurde es zu warm, und ich zog die Decke wieder weg. Er lag flach auf dem Rücken, ich seitlich neben ihm, mit aufgestützten Armen. Ich konzentrierte mich darauf, seinen Atemrhythmus zu analysieren und seine ausgeatmete Luft einzuatmen. Sie roch nach etwas, das ich kannte und das ich gleichzeitig überhaupt nicht kannte.

Irgendwann küssten wir uns, und ich konnte nicht sagen, von wem der Impuls ausgegangen war. Die Bewegungen und Übergänge waren fließend, und ich fühlte mich innerlich plötzlich nachgiebig und hoffnungsvoll. Danach konnte ich nicht aufhören zu lächeln. Lee lächelte ebenfalls, aber nur mit den Augen. Ich strich mit der linken Hand über seinen Brustkorb. Unter seinem T-Shirt konnte ich die Konturen seines Körpers deutlich spüren. Die Rippen traten gleichmäßig unter der Haut hervor, wie Sanddünen, die bei jedem Atemzug verschwanden und sich dann wieder neu bildeten.

Sie erschienen mir anders als beim letzten Mal, überhaupt erschien mir sein ganzer Körper anders als beim letzten Mal, wo ich noch so wenig über ihn gewusst hatte. Er war wie eine veränderliche Landschaft, die ich jedes Mal erst wieder durchlaufen musste, bis ich mich einigermaßen auskannte. Ich fuhr mit meiner Hand unter sein T-Shirt. Lee zuckte zusammen.

»Soll ich aufhören?«, fragte ich.

»Nein, es ist schön«, sagte er. »Ich bin nur …« Er unterbrach sich und setzte noch einmal neu an. »Ich fühle mich nur nicht wie die beste Version von mir.«

»Ich nehme gern auch eine schlechte Version von dir!«, sagte ich scherzhaft.

»Was? Okay«, sagte er. »Ja, nee, dann ... lass uns weitermachen.«

Ich schob meine Hand nach oben Richtung Schlüsselbeine; sie ragten spitz unter der Haut hervor wie Zweige. Ich bewegte meine Hand wieder nach unten, die Haut wurde weicher. Um den Bauchnabel machte ich erst einen Bogen, dann umrundete ich ihn zwei Mal mit dem Finger, dabei bemerkte ich, dass sich darin Flusen verfangen hatten. Ich nahm sie heraus und ließ sie auf dem Boden fallen.

Je weiter nach unten ich kam, desto flacher legte ich meine Hand auf. Schließlich konnte ich den Bund seiner Boxershorts spüren. Ich wandte den Kopf zu Lees Gesicht. Er hatte die Augen geschlossen, öffnete sie aber leicht, als ich mit der Hand blieb, wo ich war.

Er drehte sich zu mir, stützte sich mit einem Arm auf und legte das rechte Bein über meines. Es war schwer, ich konnte den Stoff seiner Jeans auf meiner Strumpfhose spüren. Lee rückte noch näher an mich heran, und ich drehte mich ebenfalls auf die Seite, sodass wir uns genau gegenüberlagen. Er lächelte. Was mein Gesicht machte, wusste ich nicht. Ich kämpfte mit dem Reflex, die Augen zu schließen, obwohl es mir unhöflich erschien. Als Lee mit der Hand unter meinen Pullover fuhr und anfing, meine Brüste zu berühren, fiel es mir wieder ein.

»Du«, sagte ich.

»Ja?« Er hielt sofort inne.

»Es tut mir wirklich leid, also ... Ich wollte dich nicht auf eine falsche Fährte locken«, begann ich.

»Wie meinst du das?«

»Nein, ich meine nur, ich habe meine Tage, und wir können eigentlich keinen Sex haben. Das heißt, theoretisch schon, aber —«

»Oh, okay«, sagte Lee. »Schade. Wobei ...«, schob er nach, »... mich würde das nicht stören.«

»Aber mich«, sagte ich. »Sorry.« Ich wusste, dass ich das Recht hatte, das zu sagen, und trotzdem spürte ich den leichten Stich eines schlechten Gewissens.

Wir legten uns wieder auf den Rücken, und Lee nahm meine Hand und strich ab und zu mit dem Daumen an meinem Handrücken entlang, aber ich meinte dennoch, eine vage Spur der Enttäuschung an ihm wahrzunehmen. In meinem Bauch zog es sich erneut zusammen, auf die Art, die einem die Kraft in den Beinen nimmt.

»Ich bin mal kurz im Bad«, sagte ich und stand auf.

»In den Flur, die zweite Tür rechts«, sagte Lee. »Findest du's?«

Schon während ich mich im dunklen Flur vortastete, merkte ich, dass die Schmerzen so stark geworden waren, dass ich kaum noch aufrecht stehen konnte. Im Bad nahm ich eineinhalb Tabletten, die ich mit Wasser aus der Leitung herunterspülte. Dann schaute ich in den Spiegel.

*Contenance!*, sagte ich gedanklich zu mir. »Contenance!« Dieses Wort hatte meine Mutter oft benutzt, es war die vornehmere Variante von »sich zusammenreißen«, und es bedeutete gleichzeitig, dass das Leben weiterging, egal, was mit mir war oder nicht war.

Als ich mich wieder zurück zu Lee ins Bett legte, sagte für ein paar Minuten keiner von uns beiden etwas. Ich schaute auf die Uhr: halb fünf.

»Bist du müde?«, fragte ich Lee.

Der schüttelte den Kopf. »Ich merke gerade, dass ich wieder ein bisschen wacher werde«, sagte er. »Du?«

»Ich auch«, sagte ich. Mir war mittlerweile übel von den Schmerzen, und das war ein schlechtes Zeichen. Wenn das Schmerzlevel schon so hoch war, dauerte es lange, bis die Tabletten wirken würden.

Um mich abzulenken, fragte ich Lee, ob ich ihn massieren

solle. Ich fühlte mich auf eine merkwürdige Art verpflichtet, so als schulde ich Lee etwas anderes, wenn wir schon nicht miteinander schlafen konnten. Ich hasste mich dafür, dass ich so dachte, und dafür, dass ich mich hasste, hasste ich mich ebenfalls.

Er legte sich auf den Bauch und zog den Pullover hoch. Sein Rücken war so muskulös, dass sich die Wirbel nur ansatzweise abzeichneten. Er war eine weiße, seidenglatte Ebene, auf der ich mit meinen Händen rote Spuren hinterließ. Ich drückte meine Finger so tief in seine Haut, dass ich die unterschiedlichen Schichten spüren konnte. Die erste war weich wie ein Tuch, das man über seinen Rücken gelegt hatte. Die zweite Schicht lag tiefer in seinem Körper versteckt, und sie war es, die ich nun zu bearbeiten gedachte. Ich suchte nach Unebenheiten und Verhärtungen; nach einem Widerstand, den ich auflösen würde.

Am Anfang widmete ich mich der Nackenpartie. Seine Muskeln glitten unter dem Druck meiner Hände sanft beiseite. Sie fühlten sich in Teilen verhärtet an, aber nicht so flächig, dass sie nicht mehr verschiebbar gewesen wären. Dann nahm ich zwei Finger und fuhr langsam und mit leichtem Druck an der Wirbelsäule entlang vom Nacken bis zur Lendenwirbelsäule hinunter. Ich hinterließ zwei rote Linien, die aussahen wir schnurgerade Kondensstreifen an einem pastellfarbenen Abendhimmel. Als ich die hinabstreichende Bewegung Richtung Lendenwirbelsäule wiederholte, führte ich die Bewegung so langsam aus, dass ich sah, wie sich die Haut mit verschob, in zwei kaum sichtbaren Erhebungen, die meinen Fingern folgten. Leider fiel meine Aufmerksamkeit bereits in sich zusammen, so sehr musste ich mich aufs Atmen konzentrieren. Es dauerte einfach zu lange, bis die Tabletten wirkten.

Ich legte mich auf den Rücken und zog die Beine an, aber

es half nichts. Die Schmerzen wurden so intensiv, dass ich nicht einmal mehr richtig hören konnte, was Lee sagte.

Ich sah, dass er den Mund auf- und zumachte, aber ich verstand kein Wort. Zuerst versuchte ich, mich abzulenken, indem ich meinen Unterarm fest gegen die Bettkante drückte. Irgendwann lief ich ins Bad, und Lee kam hinterher, er redete immer noch. Ich setzte mich auf die Toilette, ohne den Deckel hochzuklappen, ich wusste selbst nicht genau, was ich hier wollte. Vielleicht wollte ich einfach nur an einem Ort sein, den ich mit Wasser assoziierte. In Lees Bad roch es jedenfalls danach, so als würde ein Fluss durch den Raum fließen.

Ich stützte mich mit den Ellbogen auf meinen Oberschenkeln ab, legte das Gesicht in die Hände und drückte mit beiden Zeigefingern in meine Augenhöhlen. Das machte es für einen Moment besser. Ich konnte Lee wieder hören, und fragte, ob es ihn stören würde, wenn ich kurz bei ihm ein Bad nehmen würde, dann würde es schon wieder gehen.

Lee ließ mir Wasser ein und kippte irgendetwas stark Schäumendes hinein. Dann schaute er unsicher zur Tür. »Soll ich rausgehen?«, fragte er.

Mir war zu dem Zeitpunkt alles egal. Ich zuckte mit den Schultern und begann, mich auszuziehen. Lee ging nach draußen. Im heißen Wasser kam ich langsam wieder zu mir. Dann hörte ich ein Klopfen.

Die Tür öffnete sich einen Spalt, und Lee fragte: »Geht's wieder? Kann ich reinkommen?«

Ich war über und über mit Schaum bedeckt und fühlte mich, als hätte ich eine dieser Betäubungsspritzen vom Zahnarzt direkt in den Kopf bekommen. »Klar, komm rein«, sagte ich.

Er hatte Tee und belegte Brote dabei, beides auf einem Tablett, das er nun auf dem Waschbecken abstellte.

Auf meinen fragenden Blick sagte er: »Es ist halb sieben. Jetzt können wir eigentlich auch gleich frühstücken.«

»Stört es dich, wenn ich meine Füße mit in die Wanne halte?«, fragte er dann.

Ich nickte, dann schüttelte ich den Kopf.

Er zog sich die Socken aus, setzte sich auf den Badewannenrand und hielt seine Füße ins Wasser.

»Kann ich dich was fragen?«, fragte er.

»Was denn?«

»Warum hast du nichts gesagt?«

»Was?«

»Dass es dir nicht gut geht.«

»Äh, weil ... wegen ...«, setzte ich an. Ich konnte den Satz nicht zu Ende führen. In meinem Kopf tauchte ungefragt meine Mutter auf, die sich auf Familienfeiern nie setzte, weil sie ständig damit beschäftigt war, Geschirr aufzudecken und wieder abzuräumen, und die Komplimente über ihr Gebäck immer mit einer beschwichtigenden Handbewegung abtat, als hätte der andere nicht richtig nachgedacht.

Es war plötzlich ganz still im Raum. Dann fasste Lee mit der Hand ins Wasser, formte aus dem Badeschaum ein Krönchen und setzte es mir auf. »Wird schon alles wieder«, sagte er. »Mach dir keine Sorgen.«

Ich wusste nicht, warum er das sagte, aber ich fand es nett und gleichzeitig ein bisschen unpassend. Es gefiel mir auf die gleiche Weise, wie einem manchmal kugeläugige Kuscheltiere in Schaufenstern gefallen, von denen man weiß, dass man sie sich ohnehin niemals kaufen würde, weil man ja erwachsen ist. Um die Spannung aus der Situation zu nehmen, nahm ich ein wenig Schaum auf die Handfläche und pustete sie Richtung Lee. Als Antwort baute Lee einen Turm aus Schaum auf meiner Schulter, der bis zu meinen Ohren reichte und laut knisterte.

Als die Schmerztablette endlich richtig wirkte und ich wieder klar denken konnte, stieg ich aus der Wanne. Lee hielt mir ein Handtuch hin und versuchte ansonsten, respektvoll wegzusehen. Ich musste an Rena denken. Sie sah mir beim Abtrocknen immer zu – ihr Blick blieb nirgendwo hängen und schien nichts zu bewerten, sie sah mich genauso an, wie sie mich immer ansah, und deshalb störte es mich bei Rena auch nicht, wenn ich vor ihr nackt war. Ich zog die Klamotten an, die ich vorhin angehabt hatte, aber Lee meinte, ich könne auch eines seiner T-Shirts haben. Ich wählte ein schwarzes, das mir fast bis zu den Knien ging, und dann gingen wir zurück ins Schlafzimmer. Wir frühstückten im Bett und lagen anschließend noch eine Weile herum.

»Darf ich dich was fragen?«, fragte ich.

»Klar.«

»Fühlst du gerade etwas?«

»Ach, Josie«, sagte Lee, aber er lächelte so, dass ich wusste, dass er eigentlich gerade Ja gesagt hatte. Er hatte die Vorhänge zugezogen, aber man sah, dass es draußen hell wurde.

Wir lagen beide mit dem Rücken zum Fenster, Lee hatte den Arm über mich gelegt, ich konnte seinen Atem in meinem Nacken spüren, und irgendwann fiel ich in einen weißen, dichten Schlaf, aus dem ich nicht mehr herausfand. Immer wenn ich die Augen öffnen wollte, zog es mich sofort zurück, und ich schmiegte mich an die Innenwände meines Atems, der mir in diesem Moment so viel besser erschien als alles, was wach auf mich hätte warten können. Nichts wäre jemals so fest, so warm und so wahr. Ich weiß nicht, wie lange ich schlief.

Irgendwann wurde ich mit einem Ruck wach, als ich hörte, wie sich Lee neben mir bewegte. Erst da fiel mir wieder ein, wo ich war.

Ich drehte mich zu ihm hinüber und lächelte ihn an. Er lächelte zurück und fragte: »Wie geht es dir?«

Ich wusste zuerst gar nicht mehr, worauf er anspielte, aber dann fiel es mir wieder ein. »Sorry für gestern«, sagte ich, obwohl ich eigentlich noch gar nicht reden wollte. Am liebsten wäre ich einfach mit unter seine Decke gekrochen, aber das traute ich mich nicht.

Lee schien ebenfalls unschlüssig zu sein, was zu tun war. Schließlich richtete er sich auf und sagte: »Ich mach uns mal Kaffee.«

Er ging in die Küche und kam mit zwei Kaffeetassen wieder, die er auf dem Nachttisch abstellte. Dann ging er zum Fenster, zog die Vorhänge auf und kippte es. Vor dem Fenster saß eine Taube und starrte aus glutroten Augen zu uns hinein. Irgendwie hatte ich das Gefühl, die Taube zu kennen.

»Ist das zufällig deine böse Herrscher-Taube?«, fragte ich.

»Was?«, fragte Lee. »Ach so, ja, genau. Die sitzt hier immer rum, ich weiß auch nicht, wieso. Und dann hat sie mich verzaubert.«

»Fies«, sagte ich.

Wir tranken unseren Kaffee, und ich fragte mich, ob Lee erwartete, dass ich nun aufstand und ging. Aber er trank den Kaffee aus, stellte die Tasse auf den Boden und legte sich wieder zurück zu mir ins Bett. Ich schrieb Rena eine Nachricht, dass ich erst gegen Abend wiederkommen würde, dann machte ich das Handy aus, um nicht gestört zu werden. Den restlichen Nachmittag stand ich nur ein paar Mal auf, um noch eine Schmerztablette zu nehmen; ansonsten lagen wir im Bett, redeten und dösten. Wir sprachen darüber, wie einen die Leistungsgesellschaft dazu brachte zu glauben, dass man konsequent glücklich sein müsse.

Depression sei das Gegenteil von Kapitalismus, sagte Lee irgendwann, und ich fing an zu lachen.

»Aber es ist wirklich so!«, sagte Lee. »Kapitalismus sagt dir: ›Du kannst alles schaffen, wenn du nur willst.‹ Und die

Depression sagt: ›Du schaffst gar nichts. Bye.‹ Oder auch: ›Joah, du kannst alles schaffen, aber es spielt einfach überhaupt keine Rolle.‹«

Ich kicherte und zog mir die Decke unters Kinn.

»Und dann ist es ja so«, fuhr Lee fort, »dass man zwar Depressionen hat, aber die Weltlage einen auch gerade komplett wahnsinnig macht.«

»True story«, sagte ich.

»Ich finde es so krass, wie wir einfach alles zerstören«, sagte Lee. »Es ist so hardcore. Überall Mikroplastik. Weißt du, das ganze Plastik allein würde schon ausreichen, um depressiv zu werden.«

»Also hast du Eco Anxiety«, sagte ich. »Oder wie heißt das, Klimaangst?«

»Ich habe alles«, sagte Lee. »Aber der Witz ist, dass ich in vier Wochen völlig anders drauf sein könnte. Die Menge an Mikroplastik wird dieselbe sein, wahrscheinlich sogar eher noch mehr, aber es wird mich weniger runterziehen.«

»Hm«, sagte ich.

»Hast du Angst ums Klima?«

»Wenn ich darüber nachdenke, schon.«

»Aber du willst nicht so viel darüber nachdenken?«

»Ich versuche, genau so viel darüber nachzudenken, dass ich mich so verhalten kann, dass ich nicht Teil des Problems bin«, sagte ich. »Aber dass ich Teil der Lösung bin, glaube ich auch nicht.«

In meinem Kopf tauchte der Fluss auf, in dem Rena und ich geschwommen waren: vorsichtiges blaues Wasser, glitzernde Oberfläche, fähig, uns mit sich zu ziehen. *Um den Fluss wäre es wirklich schade, wenn es ihn nicht mehr gäbe*, dachte ich.

»Haha«, sagte Lee. »Klingt nach einem pragmatischen Ansatz.«

Er legte seine Hand auf meinen Unterarm, und auf einmal fühlte sich für mich alles nah, weich, reibungsfrei an, als wäre die Welt einen Schritt näher zu mir gekommen. Es war so einfach und gleichzeitig so überraschend, mich mit ihm zu unterhalten, doch wenn ich darüber nachdachte, machte mir das Angst. Ich wusste nicht genau, wer er war und was das mit uns werden würde, aber ich wusste, dass ich bereits jetzt an ihm hing. Ab und zu schnupperte ich an seinen Haaren, so, wie es unsere Katze immer bei mir gemacht hatte. Das Tier hatte aber nicht nur an mir gerochen, sondern auch am Türrahmen, wenn es vorhatte, nach draußen zu gehen – so als müsse es sich den Geruch noch einmal einprägen, weil es sonst eventuell nicht nach Hause finden würde.

Es war alles so warm und gemütlich, und ich hörte mir selbst dabei zu, wie ich von Rena erzählte; dass es so merkwürdig war zu wissen, dass sie fast gestorben wäre; dass ich mir Sorgen machte; dass sie jetzt alles anders machen wollte und dass mir das irgendwie zusagte. Ich erzählte auch davon, dass wir es fast geschafft hatten, im Fluss zu schwimmen. Lee reagierte darauf mit einer Mischung aus Erstaunen und Erschaudern, die mir gefiel. Vielleicht gefiel mir aber auch die Vorstellung, dass ich mich etwas getraut hatte, was er, wie er sagte, auf gar keinen Fall ausprobieren wollte.

»Bitte«, sagte ich. »Komm doch mal mit.«

»Und ihr seid da wirklich einfach so reingegangen?«

»Es war gar nicht so kalt«, log ich. »Und danach fühlt man sich super.«

Ich bemerkte einen gewissen Drang zur Selbstdarstellung bei mir, den ich so nicht von mir kannte. Ich wollte irgendetwas Positives von mir erzählen, das ihm klarmachen würde, dass es sich auf jeden Fall lohnen würde, mich weiterhin zu treffen, einfach nur, um die Pointe zu erfahren. Es war mir selbst ein bisschen unangenehm, auf diese Weise herauszufinden, wie wenig Selbstwertgefühl ich besaß, aber ich hatte jetzt keine Zeit, mich darum zu kümmern. Ich musste weiter angeben.

Lees Lächeln wurde immer breiter, während ich erzählte, aber es war ein nachsichtiges Lächeln, kein boshaftes, und irgendwann hielt er mir einfach den Mund zu. Ich drehte den Kopf weg, wir gerieten in eine Rangelei, und am Ende lag Lee auf mir und drückte mich aufs Bett.

Mein Körpergefühl veränderte sich schlagartig, genau wie bei unserem Treffen, als er mich gegen das Fenster gedrängt hatte. Der gleichmäßige Druck, der auf mich ausgeübt wurde, machte mich so ruhig wie ein Tier, das man am Genick packte und hochhob. Lee und ich sahen uns an.

»Könntest ... äh, könntest du mich noch einmal gegen eine Wand drücken?«, fragte ich. »Ich würde gerne wissen, wie sich das anfühlt.«

Wir standen auf, ich stellte mich mit dem Rücken zur Wand, und Lee stellte sich dicht vor mich und ließ sich dann gegen mich fallen. Am Ende stemmte er sich noch vom Boden weg und zur Wand.

Ich merkte, dass mein Brustkorb zusammengedrückt wurde, und trotzdem schien ich gerade mehr Luft zu bekommen als davor. Vielleicht war es auch ein anderes Gefühl, vielleicht das Gefühl von Sicherheit. Es lag etwas Beruhigendes darin, seine Körpergrenzen so deutlich zu spüren. Es war das genaue Gegenteil davon, sich aufzulösen.

»Ich würde dir gern zeigen, wie sich das anfühlt«, sagte ich später zu Lee, als ich meine Sachen packte, um nach Hause zu fahren.

»Ich möchte nicht negativ sein, aber das könnte schwierig werden«, sagte Lee.

»Warum?«

»Weil du zu klein bist dafür.«

»Hm ... Aber ...«, setzte ich erneut an. »Gibt es eigentlich irgendetwas, was dich immer aufheitert? Irgendwas, wodurch du dich immer besser fühlst?«

Ich hatte als Antwort vielleicht so etwas erwartet wie ein heißes Bad nehmen oder Pizza bestellen, aber er sagte, es sei ein Zustand, in dem Aufheitern nicht funktioniere, das sei ja das Problem. Er versuche meistens hauptsächlich zu vergessen, dass er existiere.

»Wie?«

»Indem ich mir Dokus ansehe. Tierdokus.«

»Über welche Tiere?«

»Alle möglichen«, sagte er. »Aber vor allem über Fische, die in völliger Dunkelheit leben und denen am Kopf eine kleine Laterne wächst.« Er grinste, als er das sagte, und umarmte mich noch einmal.

Aus irgendeinem Grund fiel mir plötzlich das Murakami-Buch ein, das ich ihm mitgebracht hatte. »Warte mal kurz«, sagte ich, ging zu meinem Rucksack und überreichte Lee das Buch.

Er sah mich fragend an.

»Das Buch, das du dir ausleihen wolltest«, sagte ich. »In dem niemand schlafen kann.«

Er nahm es und legte es auf sein Bett, direkt auf das Kopfkissen, als könnte das Buch für ihn das Schlafen übernehmen.

Auf dem ganzen Nachhauseweg wartete ich auf eine Nachricht von ihm; warum, wusste ich nicht. Es regnete, der Wind wehte mir Tropfen ins Gesicht, und ich musste daran denken, dass Lee mich zum Abschied nur leicht und flüchtig geküsst hatte, so als wäre er mit den Gedanken schon wieder woanders, als wäre ich schon längst wieder weg, während ich noch auf seiner Türschwelle stand. Ich musste auch an das Gefühl denken, das ich gehabt hatte, als er mich gegen die Wand gedrückt hatte: ein Gefühl inneren Friedens, das ich sofort wiederhaben wollte.

Als ich die Tür zu meiner Wohnung aufschloss, sah ich, dass Rena einen Zettel auf dem Küchentisch hinterlassen hatte. *Es war schön bei Dir!*, hatte sie geschrieben. *Habe mir Deinen schwarzen Pullover geliehen. Hoffe, das war in Ordnung. Und ich hoffe, Dein Date war gut. Wir hören uns!!!*

Ich ließ mich auf mein Bett fallen und schaute an die gegenüberliegende Wand. Das Weiß war ungleichmäßig aufgetragen. Meine Vormieter hatten die Wand davor rot gestrichen, und mein Vater und ich hatten sie bei meinem Einzug mehr schlecht als recht überstrichen. Mein Umzug war eine der wenigen Gelegenheiten gewesen, bei denen ich meinen Vater gesehen hatte und er nicht nebenbei arbeitete. Er hatte mich seitdem auch kein einziges Mal besucht. Wenn wir telefonierten und ich ihn fragte, wie es ihm ging, fing er anstatt einer Antwort immer an aufzuzählen, welche Produkte zurzeit besonders gut gingen. Meistens waren es Alkohol und irgendwelche Schokoriegel.

Ich stand wieder auf, ging zum Küchenschrank und sah nach, ob ich etwas Süßes daheim hatte. Ich fand ein zerdrücktes Milky Way und eine Packung Waffeln, schmierte mir dann aber doch ein Honigbrot. Ich aß es im Bett und las nebenbei ein Buch, von dem ich wusste, dass ich selbst in irgendeiner Form darin vorkam. Ich hatte immer das Gefühl, mich selbst irgendwo suchen zu müssen, als wäre ich nicht genug präsent, um von mir oder anderen bemerkt zu werden.

Als ich schließlich aufstand, um ins Bad zu gehen und mir die Zähne zu putzen, merkte ich, dass sich mein Körper immer noch anders anfühlte. Er trug noch die Spuren von Lees

Händen, und ich nahm diese Spuren als etwas wahr, das mich »ganz« werden ließ oder mir meine Ganzheit bewusst machte. Ich fand das zwar falsch – denn wer sagte bitte, dass ich davor nicht vollständig gewesen war, ohne ihn? –, aber ich kam trotzdem nicht darüber hinweg, dass ich mich jetzt anders ansah als gestern. Wenn ich mich jetzt im Spiegel betrachtete, störte mich nichts mehr. Alles hatte durch Lee eine Berechtigung bekommen: meine dehnbare Haut, die er von mir wegziehen konnte, die Falten, die ich an der Taille warf, wenn ich mich hinsetzte, die hellen Härchen an meinem Rücken. Es kam mir vor, als sei ich eine fest umhüllte Einheit, die so durch Lee erst entstanden war, und ich wusste, dass daran nicht nur irgendetwas, sondern alles falsch war.

Irgendwo hatte ich einmal gelesen, dass der Wert einer Kiste Gold gleich blieb, egal, ob jemand gegen die Kiste trat oder sie mit Samthandschuhen anfasste, aber ich konnte mich erstens nicht mit einer Kiste Gold identifizieren und zweitens das Grundgefühl dahinter nicht auf mein Leben anwenden. Bis heute war meine Idealvorstellung an manchen Tagen, dass ich als reine, zusammenhängende Gedankenfolge zur Arbeit und zur Uni gehen konnte. Das stellte ich mir auf ätherische Weise schön vor; allerdings nicht ganz so schön, wie Lees Körperwärme an meiner Haut zu spüren, das auch wieder nicht.

»Bitte ein bisschen mehr Selbstwertgefühl«, sagte ich laut zu meinem Spiegelbild. Meine Worte hallten an den Fliesen wider, und plötzlich merkte ich, wie müde ich war.

Als ich längst wieder im Bett lag, musste ich noch einmal an den Moment denken, an dem ich vor lauter Schmerzen nichts mehr denken, vor allem aber nichts mehr machen konnte. Früher hatte ich mich manchmal regelrecht darauf gefreut, weil es mir die Erlaubnis gab, alles stehen und liegen zu lassen und nichts mehr zu machen, weil man diese Schmerzen nicht ignorieren konnte. Ich hatte immer gedacht, dass ich mit diesem Problem allein sei, aber Rena hatte mir erst letztens versichert, dass es ihr genauso gehe – dass man teilweise wirklich beinahe dankbar war, wenn man endlich einmal daheim im Bett liegen konnte und nicht irgendwo eine Präsentation halten musste. Sie fühle dann immer eine gewisse diebische Freude, hatte sie gesagt, zumindest wenn sie noch in der Lage war, diebische Freude zu empfinden – die Freude derjenigen, die Zeit für sich gestohlen hatte, die ihr eigentlich nicht zustand.

Aber, hatte sie dann noch hinzugefügt, dass uns diese Zeit eigentlich gar nicht zusteht, ist an sich auch problematisch. Der Diskurs sei gegen uns, hatte sie gesagt. Wir müssten jederzeit leistungsfähig sein, das sei das eine Problem, aber wenn man einmal nicht leistungsfähig sei, dann bitte wegen etwas Geschlechtsneutralem wie Kopfschmerzen. Seine Periode zu haben, durfte dagegen nur in einem absolut vertraulichen Kontext geäußert werden, als sei es ein Verbrechen, dass man Schmerzen hatte, die man kaum beeinflussen konnte und für die der einen Hälfte der Menschheit die praktische Erfahrung fehlte, um sie richtig einordnen zu können.

»Fuck this world«, sagte Rena. »Wenn es kein Ibuprofen gäbe, weiß ich nicht, wo ich heute wäre.«

# 8

Zwei Wochen später fand Antons Poetry Slam statt. Rena kam zu spät. Lee und ich hatten uns schon Getränke besorgt und uns auf dem Boden einen Platz gesucht, wo wir uns vorerst hinsetzen konnten. Es war brechend voll, und wir würden später während der Vorträge die ganze Zeit stehen müssen. Der Boden klebte, und es roch nach Bier, Haarspray und Schweiß. Rena fand uns, obwohl der Raum ziemlich dunkel war, mit schwarz gestrichenen Wänden und dunklem Linoleum, und wir ganz hinten im Raum an die Wand gedrückt saßen.

»Hi, ich bin Rena«, sagte sie zu Lee, dann setzte sie sich neben mich an die Wand und zog die Beine an. Ich sah sofort, dass sie heute nicht ganz fit war. Ihre Augenlider schienen schwer, und sie hatte sich kein Bier besorgt, sondern nur ein Wasser.

»Alles klar bei dir?«, fragte ich sie leise, aber sie nickte nur. Dann beugte sie sich nach vorn, winkte Richtung Lee und rief ihm zu: »Schön, dich kennenzulernen! Wir müssen uns nachher mal richtig unterhalten, ja? Jetzt ist es gerade ein bisschen laut hier.«

Lee beugte sich ebenfalls vor, sein Gesichtsausdruck war fragend. Er formte mit den Händen zwei Trichter um die Ohren, um zu signalisieren, dass er kein Wort verstanden hatte.

Soweit ich es hatte sehen können, waren sich Rena und Lee zwar sympathisch gewesen, aber mein Eindruck baute allein auf Mimik auf, und ich spürte, dass ich ein wenig nervös wurde.

Anton war der zweite Redner des Abends. Er wirkte entspannt, fand ich. Seine Haltung war gerade, er beobachtete das Publikum genau so, wie das Publikum ihn beobachtete, und das gab einem das Gefühl, einfach ein Gespräch mit einem Freund zu führen. Antons Text handelte – auf wundersame Weise – von einer Freundin, die ein Nahtoderlebnis gehabt hatte. Es war der Versuch eines lustigen Textes, eines Textes, der das Gruselige und Ungreifbare zu abstrahieren versuchte, aber ich fand nicht, dass die Idee besonders gut aufging.

Wer habe sich schon mal gefragt, ob es ein Leben nach dem Tod gebe, fragte Anton und blickte prüfend ins Publikum. Dann verkündete er, man könne nun aufhören, sich Gedanken darüber zu machen – laut seinen, also Antons, neuesten Recherchen würden wir sehr wahrscheinlich nach dem Tod weiterleben, aber wir würden von diesem Leben angesaugt wie von einem Staubsauger und es sei alles nicht ganz unkompliziert. Dennoch: Die Hoffnung sterbe zuletzt.

Dass Anton wie gewohnt platte Sprüche einband, kam gut an, wohl weil sie das schwierige Thema auf eine Linie brachten, die bekannt schien. Insgesamt war Anton ziemlich sarkastisch, und das Publikum war auf seiner Seite.

Ich schaute während seines Vortrags ein paar Mal zu Rena hinüber. Ihre Augenbrauen hatten sich zu einem fragenden Ausdruck verformt, und an den Stellen, wo das Publikum lachte, lachte sie nicht mit.

»Gefällt es dir?«, flüsterte Lee, als Anton von der Bühne gegangen war und das Publikum aufgehört hatte zu klatschen. Für einen Moment war es leise genug, dass ich ihn gut hören konnte.

»Ich weiß nicht«, sagte ich. »Ist vielleicht nicht so mein Fall.«

»Ich fand es ganz witzig«, sagte er.

Wir hatten uns weiterhin getroffen, zwei bis drei Mal

die Woche, und an den Tagen, an denen wir uns nicht sahen, hatte ich ihm Nachrichten geschrieben, meistens einmal morgens und einmal abends, weil ich das Gefühl haben wollte, dass wir die Verbindung hielten, auch wenn wir uns nicht sahen. Meistens hatte er geantwortet, aber manchmal auch nicht. Einmal fragte ich ihn, warum das so war. Er wendete den Blick ab und sagte, es tue ihm leid, er sei einfach nicht so gut im Hin- und Herschreiben. Ich hatte ihm gesagt, wie sehr ich es mochte, wenn er sich mit seinem ganzen Körpergewicht gegen mich drückte, und seitdem machte er es öfter. Manchmal überraschend, wenn ich zum Beispiel an ihm vorbei aufs Klo gehen wollte oder wenn ich eigentlich noch etwas im Bett lesen wollte. Mein erster Reflex war oft Wut, aber sobald er sich fest an mich presste, vergaß ich, welche Beschwerden ich hatte vorbringen wollen, und entspannte mich. Manchmal war es für mich wirklich wie ein Aufwachen, wie wenn man am Morgen im Bett lag und seinen Körper erst sortieren musste und sich dehnte und streckte und irgendwann wusste, dass man vollständig war und einsatzbereit. Ja, es gab mir das Gefühl von Vollständigkeit, als hätte ich keinen Teil von mir vergessen. Trotzdem hatte ich hin und wieder überlegt, ob das von Lees Seite nicht eigentlich eine Machtgeste war, die ich kritisch zu betrachten hatte, auch wenn ich die Machtgeste eigenhändig bei ihm bestellt hatte.

In der Pause gingen wir kurz vor die Tür, da Lee frische Luft schnappen wollte. Als wir draußen waren, lehnte er sich gegen die Wand, und ich bemerkte in mir den Impuls, ihn von der Wand wegzuschieben, damit ich mich dazwischendrängen konnte. Ich wollte die Schwere seines Körpers spüren, alles andere erschien mir in diesem Moment unwichtig. Erst in letzter Sekunde erinnerte ich mich daran, dass Rena neben mir stand. Ich wollte nicht, dass sie sich ausgeschlossen fühlte. Also stellte ich mich dicht neben Lee an die Wand, sodass meine Schulter seine berührte. Unsere Hände verflochten sich wie von allein ineinander. Manchmal machte es mir Angst, dass unsere Körper alles von allein zu machen schienen und ich noch nicht einmal wusste, ob Lee wollte, dass das mit uns weiterging. Ich hatte öfter ein »Ich liebe dich« auf der Zunge, schaffte es aber nicht, es auszusprechen, aus Angst, dass er darauf befremdet reagieren würde. Oder einfach nur so etwas sagen würde wie: »Danke, ich mag dich auch« oder so. Oder einfach nur: »Danke.« »Ich liebe dich. – Danke.«

»Sag mal, stimmt es, dass du auch eine Nahtoderfahrung hattest?«, fragte Lee Rena.

Rena nickte mit einer, wie mir schien, aggressiven Energie. »Ja, das stimmt«, sagte sie. »Aber ich habe es nicht erlebt, damit ein Freund von mir auf einer Bühne Witze darüber macht.«

»Oh«, sagte Lee. »Ja, das ... kann ich verstehen.«

»Ich glaube nicht, dass man das verstehen kann, wenn man es noch nicht selbst erlebt hat«, sagte Rena. So kannte ich sie gar nicht.

»Hast du eine Minute?«, fragte ich sie. »Wir könnten ja mal kurz um den Block gehen?«

»Wir könnten aber auch einfach dableiben und darüber reden, was mich stört«, sagte Rena. »Also, ich muss wirklich sagen, dass es mich verletzt, wenn über meine eigenen höchst privaten Erfahrungen in einer Weise geredet wird, in der ich mich gar nicht wiedererkenne.«

»Aber es war doch Antons Text«, sagte ich. »Er hat es halt vielleicht nicht so gut hinbekommen, aber er wollte dich bestimmt nicht –«

»Ja, ja«, sagte Rena. »Sorry, aber ich gehe jetzt mal Anton suchen.«

»Oder magst du uns davon erzählen?«, fragte Lee. »Ich würde gern mehr darüber hören.«

Aber Rena war nicht zu stoppen. Sie drehte sich auf dem Absatz um und ging wieder hinein.

»Ist sie immer so?«, fragte Lee mich. Ich antwortete nicht, sondern nahm ihn an der Hand und zog ihn hinter mir ins Gebäude, Rena hinterher.

Der Raum war unübersichtlich. Überall standen Gruppen von Leuten, und es dauerte lange, bis ich Anton und Rena fand. Sie saßen auf dem Rand der Bühne, teilten sich eine Cola und waren in ein Gespräch vertieft. Es sah nicht so aus, als würden sie sich streiten, eher so, als würde Rena mit weit ausholenden Gesten etwas beschreiben, was jetzt langsam, ganz langsam, bei Anton ankam. Als ich sie so sah, wollte ich plötzlich nicht mehr stören.

»Was ist?«, fragte Lee. »Wolltest du nicht —«

Ich schüttelte den Kopf und zog ihn wieder nach draußen, an den ganzen Grüppchen vorbei, hinaus in die kalte Abendluft. Es schien mir, als hätte ich mich in meine eigene Mutter verwandelt. Sie wollte ebenfalls niemanden stören. Sogar im Wartezimmer von Ärzten fühlte sie sich wie eine Hochstaplerin, hatte sie mir einmal gesagt, als wären die anderen alle aus einem wichtigen Grund da und sie habe sich in die Szene eingeschlichen und störe nun alle, die wegen einer echten Krankheit da waren. Ich stellte es mir als eine Art Kriegsüberbleibsel vor: Alles, was einen nicht tötete, hatte einen stärker zu machen, damit man das Land schnell wieder aufbauen konnte. Jetzt, wo alles aufgebaut war, war die einzige Baustelle die im eigenen Körper, aber damit wollte man niemanden belästigen. Zu den Dingen, mit denen meine Mutter niemanden belästigte, gehörte auch ein Schlüsselbeinbruch, den sie sich einmal bei einem Fahrradsturz zugezogen hatte und den sie stillschweigend mit Ibuprofen auskuriert hatte, weshalb die Knochen schief zusammenwuchsen. Ich hatte das Ganze erst erfahren, als ich schon erwachsen war, und zog sie seitdem damit auf. Eigentlich fand ich es gar nicht lustig, aber es fehlten mir die Worte, um meine Sorge um sie anders auszudrücken.

Draußen sagte ich zu Anton: »Ich glaube, die müssen das unter sich klären.«

»Aber wolltest du mich nicht deinen Freunden vorstellen?«, fragte Lee. Erst jetzt verstand ich, worauf er hinausgewollt hatte.

»Sorry«, sagte ich. »Ich wollte nicht stören. Wir trinken doch nachher noch was zusammen, dann lernst du Anton kennen.«

Er sah mich fragend an, aber ich kam einen Schritt näher, legte einen Arm um ihn und hob den Kopf. Wir küssten uns, und ich glaubte, unsere Uneinigkeit durch den Austausch von Körperwärme beseitigt zu haben. Als die Pause vorbei war und wir wieder reingingen, hatte sich seine Körpersprache jedoch verändert. Er legte den Arm um mich und zog mich mal in diese, mal in jene Richtung. Ich hatte das Gefühl, dass er mich als »seines« markieren wollte, als würde ich ihm ab jetzt gehören, aber auf eine sanfte Art. Dass ich ihn vorhin an der Hand herumgezogen und die Richtung vorgegeben hatte, erschien mir in diesem Moment nicht mehr relevant. Er war mir körperlich überlegen, und wenn er mich in eine bestimmte Richtung zog, hatte ich das Gefühl, als würden wir einen leisen Machtkampf führen, der mich irgendwie amüsierte, mich gleichzeitig aber innerlich beschwerte.

Rena wartete auf uns, wo wir uns vorhin Antons Performance angesehen hatten. Sie wirkte nun entspannter.

»Und?«, fragte ich.

»Du wirst schon sehen«, sagte sie.

Anton war in die zweite Runde gekommen, und als er erneut auf die Bühne trat, las er seinen Text von einem Blatt Papier ab.

»Das Leben ist ein Fluss«, sagte Anton. Seine Mundwinkel zitterten leicht. »Dieser Text ist für Rena.«

Ich erkannte sofort, dass der Text nicht nur *für* Rena, sondern auch *von* Rena war, denn er enthielt keine einzige lustige Stelle, sondern beschrieb, wie wichtig es war, dass man Menschen ihre Erfahrungen nicht absprach, auch wenn man sie nicht verstand. Es ging viel um Flussmetaphern und darum, dass man die Angst, etwas nicht zu wissen, besiegen könne, indem man in kaltes Wasser sprang und sich erlaubte, überrascht zu werden. Der Text war ein wenig schwülstig, und die vielen Metaphern verwirrten mich, aber den anderen im Publikum schien es zu gefallen. Trotzdem kam Anton in dieser Runde nicht weiter. Wir blieben noch eine Weile und setzten uns schließlich in den Hinterhof des Clubs um eine aufgestellte Wärmelampe.

»Joah«, sagte Anton. »Das war also mein erster Poetry Slam. Ein Text war von mir, zu dem anderen wurde ich genötigt, aber ich hoffe, es hat euch gefallen.«

»Sehr«, sagte Rena. »Vor allem der zweite Text war eindrucksvoll. Sehr authentisch.«

Lee sah unsicher vom einen zur anderen.

»Wir sind sonst ganz anders«, sagte Rena zu Lee. »Sorry dafür. Wir versuchen, uns zusammenzureißen, okay?«

Sie kicherte, und Lee stimmte nach einem kurzen Zögern ein. Rena fragte Lee nach seinen Studienfächern, und Lee fragte sie nach unserem eiskalten Badeerlebnis.

Renas Gesicht leuchtete merklich auf, als das Thema zur Sprache kam. Sie war erkennbar stolz darauf, auch wenn bislang keiner von uns »richtig« geschwommen war. Wir hatten nur versucht, ins Wasser zu kommen, das war eigentlich alles, aber für Rena schwang in diesem Versuch viel mehr mit.

Es ging darum, Grenzen zu verschieben. Sie hatte lange genug gelebt, was andere von ihr erwartet hatten. Jetzt rüttelte sie an allem, was sie einengte: an Dingen, die ihr zu selbstverständlich oder zu komfortabel erschienen. Das Eisschwimmen erschien mir in diesem Kontext wie eine völlig zufällige Wahl. Sie hätte sich genauso gut dazu entscheiden können, mit Kickboxen anzufangen oder eine Paragliding-Ausbildung zu machen.

Es war schön für mich, Lee im Gespräch mit Rena zu erleben. Die beiden wirkten lebhaft und engagiert, trotzdem nahm Lee unter dem Tisch meine Hand, sodass ich indirekt Teil des Gesprächs war. Anton schaffte es auch ab und zu, einen Satz einzuwerfen. Doch gerade, als ich mich zufrieden zurücklehnen und den Abend seinem Lauf überlassen wollte, fiel mir auf, dass Rena einen leidenden Zug im Gesicht hatte. Ihre Mimik hatte sich ganz plötzlich verändert.

Noch bevor ich auf die Uhr schauen konnte, stand sie auf und ging nach draußen. Sie machte sich nicht einmal die Mühe, nicht aufzufallen oder sich zu entschuldigen. Sie stand einfach auf, packte langsam ihre Sachen zusammen und bahnte sich ihren Weg durch den mit Tischen vollgestellten Außenbereich. Ihr Gang war ein wenig nach vorn gebeugt, als habe sie Schmerzen in der Brust. Ohne nachzudenken, raffte ich meine Sachen zusammen und lief ihr hinterher. Sie ging langsam in Richtung Bushaltestelle. Aus den Augenwinkeln sah ich, dass Anton und Lee ebenfalls nachkamen.

»Was ist?«, fragte ich.

»Irgendwie fühlt es sich an wie damals, als ich –«, sagte Rena.

Sie führte den Satz nicht zu Ende.

»Als das mit deiner Lunge war?«

Rena nickte. Mittlerweile waren wir an der Bushaltestelle

angekommen, und Rena setzte sich sofort auf die Wartebank. Das war ein weiteres Warnsignal – normalerweise standen wir eigentlich immer. Auf Renas Stirn sammelten sich feine Schweißperlen.

»Vielleicht sind es ja Rückenschmerzen, die ausstrahlen«, sagte ich.

»Ja«, sagte Rena. »Ich weiß nicht.«

»Soll ich einen Krankenwagen rufen?«

»Nein, nein, es geht schon«, sagte sie.

»Wie fühlt es sich denn genau an?«, fragte ich, sah aber im selben Moment, dass ich darauf keine Antwort mehr bekommen würde.

Aus Renas Körper war jegliche Spannung gewichen. Sie rutschte langsam zur Seite weg, ihre Augen geschlossen.

Merkwürdigerweise empfand ich in diesem Moment gar nichts. Ich versuchte, Renas Oberkörper festzuhalten, damit er nicht von der Bank rutschte. Schließlich setzte ich mich neben sie und stützte sie von der Seite.

»Ruft einen Krankenwagen!«, rief ich Anton und Lee zu, die in unsere Richtung gerannt kamen.

Anton holte sofort sein Handy heraus. Ich versuchte, Renas Puls zu fühlen. Er war schwach, aber gleichmäßig, und sie atmete.

»Sie atmet«, sagte ich zu niemand Bestimmten, und es antwortete auch keiner.

# 9

Ich fuhr bei Rena im Krankenwagen mit, die anderen beiden nahmen die U-Bahn. Die ganze Fahrt über blieb das unwirkliche Gefühl, dass Rena uns die ganze Sache vorspielte oder dass ich alles träumte. Sie hatte die Augen geschlossen, ihre dunklen Haare breiteten sich auf der Liege aus. Die Sanitäter hatten ihr den Pullover hochgeschoben und ihr Elektroden auf die Brust geklebt.

Ob sie schon irgendetwas sagen könnten, fragte ich sie, aber sie lächelten nur, und einer von ihnen tätschelte mir kurz den Rücken. Im Krankenhaus wurde Rena auf einer Liege davongefahren, und man sagte mir, ich solle mich in den Wartebereich begeben, man werde sich bei mir melden. Ich war froh, als Lee und Anton endlich kamen. Sie hatten sich zwischendurch verlaufen, waren auf der falschen Station gelandet und hatten mich anrufen müssen, um den Weg zu finden. Lee umarmte mich flüchtig zur Begrüßung und sagte: »Was für eine verdammte Horror-Show, das alles.« Anton stand daneben und sah aus, als fühlte er sich ausgeschlossen.

»Sag mal, hast du eigentlich schon bei ihrer Mutter angerufen?«, fragte er.

Ich schüttelte den Kopf und tastete sofort nach meinem Handy.

»Nein, warte!«, sagte Anton. »Ruf sie vielleicht lieber doch noch nicht an.«

Ich schaute erstaunt auf.

»Ich meine, die einfache Fahrt dauert schon zweieinhalb Stunden«, sagte Anton. »Jetzt ist es nachts, und sie kann keinen Zug nehmen, und wenn wir sie jetzt anrufen, regt sie sich auf, und …«

Ich ließ das Handy wieder sinken.

Ich spürte nach wie vor keine Emotionen, nur ein fernes Grauen, das aber noch nicht ganz da war – wie ein Gewitter, das man hören, aber nicht sehen kann.

Wir versuchten, uns auf den Stühlen des Wartesaals irgendwie hinzulegen, aber keiner von uns schaffte es einzuschlafen.

»Was denkst du, was Rena hat?«, flüsterte Anton gegen halb vier Uhr morgens.

»Es ist bestimmt nichts Schlimmes«, sagte ich, und glaubte mir selbst kein Wort.

Um sechs Uhr morgens holte Lee uns allen Kaffee aus der Cafeteria. Allein den warmen Pappbecher in der Hand zu halten fühlte sich tröstlich an.

Um sieben Uhr dreißig rief ich erst meine, dann Renas Mutter an, die ungefähr so reagierte wie ich – so gefasst, dass man wusste, dass sie gerade auf Autopilot funktionierte. Sie versprach, sofort loszufahren. Ich bat sie, mit meiner Mutter zu fahren. Meine Mutter, die mit Renas Mutter lose befreundet war, hatte sofort angeboten zu helfen; mein Vater würde die Schicht im Kiosk übernehmen.

Bis meine und Renas Mutter endlich zu uns stießen, war fast Mittag. Wir hatten eine Ärztin abgefangen, die uns erst nichts hatte verraten wollen, weil wir keine Verwandtschaft waren. Dann hatte sie uns kurz gemustert und gesagt, Rena ginge es den Umständen entsprechend, mehr dürfe sie uns wirklich nicht sagen.

Anton und ich hatten nicht viel gesprochen. Anton schrieb ein paar Nachrichten an jemanden, vielleicht seine neue Bibliotheksbekanntschaft, danach ließ er genauso die Arme hängen wie ich. Wir hatten uns in der Cafeteria eine Flasche Mineralwasser gekauft, dessen Sprudel in mir aufzusteigen schien, wenn ich atmete. Wir waren in Kreisen im Wartezimmer hin- und hergelaufen. Lee hatte ein Spiel initiiert, das darauf hinauslief, sich gegenseitig mit Kugeln zu bewerfen, die wir aus den Verpackungen von Schokoriegeln geformt hatten. Wir waren die Flure auf und ab gelaufen, aber wir hatten keinen Ort im Krankenhaus gefunden, an dem wir bleiben wollten, und ich wusste immer noch fast gar nichts. Meine Hände waren eiskalt, und überall waren Türen, die geöffnet und wieder geschlossen wurden, und dann war alles wieder genauso wie davor. Lee war um halb zwölf Uhr aufgebrochen – Soundcheck irgendwo, nicht verschiebbar. Zum Abschied hatte er mich zwar umarmt, aber ich wollte nicht nur umarmt werden, ich wollte gegen die Wand gedrückt werden.

Kurz nachdem Lee gegangen war, kam Renas Mutter Sophie durch die Tür gestürzt, mit wehendem Mantel und beladen mit Tüten und Körben, aus denen Fruchtschorlen herausschauten. Hinter ihr trottete meine Mutter in den Raum. Sie sah viel müder aus als wir oder Renas Mutter.

Als ich sie sah, spürte ich mein schlechtes Gewissen wie einen Stich im Rücken. *Ich müsste ihr mehr helfen*, dachte ich. Mein Vater und sie arbeiteten an sechs Tagen die Woche, meistens von halb sechs Uhr morgens bis 21 Uhr. Früher hatte ich einige wenige Male kurzfristig Schichten im Kiosk übernommen, aber eigentlich wollten meine Eltern nicht, dass ich ihnen half. Ich hatte immer noch nicht herausgefunden, ob ich ihnen nicht helfen sollte oder ob sie nicht wollten, dass ich im Kiosk mitarbeitete, weil ich in ihren Augen alles falsch machte. Wenn ich Kisten schleppte, trug ich sie angeblich so unsicher, dass ich Gefahr lief, die Ware zu beschädigen. Wenn ich etwas in die Regale einräumte, sah es nicht professionell genug aus. Mein Vater hatte mir nach einer meiner Schichten nachsichtig über die Wange gestrichen und war dann im

Laden herumgegangen und hatte Verpackungen verrutscht, Dosen umgeschichtet und Joghurtbecher anders angeordnet. »Du bist eben nicht so praktisch veranlagt«, hatte er gesagt. »Mach dir nichts draus.«

Für gewöhnlich saß er abends nach Arbeitsende lange am Küchentisch, aß belegte Brote mit Schinkenwurst und Gürkchen oder auch mit Rollmops und hörte Radio. Meine Mutter lag währenddessen auf der Couch, war vollkommen still und machte nur ein leises Geräusch, wenn sie das Buch umblätterte, das sie gerade las. Zu den Lieblingsbeschäftigungen meiner Mutter zählten außer Lesen noch Häkeln und in einer Stadt spazieren zu gehen, in der es für sie neue, aufregende Schaufenster gab – was bedeutete, sie fuhr, sobald sie Gelegenheit hatte, in die nächstgelegenen größeren Städte. Aus Sparsamkeit kaufte sie sich selten etwas, verschaffte sich aber gern einen Überblick darüber, was es gerade zu erwerben gab.

Sophie und meine Mutter umarmten Anton und mich erst einmal. Sophie drückte mich vorsichtig an sich und stieß mich dann sofort wieder weg; nur daran erkannte ich, wie nervös sie war. Meine Mutter umarmte mich fest, strich mir über die Wange und sah dann prüfend in die Runde, um zu sehen, was nun am besten getan werden musste. Für einen Moment sagte niemand etwas. Wir standen alle nur da und schauten uns an. Dann nahm Anton Sophie am Arm und ging mir ihr zusammen zum Schwesternzimmer.

Als er wiederkam, setzte er sich neben mich und meine Mutter und seufzte. Wir warteten ungefähr eine halbe Stunde, während der ich meine Mutter mehrmals fragte, ob sie einen Kaffee wolle, aber sie verneinte jedes Mal. Sie stellte ein paar Fragen zu Rena, erkundigte sich auch danach, wie es mir ging, aber irgendwie bekamen wir kein richtiges Gespräch zusammen. Meine Mutter gehörte zu dieser Sorte von Menschen, die lieber handelten als Dinge zu besprechen, und hier gab es gerade nichts, was wir hätten tun können. Ich sah ihr an, dass das an ihr nagte. Gleichzeitig fühlte ich mich mehr und mehr unsichtbar, als würden die Dinge sowieso passieren, auch ohne mich, und als würde ich deswegen auch nicht daran teilnehmen müssen. Vielleicht lag es daran, dass wir in meiner Familie keine richtige Gesprächskultur hatten. Alles passierte nebenbei, während gearbeitet, aufgeräumt oder gekocht wurde, deswegen fühlte ich mich immer fehl am Platz, wenn ich mit meiner Familie tatsächlich ein Gespräch ohne Ablenkung führen musste. Anton, der besser im Führen einer Konversation war als meine Mutter und ich zusammen, riss schließlich das Gespräch an sich. Er erzählte ein paar Anekdoten aus seinem Studium – anscheinend war er doch bei ein paar Vorlesungen gewesen –, und meine Mutter und ich lachten pflichtschuldig, bevor er zu meiner Überraschung von seinem selbst gemachten Zitate-Kalender berichtete, der ihn viele Stunden Arbeit gekostet hatte.

»Ach was«, sagte meine Mutter und stieß Anton anerkennend mit dem Ellenbogen in die Seite. »Mensch, das ist ja mal eine schöne Idee!« Sie war so begeistert, dass ich ahnte, dass einige von uns zu Weihnachten eventuell etwas Ähnliches bekommen würden.

Als Renas Mutter nach einer halben Stunde wieder zu uns kam, war ihr Make-up verlaufen. Trotzdem versuchte Sophie, Zuversicht auszustrahlen. Sie nahm uns drei mit in ein Café in der Nähe, lud uns zum Essen ein, obwohl niemand von uns Hunger hatte, und erklärte uns dann, was passiert war, in einem Tonfall, als sei sie Kindergärtnerin und Anton, meine Mutter und ich alle fünf Jahre alt. Das ließ die Situation beruhigender erscheinen, als die Tatsachen vielleicht wirklich waren: Rena war stabil, aber sie lag auf der Intensivstation, weil nun auch noch ihr zweiter Lungenflügel kollabiert war, und wahrscheinlich musste sie operiert werden. Außerdem hatte sie eine Schwellung am Hals, die man sich bisher noch nicht erklären konnte.

Ich verstand das Ganze nicht, vor allem nicht, warum Rena schon wieder etwas passiert war. Vielleicht glaubte ein Teil von mir auch immer noch, ich könnte einfach das Datum in meinem Handy einen Tag zurückstellen, und dann wäre alles beim Alten.

Während des Gesprächs wischte meine Mutter unentwegt unsichtbare Krümel vom Tisch und stellte zum Schluss das Geschirr zusammen, damit die Bedienungen es leichter abräumen konnten. Es brach mir das Herz, sie so zu sehen. Sie war so müde, dass sie fast einschlief. Wann hatte es eigentlich angefangen, dass ich glaubte, meiner Mutter alles zumuten zu können? Ich nötigte meiner Mutter noch einen doppelten Espresso auf, denn ich wusste, dass sie gleich wieder ins Auto steigen und nach Hause fahren würde. Sie hatte selten genug Ruhe, um an einem Ort zu bleiben.

Sophie sagte, sie werde in Renas Wohnung übernachten, bis Rena wieder auf der Höhe sei – ob wir zufällig einen Schlüssel für sie hätten? Ich gab ihr meinen, dann ging Renas Mutter zurück ins Krankenhaus, und Anton und ich begleiteten meine Mutter zum Parkplatz, wo sie ihr Auto abgestellt hatte.

»Hat sie eigentlich geraucht?«, fragte meine Mutter mitten in die Stille.

»Wer?«, fragte ich geistesabwesend.

»Rena hat nicht geraucht«, sagte Anton. »Also, nicht mehr als wir alle.« Er war auch ziemlich übermüdet, sonst hätte er den letzten Satz nicht gesagt.

Meine Mutter ging darauf gar nicht ein. Sie steckte jedem von uns noch zwei Schokoriegel in die Tasche, unterdrückte ein Gähnen und sagte, wir würden das schon alles schaffen und es hätte ja auch noch schlimmer kommen können.

»Du siehst aber auch ein bisschen fertig aus, Hilde, wenn ich ehrlich bin«, sagte Anton. »Bist du dir sicher, dass du so noch heimfahren willst?«

»Alles gut«, sagte meine Mutter. »Was muss, das muss.«

»Weißt du, was?«, sagte Anton plötzlich. »Ich habe einen Probedruck von meinem Kalender dabei. Vielleicht magst du den mitnehmen?« Er brauche noch Probeleser:innen, behauptete er. Vier Augen sähen mehr als zwei.

Mit einem Mal sah meine Mutter gar nicht mehr müde aus. »Nein, das ist ja ein Ding!«, sagte sie. »Aber nur, wenn du ihn wirklich nicht brauchst, Anton. Ich will dir wirklich nichts wegnehmen!«

Erst als Anton beteuerte, dass sein Geschenk an sie wirklich reiner Eigennutz sei, dass er auf ihre Rückmeldung zu den Zitaten hoffe, nahm sie den Kalender entgegen und legte ihn sorgfältig auf den Beifahrersitz. Ich biss in einen der Schokoriegel, mehr aus Reflex denn aus Hunger, und küsste meine Mutter zum Abschied auf die Wange. Sie schlug die Autotür hinter sich zu und fuhr davon, besonders vorsichtig, damit Antons Kalender nichts passierte.

»Ich wünschte, ich hätte ihr auch so einen Kalender gemacht«, sagte ich seufzend.

»Was nicht ist, kann ja noch werden«, sagte Anton.

»Hast du deinem Date den Kalender eigentlich schon geschenkt?«, fragte ich.

»Noch nicht«, sagte Anton und bedachte mich mit einem nachsichtigen Blick. »Sonst bräuchte ich ja keine Korrekturleser:innen, oder?«

»Hm«, sagte ich, aß den letzten Bissen von meinem Schokoriegel und knüllte dann die Verpackung zu einer kleinen kompakten Kugel zusammen. »Aber sag mal ... wieso hast du eigentlich meine Mutter gefragt, und nicht Rena oder mich?«

»Na, weil ihr meine Zitate ja schon live nicht mögt«, sagte

Anton. »Wieso sollte euch dann ein Kalender damit interessieren?«

»Das stimmt doch nicht«, sagte ich beleidigt. »An sich mag ich Zitate. Das weißt du doch. Aber für uns suchst du doch extra die schlechtesten Sprüche aus, gib es zu!«

Anton grinste und verschränkte die Hände vor der Brust. Trotzdem wurde ich das Gefühl nicht los, dass er gewisse Details vor mir und Rena nicht preisgeben wollte. Als könnten wir ihm etwas wegnehmen oder nicht vertraulich damit umgehen. Oder ihm die Freude an seiner eigenen kreativen Produktion verderben. Als ich das dachte, spürte ich, wie mein Herz noch einmal tiefer in meiner Brust sank.

»Und jetzt?«, fragte Anton schließlich.

»Ich glaube, ich gehe jetzt nach Hause«, sagte ich.

»Hast du vielleicht noch Lust auf einen Brownie?«

»Ist doch scheiße jetzt, ohne Rena«, sagte ich.

Auf dem Weg von der U-Bahn zu meiner Wohnung ging ich durch den Park. Ich wollte einfach nur kurz am Wasser sein. Jedes Mal, wenn ich blinzelte, sah ich Renas Gesicht vor mir – als hätte nachts jemand ihr Bild auf die Innenseite meiner Augenlider genäht. Ich versuchte, mich zu beruhigen und mich auf den Rhythmus meiner Schritte zu konzentrieren. Aber erst, als ich auf den kleinen Pfad einbog, der zum Fluss führte, und ich das Wasser riechen konnte, noch bevor ich es sah, beruhigte sich mein Atem kurz, und ich atmete tief ein. Der Fluss lag eingebettet zwischen fahlen Grasflächen. Die Bäume, die ihn umsäumten, hatten mittlerweile fast all ihre Blätter verloren, weshalb das Wasser in noch engerem Kontakt mit dem Himmel zu stehen schien. Im Frühling und Sommer blieb mein Blick immer an Blüten und Grashalmen hängen. Jetzt, wo all das fehlte, hatte ich den Eindruck, dass das Wasser sich selbst wichtiger und seine Farbe eigenständiger geworden war. Wenn überhaupt, spiegelte es noch den Himmel: eine undurchsichtige weiße Wolkenwand, hinter der dann und wann kurz Sonnenstrahlen hindurchbrachen.

Ich blieb stehen und blickte auf die Wasserfläche. Sie lag so ruhig da, als wäre sie aus Glas, und trotzdem bewegte sie sich, und trotzdem hatte sie eine Richtung. Ich fragte mich, ob das Wasser genauso kalt war wie damals, als ich mit Rena gebadet hatte, oder noch kälter. Dass es wärmer war, schien mir ausgeschlossen.

Ich musste auch an den Moment in der Sauna denken, als sich die Oberfläche des Sees über mir aufgetürmt hatte, eiskalt und übermächtig und schwer. Ich dachte daran, wie es gewesen war, gleichzeitig frierend und mit einer großen inneren Wärme nackt auf der Terrasse am See zu stehen und für einen kurzen Moment in etwas anderem aufzugehen. Wie selten einem das passierte und wie schade es war, dass Lee mich nicht so gesehen hatte. Dass er mich nicht gesehen hatte, wie ich ins Wasser gesprungen war und nach Luft gerungen hatte. Wie konnte es sein, dass man so in Blicken anderer Menschen lebte und sich, wenn einen niemand sah, so fühlte, als würde man gar nicht existieren? Ich versuchte, mir Lees Gesicht vorzustellen, den Blick, mit dem er mich ansah, aber alles, was ich in diesem Moment hinaufbeschwören konnte, war Renas Rücken, der immer so elegant und leicht abweisend aussah.

Ich spürte, wie sich hinter meinen Augen Tränen sammelten, und aus einem Impuls heraus hielt ich meine Hand ins kalte Wasser – so, wie andere Leute sich in den Unterarm kniffen oder nach oben sahen, damit die Tränen im Auge blieben und nicht nach unten flossen. Es war keine Überlegung, sondern der reine Reflex, Schmerz mit Schmerz zu kurieren. Das

Wasser war eiskalt, und ich sah mich um. Außer mir war niemand da.

Ich begann, mich bis auf die Unterwäsche auszuziehen. Die Blätter unter meinen Füßen waren mit Raureif überzogen, und bei jedem Schritt spürte ich, wie ich die Struktur Tausender kleiner Kristalle zerstörte. Als ich bis zu den Knien im Wasser stand, merkte ich, wie das Gefühl in meinen Füßen langsam verschwand und durch Kälte ersetzt wurde. Bald war der sandige Boden unter mir weg; der Fluss hatte ihn mit fortgerissen. Ich holte tief Luft und warf mich ins Wasser.

Der Schock war stärker als erwartet. Jeder Partikel in meinem Körper begann gleichzeitig zu schmerzen; ich bekam kaum Luft. Gleichzeitig war dieser Zustand so intensiv, dass ich instinktiv wusste, dass auf der anderen Seite davon etwas auf mich wartete. Ich versuchte, mich auf meine Atmung zu konzentrieren: ein und aus und wieder ein. Meine Haut wurde taub. Der Fluss floss um mich herum wie schweres graues Blei, das sich nicht gegen mich wehrte. Ich wehrte mich auch nicht. Irgendwann wurde mir bewusst, dass gerade die Zeit aufgehört hatte, und ich spürte nichts als eine unendliche Erleichterung. Es war, als wäre ich wie ein Blatt ins Wasser gefallen und an der Oberfläche geblieben und mit dem Flusslauf fortgespült worden, anstatt unterzugehen. Es hätte das Ende sein können, aber es war nicht das Ende. Ich hatte mich ergeben, und das hier war nur der Anfang.

Ich weiß nicht, wie lange ich im Wasser blieb – auf jeden Fall lange genug, um mitzubekommen, wie aus der Kälte eine Art Hitze wurde. Ich schwamm im November in einem Fluss, und mir war warm. Die Wasseroberfläche um mich herum veränderte sich ständig und blieb trotzdem gleich, und ich war mir trotz Unterkühlung vollkommen im Klaren darüber, dass nun die Vergangenheit ebenso ausgelöscht war wie die

Zukunft, dass sie in dem bleiernen Grau einfach an mir vorbeifloss und gar nichts mehr bedeutete.

Als ich aus dem Wasser stieg, fühlte ich mich wie jemand, der siegreich von einer Schlacht heimkehrt. Ich hatte kein Handtuch dabei und zog deshalb einfach meine Unterwäsche aus und die trockenen Klamotten darüber. Ich spürte sowieso nichts, meine Haut war taub. In diesem Moment war mir sogar egal, ob mich jemand dabei sehen konnte. Plötzlich verstand ich, was Rena damit gemeint hatte, dass ich mir meinen Körper zurückholen musste. Ich musste ihn wieder zu etwas machen, was nur mir gehörte – nicht den Blicken anderer, nicht Lee, nicht dem Schmerz, der allein daraus entstand, sich getrennt von der Welt zu fühlen, weil man das Einzige, was man sagen wollte, nicht sagen konnte. Rena hatte die ganze Zeit etwas sagen wollen, aber es war ihr erst jetzt aufgefallen. Was wollte ich sagen, auch wenn niemand zuhörte und vor allem dann? Wie war es, wenn man sich selbst endlich nicht mehr als Foto in den Augen der anderen sah, sondern als etwas, das das Gegenteil eines Produkts war: ein Lebewesen, dessen innere Welt mehr zählte als alles andere?

Irgendwann auf dem Nachhauseweg spürte ich langsam meine Füße wieder, aber sobald ich den Schlüssel in meiner Wohnungstür umgedreht hatte, wurde mir schwindelig. Ich schaffte es gerade noch, mich zu fragen, ob Rena schon an ihrer Freundschaft zur Rewe-Kassiererin hatte arbeiten können oder ob ihr gesundheitlicher Vorfall ihr zuvorgekommen war, dann setzte mein Gehirn aus, weil ich einen solchen Hunger hatte.

In der nächsten halben Stunde aß ich alles auf, was ich in meiner Küche fand, und ich hatte kein schlechtes Gewissen dabei. Ich überprüfte noch einmal, ob sich Renas Mutter gemeldet hatte – hatte sie nicht –, und schließlich ließ ich mir ein heißes Bad ein. Ich versuchte, einmal nicht an Begriffe wie »Nebenkostenabrechnung« oder »Wasserverbrauch« zu denken, und musste mich nicht besonders anstrengen. Mein Kopf war leer. Ich beobachtete, wie sich Schaum auf meiner Haut sammelte und sich im Takt meiner Atemzüge hob und senkte. Dann hielt ich die Luft an und tauchte unter. Solange ich konnte, blieb ich unter Wasser, bis ich das Gefühl hatte, wirklich an der Grenze zu etwas zu stehen. Es fühlte sich nicht schlecht an. Es fühlte sich, im Gegenteil, so an, als wisse mein Körper etwas, was mir noch nicht klar war, als gäbe es eine geheime Komplizenschaft meiner Haut mit etwas anderem, das ich nur noch berühren musste, um es zu besitzen. Und ich wollte es besitzen, ich wollte es wirklich.

# 10

Als ich am nächsten Morgen aufwachte, hatte ich das Gefühl von einem tiefen inneren Frieden in mir. Das hatte ich öfter am Morgen, und meine Vermutung war, dass es daran liegen könnte, dass mein Körper und mein Bett nachts heimlich eins geworden waren und nun nicht mehr getrennt werden wollten. Aber dann fiel mir ein, was am Vortag passiert war, und mein Herz fing an zu rasen. Mit einem Ruck setzte ich mich auf und tastete mit zitternden Fingern nach meinem Handy. Renas Mutter hatte nicht geschrieben, was ich als gutes Zeichen wertete. Allerdings hatte Rena auch nicht geschrieben.

Ich rief bei Lee an, doch er ging nicht ans Telefon. Ich schrieb ihm eine Nachricht, aber es wurde mir nicht angezeigt, dass er sie auch bekommen hatte. Vielleicht hatte er das Handy ausgeschaltet. Mittlerweile hatte ich Angst um jeden Einzelnen, den ich kannte, einfach weil es bei Renas gesundheitlichen Aussetzern in der letzten Zeit jedes Mal so schnell gegangen war, dass sie von einem Moment auf den anderen nicht mehr ansprechbar gewesen war.

Renas Stille war für mich so schwer zu ertragen, dass ich sofort nach dem Frühstück aus dem Haus stürzte und zwei Stunden spazieren ging. In der Bibliothek lieh ich mir so viele Bücher aus, dass mir die Träger meines Rucksacks auf dem Weg nach Hause in die Schultern schnitten und streifenförmige Blutergüsse entstehen ließen. Erst jetzt wurde es in meinem Inneren etwas ruhiger. Manchmal, wenn ich genau hinhörte, hatte ich auf eine merkwürdige Art das Gefühl, dass der Fluss für Rena antwortete – oder die Kälte, die ich weiterhin in meinem Körper spürte. Der Fluss floss immer noch langsam durch meine Adern, kühlte sie von innen, und die Antworten, die er gab, bestanden aus seiner bloßen Anwesenheit. Es war ein schönes Gefühl. Ich fühlte mich zuhause, wenn auch nicht so sehr zuhause wie mit Rena oder Lee, aber es schien mir auf kurze Sicht ein guter Ersatz.

Nachmittags hielt ich es nicht länger aus und rief Renas Mutter an.

»Wie geht es ihr?«, fragte ich.

»Die OP ist gut verlaufen«, sagte sie. Aus der Art, wie sie sprach, konnte ich ablesen, dass sie gerade bei Rena war. Im Hintergrund piepte irgendetwas.

»Kann ich vorbeikommen?«

»Ich schicke dir die Station und die Zimmernummer«, sagte Sophie.

Ich sagte »Alles klar, danke«, legte auf, nahm Rucksack, Jacke und Fahrradschloss und schmiss die Wohnungstür hinter mir zu.

Erst fuhr ich zu einem Blumenladen, aber keine der Blumen schien mir richtig zu Rena zu passen, vor allem wusste ich nicht einmal, ob Rena Blumen mochte, wir hatten uns darüber nie unterhalten. Ich kaufte halbherzig eine einzelne gelbe Tulpe, die ich so in meinem Rucksack platzierte, dass die Blüte oben herausschaute. Die Tulpe sah schön und korrekt aus – zu korrekt für Rena, meinte ich plötzlich zu erkennen. *Sie wollte doch diese ganzen Formalitäten nicht mehr*, dachte ich, *sie wollte doch etwas Neues*. Aber mir fiel auf die Schnelle nichts anderes ein. Erst als ich auf dem Weg zum Krankenhaus an einem Spielwarenladen vorbeifuhr, kam mir eine andere, bessere Idee. Ich enterte den Laden, ging mit großen Schritten zur Bälle-Abteilung und fand ihn ohne Mühe: einen kleinen Flummi, der als Erde bedruckt war. Ein Welten-Flummi passte perfekt zu Rena, sagte ich mir. Mit ihm in der Hand fühlte ich mich plötzlich beschwingt und so, als sei ich auf dem richtigen Weg, als seien wir alle auf dem richtigen Weg.

Rena schlief, als ich das Zimmer betrat. Ihre Mutter saß neben dem Bett und stand auf, als ich hereinkam. Wir umarmten uns, und sie sagte leise: »Sie schläft gerade.«

»Die ganze Zeit schon?«

»Die OP war nicht ganz ohne«, sagte Renas Mutter. »Sie haben ihr irgendwie die Lunge wieder im Brustkorb befestigt.«

»Geh doch mal kurz raus, und trink einen Kaffee oder so, Sophie. Ich löse dich hier so lange ab.«

Renas Mutter zögerte erst, ging dann aber tatsächlich aus dem Zimmer, und ihre Schritte wurden immer schneller, je weiter sie sich von Renas Bett entfernten.

Ich setzte mich auf den Stuhl, auf dem Sophie bis eben gesessen hatte, und knetete den Flummi in meiner Hand. Dann legte ich ihn auf Renas Nachttisch, nahm ihre Hand und begann, ihr telepathisch von meinem Flussabenteuer zu berichten. Einmal lächelte sie kurz im Schlaf, und ich dachte, dass das unsere telepathische Verbindung war, dass sie genau hörte, was ich ihr in Gedanken erzählte, und mir gerade so etwas gesagt hatte wie: »Cool, Josie, weiter so.«

Früher hatten Rena und ich häufig von unserer telepathischen Verbindung gesprochen. Wenn eine von uns anrief, sagte die jeweils andere oft: »Telepathie! Ich habe genau in dem Moment an dich gedacht!«, aber vielleicht lag das auch einfach daran, dass wir sowieso ständig aneinander dachten und ungefähr zehn Mal am Tag miteinander telefonierten.

Am zweiten Tag, nachdem Rena ins Krankenhaus gekommen war, war ich bei Lee zum Essen eingeladen. Wir aßen Nudeln mit Paprikapesto, das er aus geretteten Paprikas gemacht hatte. Es gebe immer enorm viele Paprikas zu retten, sagte Lee, er würde gern mal wieder ein anderes Gemüse retten, aber die Paprikas würden einfach dominieren. Später legten wir uns zusammen in seine Badewanne, einander gegenüber. Es war früher Nachmittag. Links und rechts von mir waren seine Unterschenkel, ich saß zwischen seinen Beinen, es gab keinen freien Zentimeter mehr in der Badewanne. Lees Anwesenheit wirkte auf mich umso stärker, als ich das dringende Bedürfnis hatte, Renas Fehlen physisch durch Körperwärme abzumildern.

Renas Mutter hatte mir in der Zwischenzeit berichtet, dass Rena den Welten-Flummi entdeckt und sich gefreut hatte. Sie hatte aber auch von einem Aneurysma erzählt, das vielleicht operiert werden musste. Ich schlug die medizinischen Fachbegriffe nicht einmal mehr nach, weil ich ohnehin das Gefühl hatte, dass dies ein Scherz sein musste, den irgendjemand bald auflösen würde. Wieso bekam Rena jetzt plötzlich diese ganzen abseitigen Probleme? Wer hatte so etwas? Aneurysma und kollabierte Lungenflügel? Stattdessen versuchte ich mich darauf zu konzentrieren, dass ich noch lebte und dass mein Herz genau richtig schlug, um in eiskaltem Wasser schwimmen zu gehen.

Dieses Wissen veränderte mich. Indem sich meine Beziehung zu meinem eigenen Körper veränderte, veränderte sich auch die Art, wie ich mit Lee umging. Es war keine bewusste Entscheidung, die ich traf, sondern das Resultat davon, dass meine Gedanken nun ständig um kaltes Wasser kreisten.

Auf Lees Beinen wuchsen dunkle Härchen, die immer leicht aufgestellt waren. Sie erinnerten mich an die Setzlinge von Tannenbäumen, immer im ungefähr gleichen Abstand voneinander. Kurz vor seinem Hüftknochen hörte der Haarwuchs plötzlich auf. Ich strich gern über diese Fläche, an der die Haut frei lag. Selbst hatte ich vergessen, mich zu rasieren, aber vielleicht war das auch egal. Seit ich im Fluss schwimmen gegangen war, war eine Wachheit in mein Leben getreten, die meine Aufmerksamkeit von bestimmten Dingen weg- und zu bestimmten Dingen hinlenkte. Ich nahm mehr wahr als früher, bildete ich mir ein. Ich fühlte mich größer und unbedeutender und wichtiger, auf eine nonchalante Art präsent, wie Berge oder Pfützen präsent waren. Gleichzeitig hatte ich eine Ahnung, dass jederzeit Risse durch meine neu gewonnene innere Gestalt gehen konnten. Zum Beispiel jetzt beim Baden.

Ich sah, dass sich mein Bauch zu kleinen Rollen faltete. Ich wusste, dass das normal war, ich wusste aber auch, dass mich der Anblick früher zuverlässig zu dem Gedanken geführt hatte, ich sollte weniger essen, als wäre das hier der falsche Körper und ich müsse den richtigen erst freilegen. Aber jetzt sagte ich mir, dass ich die Energie brauchte, um schwimmen zu gehen, und versuchte einfach, nicht auf meinen Bauch zu schauen. Es war ein Kompromiss, ein reines Wegsehen vom Schmerz, das mich nicht befriedigte, aber auch nicht aufregte.

Lee und ich sagten lange Zeit gar nichts, das heiße Wasser zwischen uns füllte alles aus, was wir hätten sagen können.

Als wir das Wasser abließen, verspürte ich plötzlich den Zwang, diese wohlige Trägheit mit kaltem Wasser abzulöschen.

»Ich drehe noch mal auf kalt, ja?«, fragte ich und nahm den Duschkopf in die Hand.

Lee sagte, ich solle noch einen Moment warten, er würde vorher rausgehen, aber ich fand plötzlich, dass er es vielleicht einfach einmal erfahren müsse, anstatt nur darüber nachzudenken.

Ich drehte auf kalt und hielt das Wasser erst auf mich, dann auf ihn. Es kam nicht gut an.

Lee nahm mir den Duschkopf weg, wegen der Größenverhältnisse konnte ich mich nicht gut wehren, ich war sauer, er war sauer. Ich sagte, er stelle sich an wie ein Kleinkind, er könne es doch einfach mal ausprobieren.

Was mit mir los sei?, fragte Lee. Wieso ich plötzlich so penetrant sei? Nur, weil ich es so toll fand, musste das ja wohl nicht heißen, dass man andere Leute mit seinen Einsichten zwangsbeglücken müsse.

Ich wusste natürlich, was er meinte, und später entschuldigte ich mich, aber in diesem Moment hatte ich das Gefühl, ich müsse ihn, notfalls mit Gewalt, aus seiner Lethargie lösen. Vielleicht wollte ich auch, dass wir uns gemeinsam aus meiner eigenen Lethargie lösten, oder ich wollte mit ihm das Beste erleben, was es im Moment für mich gab – einfach etwas Großes teilen, nicht mehr und nicht weniger als das. Außerdem hatte ich gelesen, dass kaltes Wasser gegen alles Mögliche helfen konnte, auch gegen Depressionen, da konnte Lee das ja wohl wenigstens einmal ausprobieren. Ich war in einer selbstgerechten Stimmung, die durch den inneren Zwang, etwas verändern zu wollen, zu müssen, angetrieben wurde. Renas Fehlen veränderte mich. Ich war unruhig, ich suchte zwanghaft nach einer Bewegung nach vorn. Während ich mich abtrocknete und die raue Oberfläche des Handtuchs auf meiner Haut spürte, merkte ich, dass ich unbedingt noch einmal an die frische Luft musste.

»Hast du Lust, noch einmal mit rauszugehen?«, fragte ich. »Ich würde vielleicht noch einmal schwimmen gehen.«

»Aber wir haben doch gerade gebadet?«

»Ja, aber ich würde … eben gern noch mal im Fluss schwimmen. Ich brauche jetzt noch ein bisschen Kälte.«

Lee sah mich erstaunt an. »Ja, okay, ich kann ja mal mitkommen«, sagte er dann ohne große Begeisterung.

Ich zog mir schnell den Rest meiner Klamotten an, zittrig vor Vorfreude, und packte in meine Tasche zwei von Lees großen Handtüchern. Einen Bikini hatte ich nicht dabei, ich würde einfach in Unterwäsche baden, dachte ich.

Ich dachte mir, dass er, wenn er erst einmal am Fluss angekommen war, vielleicht Lust hätte, mit ins Wasser zu kommen, sagte aber nichts. Es schien mir weiser zu schweigen, damit er sich von allein entscheiden könnte und sich nicht so fühlte, als hätte ich ihn gedrängt. Auf dem Weg zum Kanal erklärte ich ihm die gesundheitlichen Vorzüge des Eisschwimmens, die ich mir in der Zwischenzeit ergoogelt hatte. Es klang, als wäre mein Wunsch, schwimmen zu gehen, eine logische Folge aus meinen wissenschaftlichen Recherchen. Dabei war es das genaue Gegenteil: Es war eine Obsession. Etwas hatte mich im Griff und ließ mich nicht los, ehe ich nicht inmitten einer Strömung stand und mich ergab. Ich musste mich freiwillig ergeben, dann wurde es wieder besser.

»Es weht ein bisschen viel Wind hier, oder?«, fragte Lee, als wir am Wasser angekommen waren. Tatsächlich waren die Temperaturen weiter gefallen, und ich konnte winzige Schneeflocken sehen, die mir ins Gesicht geweht wurden. Auf Lees Mantel hatte sich eine dünne weiße Schicht gebildet.

»Wir können ja erst noch ein bisschen spazieren gehen«, sagte ich. »Vielleicht wird es später besser.«

Tatsächlich war der Wind so stark, dass er sich wie eine unsichtbare Hand vor uns schob und wir kaum vorankamen. Für einen kurzen Moment fragte ich mich, ob ich mit Lee nicht einfach zum Fluss hätte gehen sollen. Aber irgendwie wollte ich mit ihm etwas Neues erleben, an einer neuen Stelle. Der Kanal floss am Rande der Stadt entlang; zum Teil in einem Becken, das sich über der Autobahn erstreckte wie eine Brücke aus Wasser; zum Teil sah er aber auch aus wie ein normaler Fluss, nur dass seine Ränder eingemauert waren und er still war wie ein See, scheinbar völlig ohne Strömung.

Lee und ich kämpften uns im Gegenwind voran. Lee hatte Tränen in den Augen, beteuerte aber immer wieder, dies käme nur vom Wetter. Ich spürte meine Fingerspitzen schon jetzt nicht mehr, hatte aber meine Handschuhe bei Lee vergessen. Ich wusste, wie eine perfekte Stelle zum Badeeinstieg ausgesehen hätte: flach, windgeschützt, mit ebenmäßigem Boden. Andernfalls rutschte man leicht aus, wenn die Füße zu kalt wurden, um die Umgebung zu erfühlen. Erst im Industriegebiet bot sich uns eine Stelle, die günstig schien: Der Kanal war dort um eine Art Bassin erweitert worden, man musste also keine Angst haben, dass plötzlich ein Schiff vorbeifahren könnte. Ich blieb stehen und sah Lee an.

»Bereit?«, fragte ich.

»Ich hatte bis jetzt gehofft, dass du einen Scherz machst«, sagte Lee. »Bitte sag mir, dass es ein Scherz ist.«

Ich hörte mich selbst lachen, ein hohles Lachen, und dann fing ich an, mich auszuziehen. Wäre ich ehrlich gewesen, hätte ich zugegeben, dass nicht einmal ich mehr Lust auf Schwimmen hatte. Mir war mittlerweile eiskalt. Aber ich brauchte diesen einen Moment, in dem alles möglich schien oder komplett egal.

Lee sah mir erst mit offenem Mund zu, dann zog auch er sich aus. Vorsichtig hielt er einen Fuß ins Wasser. Dann verzog er das Gesicht und schaute mich fragend an.

»Es wird richtig gut!«, sagte ich. »Glaub mir, später wird das richtig gut!«

»Aber jetzt ist … jetzt, und nicht später«, sagte Lee, der nun ganz blass aussah. »Also, sorry, das hier ist mir eine Nummer zu heftig.«

»Komm schon!«, rief ich. »Stell dich nicht so an!« Ich war viel zu enthusiastisch, um zu bemerken, dass ich klang wie meine Mutter.

Lee sagte nichts darauf, und ich hüpfte auf der Stelle auf

und ab, um nicht zu sehr auszukühlen, bevor ich ins Wasser ging. Wir hatten eigentlich keine Zeit, um zu reden.

Ich watete ins Wasser und drehte mich auf halbem Wege noch einmal um. »Übrigens, ich hab gelesen, dass Kälte auch gegen Depressionen helfen kann!«, rief ich. Mir fiel erst auf, wie lieblos das klang, als ich es schon gesagt hatte. »Sorry!«, schrie ich hinterher. »Sorry, das klang jetzt ein bisschen platt. Ich dachte nur, vielleicht interessiert es dich.«

Lee antwortete nicht, und seinen Gesichtsausdruck konnte ich aus der Entfernung auch schlecht sehen. Aber er zeigte mir einen Daumen nach oben, und dann wandte ich mich wieder um und watete weiter ins eisige Wasser.

Die gleichzeitige Kälte von oben und unten ließ mich laut und heftig atmen wie nach einem Sprint. Meine Beine spürte ich schon jetzt kaum noch, und trotzdem erschienen sie mir wärmer als der Wind an meinem Oberkörper. Dann tauchte ich bis zur Brust unter. Für einen Moment konnte ich meinen Atem kaum noch kontrollieren. Ich hatte allerdings nicht vor aufzugeben, sondern zwang mich, zu warten und weiterzuatmen.

Im Wasser spiegelten sich Reflexe der Wolken, die sich vor den Sonnenuntergang geschoben hatten. In der Ferne konnte man das Industriegebiet sehen. Ich dachte an Rena und fragte mich, ob man nur unter den widrigsten Umständen herausfinden konnte, was man wirklich wollte – bei Gegenwind und in einer kalten Strömung, die einem zumindest klarmachten, was es zu verlieren gab. Das Gefühl in meinen Füßen und Händen verschwand. Stattdessen stellten sich dumpfe Schmerzen ein – die Sorte von Schmerzen, die ich bereits kannte: die einen warnen wollte, gleichzeitig aber das Potenzial hatte, auf dieselbe Art und Weise vergessen zu werden, wie man vergaß, dass man nasse Haare hatte. Ich wartete, bis der Schock vorbei war und sich in meinen Gedanken eine gläserne, leichte Kühle ausbreitete. Dann schwamm ich los.

Sobald ich den ersten Schwimmzug machte, spürte ich, wie sich etwas in mir entsperrte, das vorher verschlossen gewesen war. Wirbelkörper dehnten sich, mein Rücken wurde lang, mein ganzer Körper streckte sich nach etwas aus, das dort, im Wasser, auf mich zu warten schien. Für einen Moment fühlte ich mich frei, als würde ich gerade das Einzige tun, was Sinn ergab – in dieser anderen großen Sache aufgehen, die mich mit Rena verband, und mich ohne Widerstand und ohne etwas zu berühren vorwärts bewegte. Es gefiel mir, die Wasseroberfläche zu zerteilen, vor allem wenn es war wie jetzt: wenn die Dämmerung eingesetzt hatte und sich alles in Lila- und Blautönen ergoss. Ich war mir sicher, dass sich unter diesen schillernden, undurchsichtigen Mustern im Wasser etwas verbarg, und fast rechnete ich damit, daran anzustoßen, aber das tat ich nie. Die Fläche war frei, ich befand mich in einem Spiegel aus Wasser, den ich nur selbst durchbrechen konnte.

Ich weiß nicht, wie lange ich im Wasser war. Irgendwann rief Lee nach mir, und ich kam langsam zum Ufer. In meinen Füßen spürte ich dumpfe Schmerzen, die Zehen fühlten sich an, als wären sie nicht mehr da, deswegen war es schwierig, die Balance zu halten.

Lee hielt mir ein Handtuch hin, als ich es endlich aus dem Hafenbecken herausgeschafft hatte, und zum ersten Mal richtig merkte, wie kalt mir war. *Wahrscheinlich war es der Wind*, sagte ich mir. Ich schaffte es kaum, mich umzuziehen, meine Hände taten nicht mehr, was ich wollte. Ich hielt sie nah an meinen Mund und hauchte warme Luft darauf, dann ging es kurzzeitig besser. Endgültig scheiterte ich jedoch an meinem Hosenknopf. Egal, wie oft ich es versuchte – es war unmöglich, diesen kleinen Knopf, den ich definitiv nicht spürte, in die Öffnung zu bekommen, die ich ebenfalls nicht spürte. Ich bat Lee um Hilfe, und nachdem auch er, wahrscheinlich wegen des kalten Winds und der ungewöhnlichen Perspektive, mehrere Anläufe benötigt hatte, mussten wir beide so lachen, dass ich Tränen an Lees Wange herunterlaufen sah.

Auf dem Nachhauseweg hatte ich das Gefühl, Eis in der Lunge zu haben und es langsam, ganz langsam, wegzuatmen. Ich nahm mir vor, Rena später am Abend noch einmal alles in einer Sprachnachricht zu beschreiben: wie neu es für mich war, so an meine Grenzen zu gehen, und wie lebendig ich mich dabei fühlte.

Lee hielt meine linke Hand, die dadurch schneller warm wurde als die rechte. Sogar meine Füße wurden asymmetrisch warm. Bei ihm daheim wollte ich nichts lieber als heiß zu duschen, Wasserverschwendung hin oder her. Als Lee nach ein paar Minuten die Tür öffnete und fragte, ob er mit unter die Dusche kommen könne, war ich immer noch so glücklich, dass ich keinen Gedanken daran verschwendete, wie ich aussah. Lee setzte einen Fuß in die Dusche, ich sah sofort, dass der Platz nicht ausreichen würde, und drückte mich in die hintere linke Ecke der Dusche. So passte er gerade mit hinein. Allerdings bekam nun keiner von uns beiden mehr Wasser ab, weil der Duschkopf genau zwischen uns hing. Ich nahm ihn schließlich ab und richtete ihn abwechselnd auf ihn und auf mich; einer von uns beiden fror immer, aber das machte nichts, oder wir taten zumindest beide so, als würde es uns nichts ausmachen.

Irgendwann beschloss Lee, mir die Haare einzuseifen. Wir machten das Wasser aus, und Lee drückte das Shampoo direkt auf meinen Kopf. Aus seiner Perspektive ergab das Sinn, weil er so viel größer war als ich, dass er mir sowieso ständig von oben auf den Kopf sah. Das Problem war nur, dass das Shampoo mir ins Gesicht lief; ich konnte es nicht wegwischen, weil ich dazu meine Arme hätte heben müssen, aber dazu war kein Platz. Ich schloss die Augen, spürte Lees Finger an meiner Kopfhaut. An einigen Stellen glitten sie durch meine Haare, an anderen Stellen stockten sie und machten ein raues Geräusch, das nur ich hören konnte, ungefähr so, wie wenn sich ein Haar im Gehörgang verfangen hatte.

Schließlich nahm Lee den Duschkopf und begann, mir die Seifenreste aus dem Haar zu spülen. Ich bekam unter dem Wasserstrahl keine Luft mehr, als das Wasser direkt an meinen Nasenlöchern vorbeifloss. Ich drehte den Kopf weg, bekam irgendwie den Duschkopf zu fassen, entriss ihn Lee und spülte meine Haare selbst aus. Lee entschuldigte sich, ich sagte, es sei kein Problem, wir froren abwechselnd weiter, und irgendwann drehte Lee das Wasser aus. Er stieg zuerst aus der Dusche, holte mir ein Handtuch und wickelte mich darin ein. Dann begann er, meine Haare trocken zu rubbeln, ein wenig unsanft, aber sehr effektiv, und ich fühlte mich plötzlich sicher wie jemand, dem sowieso nichts passieren konnte.

»Heute war vielleicht kein so guter Tag, um das Draußen-Schwimmen auszuprobieren«, sagte ich zu Lee.

»Vielleicht mal an einem Tag ohne Schneesturm«, sagte er. »Vielleicht.«

Wir gingen ins Bett. Lee legte ein Bein über meines. Es war schwer und ließ mich seinen gesamten restlichen Körper erahnen. Ich musste ihn nicht einmal berühren; ich spürte ihn schon jetzt überall.

Erneut dachte ich an Rena. Sie hatte sich etwas Neues gewünscht, etwas, das sie überraschte, und nun hatte ich die Überraschung bekommen: die überraschende Gewissheit, dass man sich angespannt und gleichzeitig sicher fühlen konnte, dass sich Liebe wie Ankommen anfühlte, obwohl wir doch alle eigentlich nur auf der Durchreise waren und obwohl ich nicht einmal wusste, ob ich zurückgeliebt wurde. Aber für mich war es Liebe. Für mich war es neu und aufregend und beruhigend.

Eine Weile lagen Lee und ich so da. Irgendwann nahm ich seine Hand, und wir drehten uns beide so, dass er hinter mir lag und mein Rücken seinen Bauch berührte. Nach und nach glich sich unser Atem an, und ich fühlte eine Müdigkeit in mir, die mich immer schwerer und schließlich zum Teil dieses Bettes werden ließ. In diesem Moment wollte ich nichts lieber, als einfach nur dazuliegen und mich langsam in Schlaf aufzulösen.

Aber da war plötzlich eine Hand an der Innenseite meines Oberschenkels. Sie strich an meinem Bein auf und ab, ganz leicht, sodass sich mir die Härchen an den Armen aufstellten. Ich dachte nicht mehr nach. Meine Gedanken waren schwer und schläfrig, und ich ließ meinen Körper machen, was er wollte. Ich drehte mich auf den Rücken, Lee beugte sich über mich, und wir hatten Sex.

Ich lag unten. Der Rhythmus, in dem Lee sich bewegte, erschien mir langsamer als das letzte Mal, aber trotzdem machte mich gerade das verrückt. Bei jeder von Lees Bewegungen wurde ich weiter in Richtung der Wand geschoben, so lange, bis mein Kopf anstieß. Ich machte einfach gar nichts mehr. Ich hatte mich ergeben, aber auf eine Art, die ich jederzeit rückgängig machen konnte, und nur weil ich das wusste, konnte ich die Augen schließen und auf den nächsten Stoß warten. *Das ist der Beweis dafür, dass sich alles immer noch steigern lässt*, dachte ich, als es schon wieder vorbei war. Es war ein schlaftrunkener Gedanke, bei dem ich selbst während des Denkens schon wusste, dass ich ihn eigentlich nicht verstand.

Am nächsten Morgen weckte mich das Vibrieren meines Handys. Rena hatte mir ein Foto geschickt, auf dem sie den Welten-Flummi mit der ganzen Hand umfasste.

*Preisfrage an Josie: In welchem Land befinde ich mich jetzt gerade?*, hatte sie darunter geschrieben.

Ich warf mein Handy aufs Bett und vergrub mein Gesicht in den Händen. Lee wälzte sich neben mir im Bett und setzte sich schließlich auf.

»Was ist los?«, fragte er.

Als ich nicht antwortete, fragte er: »Schlechte Nachrichten?«

Ich schüttelte den Kopf.

»Was dann?«

»Gute Nachrichten«, sagte ich, meine Hände immer noch auf meinen Augen und meinem Mund.

»Was für gute Nachrichten genau?«, fragte Lee und legte eine Hand auf meinen Rücken.

Ich nahm meine Hände vom Gesicht und zog Lee zu mir heran, schnupperte an seinen Haaren, die nach Schlaf und Herbstlaub rochen, und schob ihn dann wieder von mir weg. »Rena hat mir geschrieben«, sagte ich, und als ich es aussprach, wurde ich von einer Welle der Euphorie überflutet.

Auf Lees Gesicht wechselten sich Verwirrtheit und Erkenntnis ab, und schließlich sagte er: »Das feiern wir!«

Wir zogen uns an. Lee fragte: »Möchtest du überrascht werden?«, und ich sagte: »Gern, ich weiß sowieso nicht, wie man Sachen feiert.«

Es stimmte, ich hatte selbst noch nie eine Feier initiiert, ich war immer nur einfach dabei gewesen, ein kleiner Teil von irgendetwas, nicht das Zentrum.

Im Bus liefen Regentropfen an den Scheiben herunter, ich fragte: »Wohin fahren wir?«, und Lee sagte: »Überraschung, habe ich doch gesagt.«

Ich rüttelte ihn an der Schulter und sagte: »Raus mit der Sprache«, aber er verschränkte nur grinsend die Arme vor der Brust und schüttelte den Kopf, und ich holte schnell mein Handy hervor und begann, eine Antwort an Rena zu tippen.

*Wo bist du gerade?*, tippte ich. *Überall vielleicht?*

*Bin ganz eindeutig im All*, schrieb Rena. *Sieht man doch.*

*Ach so, deswegen hattest du die ganze Erdkugel in der Hand, klar*, schrieb ich. *Wie läuft es im All?*

*Ganz okay*, schrieb Rena. *Luft ist ein bisschen dünn, aber was erwartet man. Danke für den Welten-Flummi. Ist genau mein Humor.*

Zuerst dachte ich, Lee würde vielleicht ein klassisches Ziel ansteuern wie ein Restaurant, den Zoo oder vielleicht ein Schwimmbad. Aber als wir aus dem Bus stiegen, sah ich nur ein etwas heruntergekommenes Industrieviertel, große Gebäude in Grau und Weiß, viel Platz drum herum, hohe Zäune und Asphalt.

»Hier können wir in einer Pfütze baden, wenn du möchtest«, sagte Lee.

»Ernsthaft?«, fragte ich.

»War nur ein Witz«, sagte Lee. Er nickte mir zu, ich sollte ihm folgen. Er schloss eines der hohen Tore auf, wir gingen hindurch und über einen asphaltierten Vorplatz zu einem hohen weißen Gebäude, an dessen Tür ein kleines Leuchtschild angebracht war: »Lunalosum«.

Lee schloss erneut eine Tür auf, dann ging es eine Kellertreppe hinunter, und erst dort verstand ich, wo wir waren: in einem Club. Die Wände und die Tanzfläche waren ganz in Schwarz gehalten, es gab keine Fenster, nur ein paar bunte

Neonröhren verliehen dem Raum ein wenig fahles, bunt schimmerndes Licht.

»Magst du was trinken?«, fragte Lee.

»Ist das *dein* Club?«, fragte ich.

»Nee, ich habe den Schlüssel von Freunden bekommen«, sagte er. »Die, die du bei unserem ersten Date äh ... kennengelernt hast.«

»Aber wie hast du so schnell den Schlüssel bekommen? Wir sind doch jetzt ganz spontan –«

»Okay, okay, ich gebe es zu«, sagte Lee. »Ich hatte diese Überraschung für dich sowieso geplant. Das mit Rena hat mir quasi in die Karten gespielt.«

Er legte Musik auf, seine Musik, die ich wegen meiner vorherigen »wissenschaftlichen« Recherche zu ihm schnell erkannte, aber ich tat so, als hätte ich sie noch nie gehört. Tatsächlich wirkte sie hier, in diesem großen dunklen Raum, völlig anders als über meine Kopfhörer. Der Bass vibrierte hinter meinem Brustbein, die hohen Töne klangen für mich wie Herbstblätter, die leise auf Moos fielen. Das nächste Lied hatte einen schnelleren Beat und eine eindeutige Richtung. Es war, als würden wir auf ein Ziel zusprinten, aber kurz vor dem Ziel hielt die Zeit an, es entstand ein rauschendes Vakuum, in dem alles gleichzeitig geschah und sich immer weiter steigerte. Dann setzten die Beats wieder ein und übernahmen für einen kurzen Moment meinen Herzschlag.

Er sagte nicht, dass das seine Musik war, wir hörten einfach in einem dunklen Raum gemeinsam zu, und dann tanzten wir – jeder für sich, im gleichen Rhythmus, getrennt von der Welt, aber im selben Raum. Ich war glücklich, während ich tanzte, und ab und zu sah ich im Schein der schwachen Neonlampen Lees Gesicht aufleuchten; er hatte die Augen geschlossen und lächelte leicht. Es sah ungefähr aus wie auf dem

Foto, das ich von ihm auf Google gefunden hatte, auf dem er wirkte wie in Trance.

Irgendwann verlor ich das Gefühl für Zeit und Raum. Ich stand plötzlich mit Rena in einem Club, jede von uns zehn Jahre jünger, und Rena sagte: »Siehst du die da hinten, mit den hochgesteckten Haaren? Sie schaut die ganze Zeit rüber zu mir.«

»Ja, ich weiß, wen du meinst.«

»Ich werde sie mir jetzt schnappen«, sagte Rena. »Oder sie zumindest mal fragen, was sie heute noch vorhat. Wir sehen uns später wieder, Josilein!«

Ich sah ihren Rücken, der sich mir nun zugewandt hatte, ihre Silhouette, die sich von mir fortbewegte, und beobachtete, wie Rena und die fremde Frau sich unterhielten, lachten und irgendwann anfingen, miteinander zu tanzen. Als ich sah, wie sich ihre Gesichter einander näherten, musste ich wegschauen. Es fühlte sich irreal an, was gerade passierte, wie ein Film. Das Einzige, was sich noch real anfühlte, war der Hunger, den ich hatte, sonst hatte ich nichts mehr: keine Wünsche, kein Begehren. Ich wollte nur, dass ich Rena irgendwann einholen würde, dass sie irgendwann zu mir zurückkommen würde, dass sie mir nicht weggeklaut würde.

Es war ein heimeliger Wunsch, ich wollte ihre Hand halten und mich zuhause fühlen, ich wollte an sie anschließen können. Vielleicht wollte ich auch sein wie Rena, vielleicht wollte ich mich echter fühlen, aber dazu hätte ich mehr essen müssen, und dann hätte ich alles andere auch mehr gefühlt, und das war mir zu viel. Also blieb ich, wo ich war, in der dunklen Ecke des Clubs, mit Blick auf die Tanzfläche, mit Blick auf Rena.

Später wurde ich von einer Gruppe Frauen angesprochen, die betrunken waren und fragten, wow, ob sie mal meinen Bauch anschauen dürften? Ich war so überrascht, dass ich lächelte, »Ja, klar« sagte und mein T-Shirt hochzog.

»Krass. Du machst viel Sport, oder?«, hörte ich die Frauen sagen. Irgendwie war es mir peinlich, und auf dem Nachhauseweg fragte ich mich, ob diese Szene wirklich passiert war. Hatte ich wirklich einfach mein T-Shirt hochgezogen, nur weil jemand gefragt hatte?

Die Erinnerung wühlte mich so auf, dass ich später, als Lee mir ein belegtes Brot anbot, aus Reflex ablehnte. Das passierte mir häufig. Dann sagte ich: »Oder weißt du, was? Ich nehme doch ein Brot. Sorry.«

Er reichte es mir, und ich biss hinein. »Weißt du, manchmal habe ich das Gefühl, dass ich gar keine Jugend hatte«, sagte ich.

»Warum?«

»Weil ich eigentlich nur mit Kalorienzählen und Abnehmen beschäftigt war«, sagte ich.

»Essstörung?«, fragte er.

»Jup.«

»Scheiße.«

»Deswegen war ich voll selten tanzen.«

»Und jetzt?«

»Jetzt finde ich es umso besser«, sagte ich. »Auch, dass wir den Club für uns allein haben.«

»Ich glaube, dass man fast alles, was man verpasst hat, zu jedem Zeitpunkt nachholen kann«, sagte er. »Zeit ist sowieso nur ein abstraktes Konstrukt.«

»Hast du schon mal was nachgeholt, was du vorher verpasst hattest?«

»Darüber habe ich noch nie nachgedacht«, sagte er.

»Streng dich mal ein bisschen an!«, sagte ich, und auch in meinen Ohren klang es, als würde ich in Klammern noch sagen: *Reiß dich zusammen, und streng dich mal ein bisschen an!*

»Hm, vielleicht hole ich jetzt gerade Herumliegen und

Nichtstun nach«, sagte er. »Also nicht absichtlich, eher gezwungenermaßen.«

Er sah irgendetwas auf dem Boden an, aber seine Augen gingen hin und her, und für einen Moment dachte ich, dass dort sein bisheriges Leben vor ihm auf und ab lief wie ein lebendiges Wesen, das er erst wieder einfangen musste.

»Hast du das früher nie gemacht, einfach so herumliegen und nichts tun?«, fragte ich.

»Nee, meine Tage waren total durchgetaktet. Ich habe doch schon mal erzählt, dass meine Eltern Anwälte sind.«

»Ja, aber habe ich dir schon mal erzählt, dass meine Eltern einen Kiosk haben?«, sagte ich.

Er sah überrascht auf. Ich hatte es zugegebenermaßen darauf angelegt, weil ich die Erfahrung gemacht hatte, dass alle immer überrascht waren, wenn ich das erzählte. »Ich glaube, du musst mir mehr über Anwaltseltern erzählen, damit ich das verstehe.«

»Also, ich habe als Kind Tennis gespielt, war im Leichtathletikverein und hatte Cello- und Klavierunterricht, dann war ich noch im Schulorchester und in einer Kunstgruppe«, sagte er. »Moment, irgendetwas habe ich vergessen. Irgendetwas war da noch. Ach ja, stimmt, Sprachurlaube. Ich musste immer Sprachurlaube in England machen, dabei wäre ich lieber mal nach Italien gefahren.«

»Ich habe jetzt schon Burnout«, sagte ich.

»Vielleicht habe ich ja auch verspäteten Burnout und gar keine Depression«, sagte Lee und grinste. »Ich hatte jedenfalls nie Zeit, irgendetwas zu tun, was ich wirklich tun wollte. Also, das Konzept von ›etwas tun wollen‹ hat sich mir auch gar nicht erschlossen, weil ich ja immer irgendetwas tun *musste*.«

»Haben deine Eltern beim Frühstück schon Sakko getragen?«, fragte ich.

»Ist das wichtig?«, fragte Lee verwirrt.

»Nee, nur für mein Vorurteilsbingo«, sagte ich.

»Manchmal«, sagte Lee.

»Und deine Eltern wollten immer recht haben«, sagte ich, ich konnte einfach nicht widerstehen.

»Vor allem wollten sie nicht, dass ich mein Studium abbreche und Musik mache«, sagte er. »Und bei dir? Musstest du auch ständig abliefern?«

»Eigentlich nicht«, sagte ich. »Eigentlich durfte ich immer machen, was ich wollte.«

»Vorbildlich«, sagte Lee.

»Würdest du sagen, dass deine Eltern an deiner Depression schuld sind?«, fragte ich. Ich hatte mich das schon nach unserem ersten Date gefragt, als er sich bei unserer Preisverleihung bei seinen Eltern bedankt hatte.

»Ich glaube irgendwie nicht daran, dass jede Depression einen ganz bestimmten Grund hat«, sagte Lee. »Ich glaube eher, es gibt tausend Gründe. Aber ja, dass ich mich nur wie ein Statussymbol meiner Eltern fühle, wirkt sich bestimmt nicht förderlich aus.«

»Wahrscheinlich nicht.«

»Weißt du, woran ich gerade denken muss?«, sagte Lee. »Das, was du gestern übers Eisbaden gesagt hast. Dass es gegen Depressionen helfen soll.«

»Ja?«

»Nimm es mir nicht übel, aber ich hasse es einfach, so etwas zu hören«, sagte Lee. »Ich habe schon so viel ausprobiert, und … man hört so was einfach ständig, und es klingt immer so, als wäre man selbst daran schuld, dass man krank ist. So ein bisschen wie: ›Und jetzt halt die Klappe und geh einfach schwimmen.‹«

»Oh, das tut mir leid«, sagte ich. »So habe ich das nicht gemeint. Ich meinte nur, dass das eben helfen könnte, biochemisch, weißt du?«

»Ja, klar«, sagte Lee. »Ja, klar. Man fühlt sich einfach wie ein Versager«, schob er hinterher. »Man bekommt einfach nichts hin, nicht einmal, sich irgendwie normal zu fühlen. Oder zumindest normal genug, dass man auf Leute normal wirkt.«

»Aber du musst doch nicht unbedingt normal wirken.«

»Wenigstens hast du mir noch nie gesagt, dass ich ›an mir arbeiten‹ muss«, fuhr Lee fort, ohne auf meinen Einwand einzugehen. »Das sagt meine Familie immer. Sie fragen, wie es in der Therapie läuft, und wenn ich sage, geht so, dann heißt es immer, ich müsse mich eben mehr darauf einlassen, sonst könne es ja nichts werden.«

»Und, lässt du dich darauf ein?« Die Frage verließ meinen Mund, noch bevor ich darüber nachgedacht hatte.

»Schon«, sagte Lee. »Wir reden viel, und ich verstehe alles, aber ich fühle mich nicht besser dadurch, und wenn ich ehrlich bin, nervt es mich auch. Ich meine, wofür soll ich die ganze Zeit über mich reden, wenn es am Ende überhaupt nichts bringt?«

»Vielleicht bringt ja was anderes was«, sagte ich, mehr um ihn aufzubauen als aus Wissen darüber, was denn helfen könnte, wenn nicht Therapie.

»Es ist einfach deprimierend«, sagte er. »Ich werde das mit dem Schwimmen irgendwann ausprobieren, okay? Aber man fühlt sich sowieso schon wie jemand, der in allem versagt hat, und dann noch von außen zu hören, man müsse nur dies und nur das … Ich will nichts mehr müssen.«

»Wie meinst du das?«

»Na ja, einfach mal nichts mehr müssen. Einfach mal nichts machen.«

»Jetzt siehst du wieder traurig aus«, sagte ich. »Vorhin, beim Tanzen, hast du einfach völlig normal gewirkt. So als wäre nie etwas gewesen.«

»Wenn man glücklich ist, ist es auch, als wäre nie etwas gewesen.«

*Er hat gerade gesagt, dass er glücklich war, während er mit mir zusammen war!*, sagte eine aufgeregte kleine Stimme in meinem Kopf, die sehr jung klang. Die Stimme wiederholte den Satz noch ein paar Mal, erst dann fing ich mich.

»Ich dachte immer, Depression ist so ein Ding, was man entweder hat oder nicht. Hundert Prozent oder null Prozent, verstehst du?«

»Bei mir ist es eher wie ein EKG«, sagte er. »Eine Kurve, die mal oben, mal unten ist. Manchmal ist sie aber auch ganz lange ganz unten.«

»Wie bei *Emergency Room*, wenn im EKG nur noch eine glatte Linie zu sehen ist?«

»Ja, genau«, sagte Lee.

»Was ist das für ein Zustand, wenn du auf der Nulllinie bist?«

»Schmerz«, sagte Lee. »Oder, warte. Stell dir vor, du hast den schlimmsten Tag deines Lebens. Seit Monaten. Du hasst jede einzelne Sekunde, und du spürst jede einzelne Sekunde, wie sie sich aneinanderreihen und zu Monaten werden. Man fühlt sich, als wäre man schon vor Jahren gestorben, und die anderen tun so, als wäre alles wie immer.«

»Aber für die anderen ist ja auch alles wie immer.«

»Du bist echt nicht gut im Trösten.«

Noch bevor ich überlegen konnte, ob ich nun beleidigt sein wollte oder enttäuscht, spürte ich, wie Lee unterhalb der Schulterblätter eine Hand auf meinen Rücken legte. Ich spürte, wie sie wärmer wurde und meinen Körper von innen heraus stabilisierte, und ich dachte, wenn dort immer schon diese Hand gelegen hätte, wäre alles bestimmt ganz anders gewesen.

# 11

Zwei Tage später waren Lee und ich zum Lebensmittelretten verabredet. Er wolle mich mitnehmen, hatte er geschrieben, aber dann sagte er mir ab.

»Würde es dich stören, wenn wir uns an einem anderen Tag sehen?«, fragte er. »Ich habe heute irgendwie keine Energie.«

Ich traute mich nicht, ihn zu fragen, ob es einen Grund für seine Energielosigkeit gab (also, ob ich der Grund war).

Ich drückte den Rücken durch, sodass ich die größte Version meiner selbst war, und sagte: »Okay, kein Problem, wirklich gar kein Problem.« Ich war in diesem Moment von mir selbst genervt. Wenn man mir zuhörte, dachte man wirklich, nichts sei ein Problem, niemals. Lee tat mir leid, und ich verstand, wenn man Zeit für sich brauchte, und trotzdem spürte ich hinter meinen Augen einen Druck, der in meine Schläfen ausstrahlte.

Zu dem Zeitpunkt, an dem wir eigentlich verabredet gewesen waren, fuhr ich mit dem Fahrrad zum Fluss, in meinem Kopf hallte der Klang seiner Stimme nach. Im Park setzte ich mich ans Ufer, schaute aufs Wasser und fragte mich, was es bedeutete, dass wir eine schöne Zeit miteinander verbringen konnten, und wenig später schien alles vergessen. War ich zu offensiv gewesen? Hatte ich eine Verbindung zwischen uns wahrgenommen, die es so gar nicht gab? Hatte er etwas an mir entdeckt, was ihm nicht gefiel? Waren es die Depressionen, war ich intolerant, was fühlte er für mich eigentlich, was war ich bereit auszuhalten – und für wie lange? War ich wirklich *so* schlecht im Trösten?

Eine halbe Stunde später klingelte mein Handy. Es war Lee.

»Ich habe noch einmal nachgedacht«, sagte er. »Ich will das so auch nicht. Ich will nicht jedes Mal panisch Leute nach Hause schicken, wenn es mir schlecht geht. Hast du vielleicht Lust, vorbeizukommen und mit mir im Bett zu liegen und Tierdokus zu schauen? Miese Stimmung garantiert?«

Ich fuhr sofort zu ihm. Wir lagen im Bett, ohne viel zu sprechen. Ich merkte es seinen Bewegungen an, dass ihn etwas zu Boden drückte, aber das war mir egal. Ich wollte einfach nur da sein, wo er gerade war, einfach nur zur richtigen Zeit am richtigen Ort sein.

Als ich mich gegen 22 Uhr verabschiedete und nach Hause radelte, merkte ich jedoch, dass Lees Stimmung nun auch mich verfolgte. Ich fühlte mich bedrückt und sah ihn als schwermütiges Gespenst überall, vor allem in den Fensterscheiben, in denen ich mich nach wie vor zwanghaft spiegelte.

Am nächsten Tag um 10 Uhr hatte ich ein Seminar über »Das Andere« in der Literatur. Das Seminar wurde von einer jungen Dozentin namens Naima gehalten, die ich sehr mochte – sie war nicht viel älter als ich, aber unglaublich belesen, und ihre Art zu sprechen zog mich regelmäßig in einen Sog, der mich mit offenem Mund dasitzen ließ.

Dieses Mal jedoch war es anders. Naima begann die Sitzung mit einem Dank an uns. Sie habe viel von uns gelernt und wolle sich nun von uns verabschieden. Ihr Vertrag an der Uni werde leider nicht verlängert.

Warum, sagte sie nicht, aber Naima deutete an, dass ihre Familie in der nächsten Zeit Zuwachs bekommen werde, und legte dabei vielsagend die Hand auf ihren Bauch. In anderen Worten: In prekären Arbeitsverhältnissen – und an der Uni, zumindest in den Geisteswissenschaften, war nahezu jeder Vertrag unterhalb einer Professur prekär – durfte man entweder nicht schwanger werden oder musste dafür sorgen, dass von anderer Seite Geld hereinkam.

Ich war so sauer, dass ich sofort anfing, in der Notizen-App meines Handys eine Mail an Prof. Dr. Lükken vorzuformulieren, in der ich ihm für das Promotionsangebot dankte, es aber aus privaten Gründen ablehnte. *Private Gründe sind gut*, dachte ich. Dagegen konnte niemand was sagen. Dann schrieb ich Rena, ob ich sie heute besuchen dürfe.

Sie schickte einen schlafenden Smiley, keinen Welten-Flummi, und schrieb, ich solle ihr nicht böse sein, aber sie brauche gerade einfach nur Ruhe, sie sei so müde und für Besuch von uns brauche sie mehr Energie, weil wir so anstrengend seien. Ironischer Smiley. Sie schrieb »wir«, als würde sie Anton und mich meinen.

Ich schrieb *Kein Problem*, schickte ihr ein Herz und fühlte mich schlecht. Wir waren nicht anstrengend, Rena musste es wirklich mies gehen, wenn sie so etwas schrieb.

»Naima ist in ihrem eigenen Seminar zur ›Anderen‹ geworden!«, sagte ich später zu Anton. »Ich hasse alles!«

»Arme Josie«, sagte Anton. »Alle guten Leute um dich herum verschwinden.«

»Ich weiß!«, sagte ich. »Fuck this world!«

»Ich finde, man darf alles hassen, auch wenn man zu den Privilegierten gehört«, sagte Anton.

»Ich bin nicht privilegiert!«, schrie ich. »Ich darf mich ja wohl beschweren, wenn alles scheiße ist!«

»Atmen, Josie, atmen«, sagte Anton.

»Und die Umwelt zerstören wir auch!«, rief ich. »Es geht alles den Bach runter, und ich kann nichts dagegen tun!«

»Schhhh«, sagte Anton. »Ganz ruhig. Es ist alles gut, Josie, okay?«

**Aber** ich beruhigte mich erst, als ich ein paar Stunden nichts gegessen hatte. Der Hunger machte mich taub, als hätte ich nie eine Seele besessen und bräuchte auch keine. Es war ein altbekanntes Gefühl, eines, von dem ich mir geschworen hatte, dass ich ihm nicht mehr nachgeben würde.

*Später isst du was, Josie,* sagte ich mir, worauf ein anderer Teil von mir antwortete: *Okay, später, klar, irgendwann, aber nicht jetzt, bitte, nur noch ein bisschen!*

Um 19 Uhr meldete sich Lee. Er fragte, ob er bei mir vorbeikommen könne, und ich sagte Ja, obwohl ich nicht wusste, ob ich überhaupt gesellschaftsfähig war. Ich fühlte mich immer noch seltsam benommen.

Lee und ich küssten uns zur Begrüßung, gingen dann in mein Zimmer und legten uns nebeneinander aufs Bett.

Er fuhr mir durch die Haare und sagte: »Schön, dich zu sehen«, und: »Meine kleine schlanke Josie« und »Endlich«.

Ich erstarrte. »Ich dachte wirklich, du sagst: ›meine kleine Schlampe‹«, sagte ich nach einer kurzen Pause.

»Warum sollte ich so etwas sagen?«

»Ich weiß nicht, wegen Pornos?«

»Ich schaue keine Pornos.«

»Oh, okay. Sorry.«

Ich fragte, wie sein Tag gestern noch gewesen sei. Er sagte nur: »ganz okay«, und dass er noch zwei Dokus ohne mich geschaut habe, eine über Fledermäuse, die andere über Wasserschnecken. Dann fragte er, wie es mir ging, aber ich log aus Reflex, versuchte, Konversation zu machen, und sagte, dass ich mich gefreut hatte, ihn gestern noch einmal zu besuchen.

Als Lee kurz auf der Toilette war und ich einen Blick auf

mein Handy warf, sah ich plötzlich Renas Gesicht auf dem Bildschirm.

*Sie hat mir eine Nachricht geschrieben!*, dachte ich zuerst. Aber dann las ich die Bildunterschrift: *Heute vor einem Jahr.*

Mein Handy hatte mir ungefragt eine Erinnerung aus meinem eigenen Foto-Archiv geschickt. Auf dem Foto saß Rena in der Mensa, hielt einen Muffin mit Streuseln in der Hand und lächelte ein siegreiches Lächeln, als hätte sie das Gebäckstück soeben mithilfe eines Tricks erlegt. Ich drückte mir mit den Fingernägeln in den Unterarm, bis der Schmerz größer war als das Bild von Rena in meinem Kopf. Ich wusste selbst nicht, was genau mich so mitnahm – vermutlich alles und dass Rena vor einem Jahr noch unversehrt gewesen war, dass wir das damals alles noch nicht gewusst hatten.

Als Lee zurückkam, zog er mich zu sich und küsste mich. Es war das erste Mal, dass er nicht zögerte. Er achtete nicht ängstlich auf jede meiner Regungen, er war entspannt, und ich hatte Angst, dass er sich sofort wieder zurückziehen würde, wenn ich seinen Annäherungsversuch jetzt abwies. Unsere Beziehung hatte von Anfang an eine körperliche Ebene gehabt, weshalb ich fürchtete, dass er denken könnte, dass ich nicht nur den Sex ausschlug, sondern alles an ihm. Aber vielleicht hatte ich auch einfach die irrationale Angst, jetzt plötzlich alle Menschen in meinem Leben zu verlieren, die mir wichtig waren. Das jedenfalls sagte ich mir selbst, während wir Sex hatten: dass alles irrational war, dass ich wieder zu mir selbst zurückkehren durfte, dass alles bald vorbei wäre.

Lee lag auf mir, was hieß, dass er den Rhythmus vorgab, und ich hätte ihn am liebsten von mir weggestoßen.

»Du bist so weich«, sagte er immer wieder und strich dabei über meinen Bauch.

Ich stieß seine Hand weg. »Bitte, kannst du damit aufhören?«, fragte ich. »Ich fühle mich total fett, wenn du das so machst.«

»Aber das ist doch Quatsch«, sagte Lee. Er hörte zwar sofort damit auf, aber er wirkte genervt oder verwirrt – so genau konnte ich das nicht sehen. Er legte seine Hand stattdessen an den unteren Rand meines Nackens.

Ich atmete kurz auf. An sich fühlten sich Lees Berührungen zwar gut an, aber dieses Gefühl stand in so krassem Widerspruch zu meiner momentanen emotionalen Lage, dass es unvereinbar mit mir schien. Auf eine Art, die ich nicht genau verstand, machte es mich sogar noch trauriger, dass mein Körper so reagierte wie sonst auch. Sobald Lee in mir war, schien mein Körper vom Bauchnabel bis zu den Füßen einfach zu tun, was er immer tat, wenn ich mit jemandem schlief. Das Gefühl war genau dasselbe, aber durch den Kontext pervertiert, und als Lee endlich fertig war, ging ich ins Bad, um zu weinen und anschließend wieder so auszusehen, als hätte ich nicht geweint.

Lee bemerkte es trotzdem, aber er dachte wohl, meine Traurigkeit käme davon, dass mich die Sache mit Rena noch mitnahm. Er zog die Decke über uns, Wärme breitete sich aus, und ich schlief in seinen Armen ein, ohne das Missverständnis zu korrigieren.

Als ich am nächsten Morgen aufwachte, hatte ich einen bitteren Geschmack im Mund. Ich hatte mich selbst verraten. Ich hätte sagen können, was ich wollte oder nicht wollte, und ich hatte es nicht getan.

Lee lag neben mir und spielte irgendein Spiel auf seinem Handy. Als er sah, dass ich wach war, legte er das Handy weg und drehte sich zu mir. »Du hast im Schlaf geredet«, sagte er. »Ich habe zuerst gedacht, du redest wirklich mit mir, aber du hast nicht reagiert, als ich was gesagt habe.«

»Was habe ich denn gesagt?«, fragte ich. Ich konnte mich nicht an meinen Traum erinnern.

»Ich glaube, es war irgendetwas mit Rena«, sagte er. »Und irgendwas mit einem Handtuch.«

»Mit einem Handtuch?«

»Vielleicht wart ihr schwimmen?«, sagte Lee. »Nur so geraten.« Er lehnte seine Wange an meine, und ein samtiger Duft stieg in meine Nase. Es roch nach etwas, das so sanft war, dass man es kaum spüren konnte, aber auch ein bisschen wie Blütenpollen. Normalerweise hätte mich seine Nähe beruhigt, aber in diesem Moment war es mir zu viel. Es war mir zu viel, dass ich gerade jemanden berührte, den ich mochte, während Rena im Krankenhaus lag; dass ich Sex gehabt hatte, obwohl ich gar nicht gewollt hatte; dass ich nicht eingegriffen hatte, obwohl ich immerhin noch etwas hätte steuern können. Dass ich mich untergeordnet hatte, obwohl wahrscheinlich nicht einmal ein Anlass dazu bestanden hatte, nur aus dem Wunsch zu gefallen. *Aber mir selbst will ich auch gefallen*, dachte ich wütend. Ich stand abrupt auf und zog mich an. Von draußen strömte kalte Luft ins Zimmer, und ich atmete tief ein.

Lee stand auf, stellte sich dicht hinter mich und legte eine Hand auf meinen Bauch. Ich schlug die Hand weg.

»Mensch, ich hab dir doch gesagt, dass mich das stört!«

»Sorry. Hab ich vergessen.«

»Sag mal, was ist das eigentlich mit uns?«, fragte ich plötzlich. Ich war selbst überrascht, als ich mich das sagen hörte. Ich hatte die Frage nicht jetzt stellen wollen, und vor allem nicht so.

»Was meinst du?«, fragte Lee.

»Na ja, sind wir zusammen, sind wir Friends with Benefits oder ... Was sind wir eigentlich?« Meine Stimme klang höher als sonst. Ich drückte mit dem Fingernagel meines Zeigefingers in meinen Daumen, ohne viel davon zu spüren.

»Müssen wir denn irgendetwas Bestimmtes sein? Ich meine, warum brauchst du unbedingt ein Label?«

»Ich brauche kein Label«, sagte ich und spürte, dass meine Stirn heiß wurde. »Ich brauche eher ... eine Art Absichtserklärung.«

»Bitte was?«

Ich fuhr mir mit der Hand über die Stirn und sagte, ohne nachzudenken: »Ja, weil wenn wir beide nicht die gleichen Absichten haben, dann könnte es sein, dass ich mich ...«

»Dass du dich?«

»Dass ich mich irgendwie ausgenutzt fühle.«

Das war es. Nun hatte ich es gesagt. Ich sah Lees Gesichtszüge gefrieren.

»Wie meinst du das?«, fragte er.

Ich hätte ihm gern gesagt, wie ich es gemeint hatte, aber ich hatte Angst, mich zu weit aus dem Fenster gelehnt zu haben. Die Hitze in meiner Stirn hatte wieder abgenommen.

»Also, ich meine, nicht wirklich ausgenutzt«, sagte ich schnell. »So habe ich das nicht gemeint. Ich meinte eher, dass ich eben gern wüsste, woran ich bei dir bin. Weil es eben schon oft so war, dass du dich nicht gemeldet hast, mir abgesagt hast und so. Und ich würde eben gern –«

»Aber ich habe dir doch gesagt, wieso das bei mir gerade so ist«, sagte er. »Es tut mir wirklich leid, ich verstehe, dass das blöd für dich ist, aber ich kann es gerade nicht ändern.«

Hätte ich die Chance gehabt, hätte ich es noch einmal anders formuliert. Ich hätte gesagt: »Weißt du, ich brauche von dir eine Art Absichtserklärung, damit es sich für mich mehr so anfühlt, als würde es sich lohnen, wenn ich irgendetwas von mir teile oder für dich aufgebe. Es hat mich zwar niemand gebeten, etwas aufzugeben, aber ich mache das automatisch, für dich, für den anderen, und wenn ich nicht weiß, ob dabei etwas Gutes für mich herauskommen wird, möchte ich eigentlich gerade nichts mehr aufgeben, für niemanden.« Ich wusste zwar, dass mich niemand dazu zwang, für jemand anderen etwas aufzugeben. Ich wusste auch, dass das Leben nicht so funktionierte; man hatte für nichts eine Garantie.

*Aber es wäre schöner mit einer Garantie*, dachte ich und spürte, wie die Wut zurückkam. Warum konnte er, verdammt noch mal, nicht einfach so tun, als könne er mir eine Garantie geben?

Schließlich sagte er genau das: Er könne in dem Zustand, in dem er gerade war, einfach keine Aussage über die Zukunft treffen, weil die Zukunft für ihn als Konzept gerade nicht greifbar sei.

»Das nervt mich«, sagte ich. »Ich weiß, dass du nichts dafür kannst und so, aber es nervt mich wirklich extrem.« Ich konnte mich einfach nicht stoppen. »Es ist doch normal, dass man wissen will, worauf so etwas hinausläuft. Ich meine, bist du eigentlich auf der Suche nach was Festem? So etwas weiß man doch!«

Er schüttelte nur den Kopf. Ich wusste nicht, worauf er sich damit bezog, aber es spielte auch keine Rolle. Lee hing nun ohne jegliche Körperspannung auf seinem Stuhl, und das reizte mich noch mehr.

»Oder ist das mit uns für dich eher eine nette Abwechslung, ein Spiel, das man ab und zu mal spielt?«, fragte ich. In meine Stimme hatte sich etwas Drohendes geschlichen, das ich so nicht von mir kannte. »Bin ich das für dich?«

»Schätzt du mich wirklich so ein?«, fragte er langsam. »Ein Spiel, das man ab und zu mal spielt?«

Es entstand eine kurze Pause. Dann sagte er, er tue, was er könne, wenn es nicht genug sei, tue es ihm leid, aber er könne es gerade nicht ändern.

Ich schloss daraus, dass er nicht bereit war, auch nur einen Schritt auf mich zuzugehen, auch wenn mich das um mein Seelenheil brachte, und mit einem Mal musste ich an alle Situationen in meinem Leben denken, in denen ich selbst oder meine Mutter in ihrer unerschütterlichen Dienstleistungsmentalität freundlich zu Kund:innen gewesen war, denen man einfach einmal auf die Fresse hätte schlagen müssen. *Einfach einmal auf die Fresse schlagen* – in genau diesen Worten dachte ich, dabei hatte ich in meinem Leben noch nie jemanden geschlagen. Ich versuchte mir, genau das vorzustellen: wie ich die Hand hob, mich einem fremden Gesicht näherte – dann brach das Bild in meinem Kopf ab. Ich konnte es mir nicht einmal vorstellen.

*Abgesehen davon ist die andere Person im Zweifelsfall sowieso stärker – physisch, ökonomisch, sozial*, dachte ich und spürte, wie die Wut in mir erneut hochschwappte wie eine Welle. *Es ist wirklich kein Wunder, dass man lächelt und lächelt und irgendwann selbst glaubt, dass es wichtiger ist, wie wir von außen wirken, als wie man sich innerlich fühlt*, dachte ich und merkte erst jetzt, dass ich am ganzen Körper die Muskeln angespannt hatte.

*Vielleicht hätte ich mich trotzdem mal wehren müssen*, dachte ich diffus. *Ich hätte es wenigstens versuchen müssen.*

»Wenn man mich am einen Tag so behandelt und am anderen Tag so, fühle ich mich wie etwas, das nicht lebt«, sagte ich. »Ich fühle mich wie ein Produkt, mit dem man alles machen kann, was man will, verstehst du?«

Lee erstarrte. »Es tut mir leid, wenn ich dir dieses Gefühl gegeben habe«, sagte er dann. »Ich habe es nicht so gemeint, aber ich kann dir auch keine falschen Hoffnungen machen, verstehst du?«

Den Rest seiner Erklärung hörte ich nicht mehr. Ich stand auf, ging aus dem Zimmer und knallte die Tür hinter mir zu. Im Bad ließ ich kaltes Wasser über meine Handgelenke laufen. Ich hatte die Tür zugesperrt und antwortete nicht, als Lee fragte, ob alles okay sei.

Irgendwann hörte ich, dass die Wohnungstür zufiel. Zittrig ging ich in die Küche und setzte einen Kaffee auf. Dann fing ich unvermittelt an zu weinen. Ich war so durcheinander, dass ich nicht einmal mehr genau hätte sagen können, was passiert war. Es fühlte sich an, als wäre nicht nur die Verbindung zu Lee abrupt abgebrochen, sondern auch die zu meinem eigenen Körper. Er erschien mir sinnlos, in jeder Faser zu viel. Der Schmerz fühlte sich an wie Angst oder Wut – irgendeine zähe Emotion, die alles um sie herum verklebte und meine Arme und Beine kraftlos werden ließ. Um die Schwere wieder loszuwerden, lief ich in Kreisen durch mein Zimmer, vor und zurück, immer wieder vor und zurück, die Arme vor der Brust verschränkt. Irgendwann legte ich mich mit dem Gesicht nach unten flach auf den Boden und hielt die Luft an.

Als ich mich wieder beruhigt hatte, rief ich Anton an. Er versprach, zu mir zu kommen. »Oder treffen wir uns vielleicht lieber an der Uni«, sagte er. »Ich hab später noch Unisport, da habe ich dann mehr Zeit.«

Ich wusste, welchen Sportkurs er meinte, weil wir eine Zeit lang zusammen dort hingegangen waren. Es war eine Mischung aus Tanz und Aerobic, zu der meistens an die hundert Leute kamen. Ich packte meine Sporttasche und nahm sie mit.

Anton wartete schon vor dem Buchladen, vor dem wir uns immer trafen. Er war in derselben Straße wie das Unigebäude, in dem ich die meisten meiner Kurse hatte: ein kastiges Gebäude aus den Siebzigerjahren, wie geschaffen dazu, den Ernst des Lebens zu illustrieren und ihm gleichzeitig jeglichen Liebreiz zu nehmen.

»Na, du geplagte Seele?«, sagte Anton und machte einen Schritt auf mich zu. Wir umarmten uns, und ich merkte, dass ich die Umarmung gern in die Länge gezogen hätte. Aber Anton ließ mich nach wenigen Sekunden wieder los und betrachtete mich.

»Lass uns ein paar Schritte gehen, oder?«, sagte er. »Dann kannst du mir noch mal alles in Ruhe erzählen.«

Wir gingen im Univiertel umher, an Cafés, Antiquariaten und Klamottenläden vorbei, und ich erzählte noch einmal in wenigen Worten, was passiert war. Dabei merkte ich, dass ich gar nicht genau ausdrücken konnte, was mich da so getroffen hatte, aber Anton brachte es auf den Punkt: »Du hast das Gefühl, dass er die Sache mit euch nicht ernst gemeint hat und du schon, und jetzt weißt du nicht, ob er überhaupt der Typ ist, der so etwas ernst nehmen möchte, ever.«

»Ja, genau.«

»Und jetzt fühlst du dich, als wärst du hereingelegt worden.«

»Hm.«

»Und du möchtest von ihm hören, dass ihm viel an dir liegt und du nicht nur ein Zeitvertreib bist.«

»Vielleicht.«

»Gib ihm doch noch ein bisschen Zeit.«

»Hm.«

»Das mit Rena war doch auch krass für dich, oder?«, sagte Anton. Es sei vielleicht ein bisschen viel passiert in der letzten Zeit. Ihn mache das auch fertig, diese Unsicherheit, dass wir nicht wüssten, wie sich Dinge entwickeln würden. Kurz darauf klingelte sein Handy, er hatte eine Nachricht bekommen, die ihn über das ganze Gesicht strahlen ließ.

»Na ja, wie auch immer«, sagte er und steckte das Handy wieder weg. Unter gewissen Umständen sei Unsicherheit ja auch spannend.

»Anton«, sagte ich. Ich hatte plötzlich das Gefühl, dass er in letzter Zeit vielleicht ein wenig zu kurz gekommen war. Vielleicht hatten Rena und ich immer nur von uns selbst geredet; ich konnte es nicht sicher sagen, aber es erschien mir nicht unwahrscheinlich.

»Ja?«

»Wie geht es dir eigentlich gerade?«

»Mir?«, fragte er, und es klang so erstaunt, dass ich sofort einen Stich im Herzen spürte. »Mir geht es gut. Mir geht es eigentlich immer gut. Nur das mit Rena ist eben —« Er vollendete den Satz nicht.

»Und wie ist das mit deinem Kalender gelaufen? Hast du ihn schon übergeben?«

Antons Schritte waren sofort ein wenig beschwingter.

»Also, der Kalender war ein Volltreffer«, sagte Anton mit einem siegesbewussten Lächeln. »Aber … ich möchte das, was er und ich gerade erleben, irgendwie noch nicht in Worte fassen. Ich kann es auch gar nicht. Wir kennen uns ja noch nicht so lange, und …«

»… und du hasst es sowieso, darüber zu reden«, ergänzte ich.

»Exakt«, sagte Anton, es klang fröhlich und nicht so, als wäre er mir und Rena böse, dass wir uns nicht intensiver um ihn kümmerten.

Natürlich sprachen wir dann doch noch ausführlicher über Rena. Ich hatte den Eindruck, dass Anton und ich dieses Thema absichtlich so lange wie möglich ausgespart hatten, weil wir uns beide darüber im Klaren waren, dass es uns runterziehen würde. Wir wussten beide nicht, warum Rena plötzlich so krank war und ob und wie man das reparieren konnte. Wir googelten ein wenig und versuchten, uns zu beruhigen, und dann kam ich noch mit zu Antons Sportkurs.

Er fand in einer heruntergekommenen Turnhalle statt, mit abgeschabtem Linoleumboden und Flecken an den Wänden. Die Stimmung war trotzdem gut. Ich schätzte, dass es heute mindestens achtzig Teilnehmer:innen waren, die sich erkennbar nicht um ein sozial annehmbares Sportoutfit bemüht hatten, genauso wenig wie ich. Die meisten hatten ausgewaschene bedruckte T-Shirts an, was ihnen bei mir einen Pluspunkt einbrachte. Außerdem waren wir so viele, dass immer jemand aus dem Takt geriet oder den falschen Arm hob oder generell nicht mehr weiterwusste. Die Atmosphäre gefiel mir. Es war eine fröhliche Fehlerkultur, in der man Dinge machte, um sie zu machen, und nicht, um sie richtig zu machen.

Dass es keine Spiegel gab, anhand derer man seine eigenen Bewegungen hätte korrigieren können, trug zu meinem Wohlbefinden bei, denn sobald ich mich beim Sport im Spiegel sah, hatte ich das Bedürfnis, Körperteile von mir zu retuschieren. Weil ich das wusste, hatte ich in der Oberstufe beim Sport oft nicht mich, sondern Rena im Spiegel angesehen: die Kuhle zwischen ihren Schlüsselbeinen, die Art, wie ihr Hals in ihren Kopf überging, die runde Form ihres Haaransatzes. Ich hatte mich gefragt, wie die Natur es geschafft hatte, einen so anstrengungslos schönen Menschen zu produzieren, und eine überirdische Macht gebeten, dass ich irgendwann so sein könnte wie sie.

Jahre später hatte ich Rena davon erzählt, und sie hatte verständnislos den Kopf geschüttelt und gesagt: »Du bist doch komplett verrückt.«

»Wobei«, schob sie hinterher. »Ich hab mir früher auch immer gewünscht, dass ich so aussehe wie du. Was heißt gewünscht. Ich hab dafür gebetet.«

»Was ist das denn bitte schön für eine spirituelle Verschwendung?«, fragte ich.

»Ja, was für eine gesellschaftlich verursachte spirituelle Verschwendung«, sagte Rena. »Fuck this world.«

Als die Aerobic-Stunde zu Ende war und alle applaudierten, bemerkte ich, dass mich eine große Frau mit rotblonden

Haaren aus den vorderen Reihen anstarrte. Ich lächelte ihr aus Reflex zu. Sie erwiderte das Lächeln nicht, also blickte ich weg, sah dann aber aus den Augenwinkeln, dass sie auf mich zukam.

»Entschuldigung«, sagte sie. »Bist du zufällig Josie?«

Erst da erkannte ich sie. Es war die Kassiererin aus dem Rewe.

»Es klingt vielleicht ein bisschen komisch«, sagte sie. »Aber ich kenne dich über Rena. Also, indirekt über Rena.«

Sie stand mittlerweile so nah bei mir, dass ich die Poren ihrer Haut sehen konnte, und ich fragte mich, warum mir vorher nie aufgefallen war, dass sie in unserem Alter war, möglicherweise knapp darüber. Ich hatte sie so mit ihrer Funktion als Kassiererin verknüpft, dass ich sie nicht richtig wahrgenommen hatte. Auch hatte ich nicht einmal in Erwägung gezogen, dass sie nur nebenbei an der Kasse saß und genauso wie wir studierte. Plötzlich schämte ich mich deswegen.

»Weißt du, Rena hat mir ein paar Mal Bilder von euch gezeigt«, fuhr die Frau fort. »Von dir und Anton. Und jetzt habe ich euch da so gesehen und dachte, ich —«

Ich fragte mich, ob sie wusste, dass Rena im Krankenhaus lag, ob das hier alles nur Zufall war — oder von Rena irgendwie geplant.

»Ich bin Nikki«, sagte die Frau und hielt mir die Hand hin.

»Josie, freut mich«, sagte ich schwach. Auch Anton hielt ihr die Hand hin. Er hatte unser Gespräch mitgehört und sich uns genähert.

»Ja, ihr beiden«, sagte Nikki und seufzte. »Ich weiß nicht, was ihr schon wisst. Jedenfalls hat Rena mir von diesem Projekt mit dem Symposium erzählt, und das klang ja wirklich gut und so, aber ich möchte nicht die Einzige sein, die da mitmacht.«

»Bei was mitmacht?«, fragte Anton, der anscheinend noch weniger wusste als ich.

Nikki blickte vom einen zum anderen. Dann sagte sie: »Also, wenn ihr wollt, kann ich euch das zeigen. Ich habe gleich noch eine Schicht im Supermarkt.«

Sie nahm uns mit zu »ihrem« Rewe und führte uns direkt in den Personalraum. Sie redete ziemlich viel, aber auf eine angenehme Art, sodass es mir schwerfiel, sie zu unterbrechen und zu sagen, was sie offensichtlich nicht wusste: dass Rena im Krankenhaus lag. Ich wollte die Stimmung nicht zerstören, und gleichzeitig verspürte ich das starke Bedürfnis, mit ihr befreundet zu sein. Nikki wirkte nett, und sie erschien mir als Kontakt umso wertvoller, als sie auf eine Weise, die ich nicht benennen konnte, ein Bindeglied zu Rena darstellte.

»Hier ist es«, sagte Nikki und deutete auf ein Poster, das an der Wand hing. *Just be yourself* stand darauf. Es sah aus wie Werbung für einen Turnschuhhersteller.

Auf dem Plakat waren ungefähr zu gleichen Teilen Pflanzen und angedeutete Menschen zu sehen, die ineinander überzugehen schienen. Unter dem Plakat stand ein Beistelltisch, auf dem sich Süßigkeiten stapelten.

»Was soll das sein?«, fragte Anton.

»Ist das Plakat von Rena?«, fragte ich.

Nikki trat von einem Bein aufs andere. »Also, die Grundidee war von Rena«, sagte sie zögerlich. »Entworfen habe ich das Plakat. Ich studiere nämlich Kunst«, fügte sie hinzu, als müsse sie sich dafür rechtfertigen. »Aber dann haben wir den Plan doch noch mal geändert.«

Es stellte sich heraus, dass Rena ursprünglich geplant hatte, auf dem Symposium eine Art Programmatik des Einfach-man-selbst-Seins vorzustellen, aber das war ihr dann doch zu weit weg von ihrer Botschaft, sagte Nikki. Authentizität versus Programmatik, wenn wir das Problem verstünden.

Stattdessen wolle Rena nun eine spontane Aktion machen, die das Potenzial habe, das Gemeinschaftsgefühl zu stärken. Das mit dem Spontanen sei ihr ganz wichtig gewesen, sagte Nikki. Weil es ja darum ginge, seinen Gefühlen Ausdruck verleihen zu dürfen und so weiter. Jedenfalls habe sie Nikki um Mithilfe gebeten.

»Aber warum du?«, platzte ich heraus. »Rena hätte mich doch auch fragen können!«

Nikki schaute hilfesuchend zu Anton. »Ich glaube, es ging auch um die Süßigkeiten«, sagte Nikki. »Rena wollte Süßigkeiten mitbringen, und wir bekommen hier öfter abgelaufene Schokolade und so ... Ich glaube, deswegen hat Rena mich gefragt.«

Ich brachte es nicht über das Herz, ihr zu sagen, dass Rena im Krankenhaus lag und es ihr nicht gut ging, also übernahm das Anton. Er tat es auf eine fast großväterliche Art. Ich war gerührt, den Tränen nahe, und fast hätte ich als Übersprungshandlung eine der Süßigkeitenpackungen aufgerissen und den anderen den Inhalt angeboten.

Nikki wirkte schockiert. An ihrem Hals bildeten sich innerhalb weniger Minuten rote Flecken, die langsam Richtung Gesicht wanderten. Sie kramte in einem der Büroschränke und holte eine Kerze heraus, deren Haltbarkeitsdatum vermutlich auch abgelaufen war.

Wir zündeten sie an, und dann dachte jeder an Rena. Wahrscheinlich dachten wir alle an etwas anderes und trotzdem an das Gleiche. Es fühlte sich an, als hätten wir uns bei Gewitter in einer Höhle getroffen: als wäre dies der einzige Unterschlupf, den wir haben könnten, als wären wir die Einzigen, die wüssten, was wir eben wussten, und als wäre dieses Wissen wichtig.

# 12

Ich musste wieder baden gehen. Das merkte ich deutlich. Es war etwas am kalten Wasser, das mich anzog, das mich verführte und zerstörte und wieder aufrichtete. Außerdem musste ich vor dem Baden etwas essen, und das zu wissen, half mir. Am Tag zuvor hatte ich zu lange nichts gegessen, und es war dasselbe passiert wie immer: Panik verdrängte das leere, glatte Gefühl in meinem Kopf, sobald ich mir etwas in den Mund steckte. Mein Herz raste, es ergab keinen Sinn, aber das war auch egal, es war, wie es war.

Rena hatte früher immer zu mir gesagt: »Du kannst nichts dafür, dass du da reingerutscht bist, okay, aber du musst da irgendwie wieder rauskommen. Wir vermissen dich, man merkt, dass du gar nicht richtig da bist.« Anton wiederum hatte mir mindestens drei Mal am Tag eine Essenserinnerung über WhatsApp geschickt. Das alles schien wahnsinnig weit weg zu sein und gleichzeitig überhaupt nicht, und ich erinnerte mich noch genau an den Tag, an dem ich mich entschieden hatte, mit dem Abnehmen aufzuhören. Es war nach einer Feier bei Anton gewesen, bei der ich meine Mundwinkel immer wieder nach oben hatte zwingen müssen, weil es so wahnsinnig anstrengend war zu lächeln, alles war so wahnsinnig anstrengend, und ich war wahnsinnig weit weg von allem. *Rena hat recht*, dachte ich. *Sie hat einfach schon wieder recht. Ich bin gerade gar nicht richtig da. Will ich ein Leben führen, in dem ich gar nicht richtig anwesend bin?*

Die Kälte war etwas, das mich beruhigte, vielleicht auch

eine neue Obsession: eine feste, tiefe Welle, die auf den ganzen Körper übergriff; eine Spitze, die erst nach einiger Zeit wieder abflachte; ein perfektes Balancieren auf der Grenze zwischen Schmerz und Wohlgefühl. Es war wie ein Symbol für die Vergänglichkeit der Welt, eine verführerische Oberfläche, die alles so gründlich auslöschte, dass ich nach dem Baden sofort wieder ins Wasser wollte.

Wenn ich ehrlich war, war ich in der kurzen Zeit süchtig geworden nach kalten Gewässern. Ich hatte das Gefühl, dort etwas vorzufinden, was es sonst nirgendwo gab – einen schweigenden Kampf, den man höflichkeitshalber mitkämpfte, obwohl man von Anfang an wusste, dass man sich ergeben würde. Man würde die Kälte über sich hinwegziehen lassen, bis sie tief in einen eingedrungen war und jeder Atemzug aus reinem Eis zu bestehen schien. Und dann, dann wurde es wieder warm. Es wurde sogar richtig heiß. Das war der Moment, in dem nichts mehr wichtig war – nichts, was davor oder danach kam, nicht, wer man gewesen war, was man wollte. Vor allem nicht, was man einmal gewollt hatte. Alles, was es gab, alles, was es jemals gegeben hatte, war, dass man hier in diesem Moment im Fluss stand, während das Wasser an einem vorbeifloss. Man bildete eine Mitte, man sah die konzentrischen Kreise, aber eigentlich war man auch nur jemand, der jederzeit untergehen konnte.

Man war eine Mitte, aber gleichzeitig nur eine von vielen.

Anton bekam mit, wie oft ich baden ging, und scherzte, er habe das Gefühl, dass in unsere Freundschaft nun noch eine weitere Person eingezogen sei. Oft kam ich zu spät zu Verabredungen, aber es fiel mir schwer, ihm zu erklären, was ich so lange machte. Im Wasser war ich nur wenige Minuten. Was war mit den Stunden danach? Ich konnte nach dem Baden nicht einfach nach Hause gehen. Ich war wach, hellwach, und ich musste mich bewegen. Manchmal ging ich einfach nur schnellen Schrittes am Fluss entlang und sah auf die Wasseroberfläche. An anderen Tagen lief ich ein Stück weiter zu einer kleinen Baumgruppe, legte mich aufs Moos und schaute in den Himmel.

Die traurige Wahrheit war: Man hätte mich direkt nach dem Bad im Fluss auch an eine Bushaltestelle setzen können. Ich war so high, dass ich jeder Umgebung eine spirituelle Schönheit abgewinnen konnte – leider auch: abgewinnen musste. Selbst auf dem Nachhauseweg erschien mir das Grau des Asphalts reizvoll, als sei es eigentlich auch nur eine Wasserfläche, in der man versinken konnte, wenn man es nur genügend wollte. Vielleicht war es tatsächlich genau das: Ich hatte das Bedürfnis, irgendwo zu versinken.

Die Kälte wirkte lange nach. Selbst Stunden später hatte ich immer noch das Gefühl, den Fluss in mir zu tragen. Er floss langsam durch meine Adern, kühlte sie von innen und stellte keine einzige Frage. Er fragte nicht, wie es Rena ging, er fragte nicht, wie es mir ging, aber wenn er das gefragt hätte, wäre die Antwort gewesen: unverändert. Doch das wollte ich nicht wissen, ich wusste es ja schon.

Einmal holte mich Anton vom Fluss ab. Wir wollten danach noch zusammen kochen, aber das war beinahe unmöglich, denn ich war schon im Supermarkt geblendet von der Schönheit der Nahrungsmittel, den glänzenden roten Paprikas, der Festigkeit von Kartoffeln, und dass es überhaupt Supermärkte gab, war bei genauerer Betrachtung nicht weniger als ein Wunder, eine Ausnahme in der Weltgeschichte.

»Wir leben trotz allem zur richtigen Zeit, am richtigen Ort«, sagte ich zu Anton. »Es ist mir davor noch nie aufgefallen, aber wenn wir mal genauer hinsehen, ist das doch wohl ein Wunder.«

Während ich auf ihn einredete, schälte Anton geduldig Gemüse und tischte mir zum Schluss alles mit einer doppelten

Portion Butter auf. Er hatte immer Angst, dass ich noch Stunden danach quasi verspätet erfrieren könnte.

Zwischen Lee und mir herrschte Funkstille. Ich hatte das Gefühl, dass sie mich zerstörte, aber dass der Fluss die Zerstörung auf seine Weise vervollständigte und dabei zurücknahm. Es war schwer zu erklären. In den ersten Minuten im Wasser fühlte ich mich wie ausgelöscht, danach aber lebendiger als davor – so lebendig, dass mir die Sorge um meine Beziehung zu Lee komplett irrelevant schien, weil ja sowieso niemand wusste, wie es in der Zukunft weitergehen würde. Doch an den anderen Tagen wartete ich auf ein Zeichen, was ich umso ärgerlicher fand, als ich selbst ja auch keines aussendete.

Ich hätte mich gern bei ihm entschuldigt, wusste jedoch nicht, wie ich es tun sollte, ohne dass es so rüberkam, als wolle ich ihn indirekt dazu auffordern, sich wieder mit mir zu treffen. Ich wollte ihn wiedersehen, aber alles, was ich dafür hätte tun müssen, erschien mir unangebracht.

Worüber ich auch öfter nachdachte, war, wie beherrscht er sich im Streit verhalten hatte. Er hatte sachlich reagiert und zu keinem Zeitpunkt einen Gegenangriff gestartet. Das war deshalb bemerkenswert, weil man meiner Erfahrung nach nie vorhersagen konnte, wie sich Menschen in Konfliktsituationen verhielten. Die nettesten und vernünftigsten Leute fingen an, einen zu beleidigen, wenn sie sich kritisiert oder übervorteilt fühlten. Das hatte ich nicht nur bei der Arbeit meiner Eltern im Kiosk erlebt, sondern oft genug auch an der Uni. Generell wollten alle immer recht haben, und wenn sie sich angegriffen fühlten, schossen sie, ohne zu zögern, zurück. Ich konnte mich da selbst nicht ganz ausnehmen, aber Lee hatte nicht so reagiert. Ich fand, das sagte etwas Gutes über ihn aus.

Wenn ich allerdings gerade mit eiskalten Händen und Füßen vom Fluss kam, war ich mir genug, auch wenn ich an Lee dachte. Dann konnte ich sein warmes Lächeln vor mir sehen und denken, dass es mir gehörte, weil ich es gesehen hatte, weil ich es heraufbeschworen hatte. In diesen Momenten spürte ich manchmal, dass ich mir ganz gehörte, und das war das Wichtigste überhaupt.

In anderen Momenten hatte ich das Gefühl, nur gegen Widerstand zu spüren, wo ich anfing und aufhörte – nur gegen fremde Haut oder eiskaltes Wasser. Das kalte Wasser schien mir dann die bessere Wahl zu sein – wie eine demokratische Form von Liebe, bei der für jeden etwas übrig blieb.

Als Günther von der Redaktion anrief und mir sagte, dass er sich bei der ausgeschriebenen Stelle für mich entschieden habe, stand ich gerade an der Uni in einer Toilettenschlange. Es war Mittagszeit, und offenbar war gerade eine Vorlesung im Audimax mit mehreren Hundert Hörern zu Ende gegangen. Normalerweise musste man nicht anstehen.

»Hey, Günther!«, sagte ich, und es drehten sich einige vor mir um. »Das klingt ja wirklich ...« Plötzlich wusste ich nicht mehr, wie es wirklich klang. »Das klingt ja wirklich toll«, sagte ich schließlich. »Aber ich muss dir leider absagen.«

Kurz überlegte ich, ob ich noch einen Grund hinzufügen sollte, aber ich hatte keine Lust. Mein Körper war noch so ruhig von meinem Schwimmausflug am Tag davor, dass mir genau genommen alles ein wenig egal war.

Aber er fragte tatsächlich nach: »Gibt es einen Grund dafür?«

Ich dachte an Rena und an die Dinge, die ich auch gern einmal gesagt hätte, bevor es zu spät war.

»Ich glaube, ich lasse mich in Zukunft lieber von jemand anderem herumkommandieren und sexuell belästigen«, sagte ich, und erneut drehten sich einige Leute aus der Schlange zu mir um. »Trotzdem vielen Dank«, sagte ich zum Schluss, und dann legte ich auf.

»Fuck, warum habe ich das gesagt?«, sagte ich dann in den Raum. »Warum bedanke ich mich bei so was auch noch?«

»Aus Gewohnheit vielleicht«, sagte jemand vor mir.

»Vielen Dank auch an das Patriarchat«, sagte jemand anderes, und dann begann die ganze Schlange zu lachen.

Erst als ich später die Toilettentür hinter mir schloss, verstand ich, was ich gerade getan hatte. Ich konnte die Konsequenzen nicht absehen, feierte mich aber auch ein bisschen dafür, zu jemandem Nein gesagt zu haben, der sonst vielleicht nie ein »Nein« hörte.

Ich zog meine Hose herunter, ging in die Hocke und hörte dem Plätschern meines Urinstrahls zu. Hier im Hauptgebäude gab es noch alte Toiletten aus den Siebzigerjahren, mit Auffangbecken und einem Nachhall, der mir normalerweise unangenehm war, jetzt aber völlig egal.

Ich hatte das unbestimmte Gefühl, gerade etwas besiegt zu haben – vielleicht die Angst, nicht zu gefallen, vielleicht die Angst, in einem kapitalistischen System zu versagen. Vielleicht war es aber auch nur der Triumph, endlich auf mein Gefühl gehört zu haben.

*Habe auf mein Gefühl gehört*, schrieb ich abends in mein Tagebuch, dann setzte ich den Satz in den WhatsApp-Status und wartete darauf, dass irgendjemand eine Rückfrage stellte und ich alles erzählen konnte. Aber es fragte niemand, also erzählte ich es mir selbst noch einmal, und wo ich schon einmal dabei war, erzählte ich mir mein ganzes Leben seit meiner Geburt. Ich erzählte es so, als hätte es genau so sein sollen, als hätte es genau so verlaufen müssen, keine Zweifel, kein Zögern, als habe mein Leben eine Richtung.

# 13

Am nächsten Tag rief um die Mittagszeit Rena an. Ich war in der Bibliothek, hatte gerade meinen Laptop aufgeklappt und gegoogelt, wie meine Masterarbeit formal aufgebaut sein sollte. Als ich Renas Namen auf dem Display sah, nahm ich schnell meine Sachen auf den Arm und ging vor die Tür.

Die Erleichterung, die ich verspürte, als Rena sagte, ihr sei langweilig, und fragte, ob wir sie nicht mal wieder besuchen wollten, war wie eine Energie, die sich in meinen Muskeln festsetzte und mich zum Fluss steuerte. Dort stand ich dann, starrte auf das Wasser und kämpfte gegen den Drang an, mich auszuziehen und wenigstens die Beine in die Strömung zu halten.

Als Anton und ich wenig später zur Tür hereinkamen, saß Rena aufrecht im Bett. Anton hatte darauf bestanden, noch eine kleine gelbe Topfblume für Rena zu besorgen, in die ein aus Draht gebogener Kaminkehrer gesteckt war. Er sagte, er fände es unhöflich von uns, wenn wir nichts mitbrächten, und er sei auf Renas Gesicht gespannt, wenn sie den Kaminkehrer entdecke.

»Jede Wette«, hatte er gesagt. »Sie wird den Draht von diesem Kaminkehrer umbiegen und eine andere Figur daraus formen, jede Wette.«

Ich sah Rena sofort an, dass sie gereizt war. Sie versuchte, es sich nicht anmerken zu lassen, freute sich gespielt über den Kaminkehrer, auch wenn sie, wie Anton vorhergesagt hatte, sofort eines der Beine verbog, aber sie beteuerte, wie süß es sei, dass wir ihr etwas mitgebracht hätten, und dann verstummte sie plötzlich.

Mir fiel auf, dass eine Seite ihres Halses geschwollen und mit bläulichen Adern durchzogen war, und unwillkürlich suchte ich in meinem Mantel die Außentasche, um meine Hände hineinzustecken.

»Wie geht es dir denn?«, fragte ich schnell. Ich hoffte, so vielleicht noch abwenden zu können, was auch immer sonst folgen würde. Aus mir unerklärlichen Gründen hatte ich Angst davor, obwohl ich nicht einmal wusste, was es war.

»Wie es mir geht?«, wiederholte Rena. »Ja. Ist schon in Ordnung.« Sie blickte ins Leere und sah uns dann plötzlich wieder an. »Wobei, ich hatte mir ja geschworen, damit aufzuhören.«

»Mit was aufzuhören?«

»Ich will diese höflichen Gespräche nicht mehr«, sagte Rena. »Ich hatte doch meine Ehrlichkeitsoffensive laufen. Vorher.«

»Dann raus mit der Sprache«, sagte Anton. Er hatte Ehrlichkeit schon immer besonders gut verkraftet.

»Also, ganz ehrlich?«, sagte Rena. »Ich bin genervt. Ich bin einfach nur genervt.« Sie schloss die Augen. »Und hier ist alles weiß und steril. Wenigstens habt ihr eine Pflanze mitgebracht.«

»Was hattest du jetzt eigentlich genau?«, fragte Anton.

»Also«, sagte Rena. »Ihr seht das ja, oder?« Sie deutete auf ihren Hals. »Das müssen sie operieren.«

»Was ... ist das?«, fragte Anton und zeichnete die violetten Adern mit dem Finger auf seinem eigenen Hals nach.

»Ein Aneurysma«, sagte Rena. »Aber das ist nicht einmal die Hauptfrage. Die Hauptfrage ist: Wieso hab ich das?«

»Ja, und warum hast du das?«, fragte Anton.

»Das ist es eben«, sagte Rena. »Die Antwort ist deprimierend. Ich will es eigentlich gar nicht sagen.« Sie schwieg kurz. »Warte«, setzte sie dann neu an. »Ich schreib es euch auf, ja?«

Sie nahm ihr Handy und fing an zu tippen. Dann hielt sie uns das Display hin. *Ehlers-Danlos-Syndrom, vaskulärer Typ* stand darauf.

Ich glaube, ich reagierte mehr auf die Art, wie sie es uns sagte, als auf die Information selbst. Ich hatte keine Ahnung, was das für eine Krankheit war, aber wenn Rena es nicht aussprechen wollte, war es nichts Gutes.

»Ist das gefährlich?«, fragte Anton.

Rena antwortete nicht.

»Was ist das genau?«, fragte ich.

»Googelt es bitte einfach, okay?«, sagte Rena.

Während Anton und ich über unsere Handys gebeugt dastanden, wurde mir abwechselnd kalt und warm. Ich las, dass es eine Art genetisch bedingte Bindegewebsschwäche war, die ursächlich kaum zu behandeln war, zur Überbeweglichkeit von Gelenken führen konnte, aber auch zu Problemen mit den Gefäßen. Und wenn das so war, wenn die Gefäße beteiligt waren, hatte das starke Auswirkungen auf die Lebenserwartung. Mein Hals wurde so trocken, dass ich mich instinktiv nach einer Flasche Wasser umsah. Anton sagte nichts.

»Ja, dann wisst ihr jetzt also Bescheid«, sagte Rena. Ihr Ton war nun wieder gefasst, als könnten wir jetzt einfach zum nächsten Tagesordnungspunkt übergehen. »Ist irgendwie ein bisschen ungünstig«, sagte sie. »Aber auf der anderen Seite: Hätte alles auch schlimmer kommen können.«

»Das ist jetzt aber wirklich kein Fall von ›Du musst dich zusammenreißen‹, Rena«, sagte ich. »Das ist ja schon …«

»Ja, ja, ich weiß«, sagte Rena. »Ich verarbeite das später. Das kann man nicht so schnell verarbeiten.«

Sie nahm den Kaminkehrer in die Hand und verbog ihm auch noch das zweite Bein. Dann bog sie beide Beine wieder nach unten und die Arme zu einer Art Siegespose. Ich wusste, dass sie das alles nur für uns tat, nicht weil sie selbst darauf

Lust hatte, sondern weil sie die unangenehme Stimmung im Zimmer auf jeden Fall auflösen wollte.

»Ach, Rena«, sagte ich.

»Ach, Josie«, sagte sie.

»Fuck«, sagte Anton.

Wir blickten uns an, und dann wandte jeder von uns den Blick ab. Es waren zu viele Fragen im Raum, und zu wenige Antworten.

»Also, dieses Ding«, sie zeigte auf ihren Hals, wo das Adergeflecht so stark hervortrat, »das soll ja wegoperiert werden. Aber bis dahin hab ich noch ein bisschen Zeit. Und ich glaube nicht, dass mich das vom Winterschwimmen abhält.«

»Bist du wahnsinnig?«, fragte Anton, aber Rena ging nicht darauf ein.

»Warst du in der Zwischenzeit eigentlich noch einmal baden?«, fragte sie.

Ich beobachtete sie genau, während ich erzählte. Ihre Augenbrauen hoben sich fragend. Zuerst sah es so aus, als würde sie mir nicht glauben, aber als ich bei dem Part angelangt war, an dem alles ganz leicht geworden war, fing sie an zu lächeln.

»Wisst ihr, was? Sobald ich raus bin, mache ich das auch«, sagte sie. »Egal, was die Ärzte sagen.«

»Wann ist die OP denn?«, fragte ich.

»Die müssen erst noch einen Spezialisten hinzubuchen, wenn ich das richtig verstanden habe«, sagte Rena. »Wahrscheinlich in zwei Wochen. Aber meine Lungenflügel sind jetzt auf jeden Fall stabilisiert. Glaube ich zumindest.«

Ich musste daran denken, wie es sich angefühlt hatte, die Erde unter meinen nackten Füßen zu spüren – erst krümelig, später, als ich gerade aus dem Wasser gekommen war, hatte sich eine braune Schlammspur an meinen Füßen gebildet. Ich bemerkte den Impuls, irgendetwas in diesem weißen, reinlichen Zimmer vollzuschmieren. Es war ein irrationaler Drang, das wusste ich, aber er blieb. Ich griff in die Topfpflanze und bohrte mit dem Finger ein wenig in der Erde. Dann malte ich damit einen Punkt auf Renas Stirn.

Rena sah entzückt aus.

»Lass uns zusammen verwildern«, sagte ich, und sie nickte begeistert.

Anton bemerkte, wir beide würden ihm immer unheimlicher und der braune Fleck auf Renas Stirn sei zwar eine nette Idee, aber in einem Krankenhaus habe es Sinn, wenn Dinge steril seien. Für den Fall, dass wir es nicht verstanden hätten.

Das wusste ich natürlich, aber aus mir unerfindlichen Gründen zog es mich immer mehr dazu, Dinge haptisch zu erfahren. Ich brauchte etwas, was nicht rational überlegt oder gesteuert werden oder die Erwartungen von anderen erfüllen musste. Ich wollte an etwas Wildem und Schönem teilhaben, einfach nur, weil ich es konnte. Ich wollte keine Dreißig-Prozent-weniger-Kalorien-Snacks oder Käse-fast-ohne-Fett-in-der-Trockenmasse. Ich wollte einfach nur ein bisschen leben, jetzt, und Spaß haben, ohne immer daran denken zu müssen, dass ich eigentlich etwas anderes zu erledigen hatte, etwas, was irgendwann relevant werden könnte, auch wenn es das jetzt definitiv noch nicht war. Plötzlich hatte ich Lust, Lee durch die Haare zu fahren, vom Scheitel Richtung Nacken, und den Übergang von seinen seidigen Haaren zur glatten Haut des Rückens zu spüren. In diesem Moment konnte ich mir nichts Wichtigeres vorstellen, und ich konnte mir auch nicht mehr vorstellen, dass ich jemals sauer auf ihn gewesen war.

»Ich muss los«, sagte ich zu Anton und Rena. Beide umarmte ich erst und klopfte ihnen dann herzhaft auf den Rücken, so fest, dass man hörte, dass innen in ihren Körpern ein Hohlraum bestand.

Ich fuhr erst zu mir und holte ein paar Sachen, dann mit

dem Fahrrad zu Lee und klingelte, aber er machte nicht auf. Später schrieb ich ihm einige Nachrichten, ohne jedoch eine Antwort zu bekommen. Ich wusste nicht, ob ich sauer sein oder Angst haben sollte.

*Wenn du reden möchtest, sag Bescheid*, schrieb ich ihm abends, und da antwortete er tatsächlich.

*Ist gerade nicht so gut*, schrieb er. *Ich melde mich.*

*Ich melde mich.* Ich war so sauer, als ich das las, dass ich aufstand und anfing, wahllos Gegenstände zu berühren. Ich fand es unfair, dass er mich in einer Position verharren ließ, in der ich nichts tun konnte, außer warten. Dabei wusste ich von der Sache mit Rena, dass das Leben manchmal genau darauf hinauslief: aufs Warten, auf das Warten auf ein Ende des Wartens, das Warten auf etwas Neues. Trotzdem war ich wütend.

Am übernächsten Tag bekam ich einen Brief von ihm. *Liebe Josie*, hatte er geschrieben und dann:

*Es tut mir so leid, es dir auf diese Weise zu sagen. Aber ich kann gerade einfach keine Beziehung führen, und nachdem es das ist, was du dir wünschst, wäre es nicht fair dir gegenüber, wenn du mit mir deine Zeit verschwendest, anstatt jemanden zu finden, der das Gleiche will bzw. dir geben kann, was du dir wünschst.*

Ich übersetzte für mich: »Es liegt nicht an dir, es liegt an mir.« Mein Puls beschleunigte sich.

Ich las weiter:

*Ich fühle mich, als hätte ich meine Seele verloren. Oder als wäre ich ein unbewohntes Haus, dessen Besitzer schon vor Jahrzehnten überstürzt aufgebrochen sind. Kein Strom, kein Licht, nur die Erinnerung daran, dass da*

*mal Leben war. Die Tapete ist von den Wänden gerissen, umgefallene Möbel und Spinnweben überall, da will niemand mehr wohnen, und ich will dich dorthin einfach nicht einladen. Aber ich habe auch kein anderes Haus.*
*Es tut mir wirklich leid, wenn ich dir Hoffnung gemacht habe, die ich jetzt nicht einlösen kann.*

Ich stellte mir vor, wie seine Hand schwer und warm in meiner lag. Dann dachte ich, dass er vielleicht seine Depression vorschob, um nicht auf mich eingehen zu müssen, sondern alles auf sich selbst schieben zu können. Vielleicht sagte er aber doch die Wahrheit, also seine Wahrheit.

*Ich weiß nicht, ob du das verstehst, ob man das überhaupt verstehen kann*, schrieb er weiter. *Ich bin einfach an einem Nicht-Ort, und du hast einen Ort im echten Leben verdient.*

Mein Herz fing an zu rasen. Ich ging in die Küche, trank einen Schluck Wasser und begann, mit zittrigen Händen einen Brief an ihn zu schreiben.

*Ich glaube nicht, dass du mir sagen kannst, was ich verdient und nicht verdient habe*, schrieb ich.

> *Ich hasse dich dafür, dass sich deine Stimmung ständig so krass ändert, ohne Anlass von außen, geht das überhaupt? Als wäre dein inneres Wetter kaputt. Ich hasse dich dafür, dass du so unzuverlässig bist und dass du so nett bist und mir das Gefühl gibst, dass ich das Einzige auf der Welt bin, das zählt. Wie schaffst du das? Und kannst du bitte damit aufhören? Komm einfach mal klar. Komm einfach mal klar!!!*

Ich zerknüllte den Brief und schrieb einen weiteren, der so freundlich war, dass er von ChatGPT hätte stammen können. *Danke für deinen Brief*, schrieb ich. *Kein Stress von meiner Seite,* schrieb ich mit zusammengebissenen Zähnen, *danke für die Zeit mit dir.*

*Fuck you*, fügte ich in Gedanken noch hinzu, dann schrieb ich: *Ganz liebe Grüße, Josie.*

Auf dem Weg zum Briefkasten bekam ich eine Nachricht von Rena.

*Wo bin ich?*, schrieb sie. Auf dem Bild ruhte ihr Finger erneut auf dem Welten-Flummi.

*Texas?*

*Antarktis*, schrieb Rena. *Alles ist weiß, die Luft so eisig, dass sie einem in der Lunge gefriert. Aber über mir ist der Himmel nachthell, schwarz und glitzernd.*

*Wenn du erfrierst, bringe ich dich um*, schrieb ich. Ich hatte etwas Freundlicheres schreiben wollen, aber dann war doch der Satz dabei herausgekommen.

*Hier ist man viel näher an den Sternen*, schrieb Rena. *Bin warm angezogen.*

*Komm doch mal nach Deutschland*, schrieb ich. *Komm doch mal zu mir.*

*Welten-Flummi sagt Nein*, schrieb Rena. *Aber ich komme bald, versprochen!*

# 14

Drei Tage später wurde Rena aus dem Krankenhaus entlassen, obwohl die Schwellung an ihrem Hals größer geworden war, und sie behauptete, es sei kein Problem, baden zu gehen.

Anton sah das nicht so und versuchte, das Ganze zu verhindern, schaffte es aber trotz größtmöglichem Einsatz kluger Sprüche nicht.

»Ich will spüren, dass ich noch lebe«, sagte Rena irgendwann zu ihm. »Du kannst dagegen sein, aber du kannst mich nicht davon abhalten.«

Selbst ich fand es unvernünftig, aber auf der anderen Seite waren die vernünftigsten Entscheidungen in meinem Leben bei genauer Betrachtung nicht gleichzeitig auch die besten gewesen. Möglicherweise war ich aber auch schon komplett abhängig von dem High, das mich jedes Mal nach dem Baden erfasste. Als wir es zum ersten Mal versucht hatten, waren Rena und ich nicht ins Wasser gekommen. Dass ich es mittlerweile geschafft hatte, schien sie anzuspornen. Sie erhoffe sich dadurch mindestens spirituelles Wachstum, sagte sie zudem scherzhaft. Wenn man mir zuhöre, klinge es ja wirklich fast wie ein Gotteserlebnis.

Wir standen für unsere Verhältnisse extra früh auf, also um sieben, und als wir um halb acht am Fluss ankamen, lag noch Nebel über der Wasseroberfläche. Man sah, dass es ein schöner Tag werden würde: hellblauer Himmel, diesig mit ein paar Wolken, aber klar und freundlich. Anton war mitgekommen, »zur moralischen Unterstützung«, wie er behauptet hatte. Eigentlich war er zum Aufpassen da, das war offensichtlich.

Als ich Rena beim Ausziehen zusah, erschrak ich: Sie hatte abgenommen, ihre Haut wirkte noch durchsichtiger als sonst, ihre Rippen zeichneten sich viel deutlicher ab als beim letzten Mal. Als ich sie darauf ansprach, sagte sie nur, der Schreck im Krankenhaus habe ihr den Appetit ein wenig verdorben, aber wenn man mir Glauben schenken könne, bekäme man vom Eisbaden ja ganz schön Hunger.

»Aber du brauchst auch etwas, was du der Kälte entgegensetzen kannst«, sagte ich und wusste plötzlich, dass es stimmte. So hatte ich es bisher noch gar nicht gesehen. Meine Haut war nach dem Schwimmen immer krebsrot gewesen – vor allem an den Stellen, die andere so oft als »weich« gelobt hatten.

Ich nahm mir vor, beim Baden noch mehr auf Rena zu achten, als ich es ohnehin vorgehabt hatte. Ich hatte heißen Tee in einer Thermoskanne dabei, zwei Becher und zwei Bananen sowie Schokoriegel.

Das andere Ufer des Flusses schien weit weg zu sein, hinter der glatten Wasseroberfläche ragte es steil nach oben, und wenn man mich fragte, gehörte es zu einer anderen Welt. Im Frühjahr wuchsen dort keine Bäume, nur hohes, wildes Gras, während es auf »unserer« Seite, dort, wo wir immer einstiegen, auf den Wiesen plötzlich eng wurde, weil die neuen Blätter und Knospen und Äste Platz brauchten. Es war malerisch, aber es war auch viel: optisch viel, so viele Details, die man zu einem Gesamtbild zusammensetzen musste. Im Fluss war dann plötzlich nichts mehr. Eine Fläche. Ein paar Glitzereffekte. Das war es. In dieses Blau einzutauchen, hieß auch, Dinge wegzulassen, um sich ganz einer Sache zu widmen.

Jetzt im Winter konnte man durch alles hindurchsehen. Nichts versperrte einem die Sicht. Das Gras war fahl, direkt am Flusslauf sah man die Erde durchschimmern, und die Bäume und Sträucher hatten ihren Umfang durch die fehlenden Blätter merklich verkleinert. Das Wasser reflektierte das helle Blau des Himmels.

Ich begann, mich ebenfalls auszuziehen, und hängte meine Klamotten an den Zweig eines Baumes. Meinen Bikini trug ich bereits darunter.

»Willst du zuerst reingehen?«, fragte ich Rena. Sie würde bestimmt kürzer drin sein als ich, und wenn irgendwas wäre, würde ich sie retten. Meine Kräfte wären noch unverbraucht, denn die Kälte ließ die Muskeln nach und nach schwächer werden; ich war eine gute Schwimmerin, und Rena war leicht.

Rena nickte und ging einen Schritt in Richtung Fluss. Er lag heute still und glatt da, es war kaum zu sehen, in welche Richtung er floss. Kurz bevor sie den ersten Fuß ins Wasser setzte, drehte sie sich noch einmal zu mir um. Ich nickte ihr aufmunternd zu. Sie ging mit raschen Schritten Richtung Flussmitte und blieb an derselben Stelle stehen wie letztes Mal.

»Geht's dir gut?«, rief ich.

»Es ist ... schon kalt«, sagte sie.

»Ich würde tief Luft holen und dann eintauchen!«, rief ich. »Und dann musst du nur ein bisschen warten, dann wird es wieder warm!«

»Sicher?«, rief Rena, und ich rief ihr zu, sie solle nichts machen, was sie nicht selbst wolle, aber ich könne brusttiefes Eintauchen nur empfehlen.

Sie zögerte tatsächlich noch fast eine Minute. Ich sah auf mein Handy. Dann aber wagte sie es. Sie holte tief Luft und ging in die Hocke, sodass das Wasser ihr bis zu den Schultern reichte. Sie atmete schnell, und ich zählte mit: Sie blieb genau zwei Sekunden im Wasser, dann stand sie auf und kam auf mich zugewatet.

Anton wirkte erleichtert. Ich hüpfte mittlerweile auf der Stelle, um warm zu bleiben. *Ich hätte mich nicht vorher ausziehen sollen*, dachte ich diffus, aber das war jetzt auch egal. Rena war im Wasser gewesen, sie lebte noch, sie sah glücklich aus, und ich würde auch gleich reingehen. Als Rena an mir vorbei zu unseren Sachen ging, klatschen wir uns kurz ab. Dieses Mal ging ich schnell und bestimmt ins Wasser.

Als ich fast in der Mitte des Flusses angelangt war und mir das Wasser bis zum Bauch ging, fing mein Herz an zu stolpern. Die Haut an meinen Beinen brannte, aber es war nur ein vorsichtiges Brennen, kein gewaltsames. Die Kälte war so gleichmäßig, dass ich sie fast ausblenden konnte. Am Oberkörper fror ich mehr. Die Härchen an meinen Armen hatten sich aufgestellt, sie gingen in den Morgennebel über. Ich versuchte, in mir ein Gefühl der Wärme zu erzeugen, mit Blick auf den weißen Dunst über dem Wasser und die kahlen Bäume am Flussufer. Es gelang mir nicht, alle Farben signalisierten mir Kälte, und ich drehte mich in die andere Richtung – dort kämpfte sich die Sonne gerade hinter einer Baumgruppe hervor. Die ersten Strahlen schienen schon durch. Ich konzentrierte mich auf die Lichtreflexe, bis mein Herz wieder rhythmisch schlug. Dann tauchte ich bis zu den Schultern unter.

Der Temperaturschock rollte über mich hinweg wie eine Welle und nahm wie immer alles mit, was vorher da gewesen war. In meinen Händen und Füßen nistete sich ein altbekannter Schmerz ein, doch dieses Mal musste ich an meine Kindheit denken – an den Moment, wenn man vom Schlittenfahren auf dem Nachhauseweg ist und die Füße bei jedem Schritt von Nadeln durchstoßen zu werden scheinen. Ich glaube, mir gefiel dieser Schmerz nicht nur, weil er nach dem Aufwärmen schnell verschwinden würde. Ich mochte ihn auch, weil er mir verlässlich erschien, mindestens so verlässlich wie die Freundschaft mit Rena – vielleicht auch, weil er von außen kam, und nicht aus mir selbst.

Einen Moment lang spürte ich die Kälte wie Panik im Körper. Nicht im Kopf, aber im Körper. Aber ich blieb, wo ich war, und das Gefühl von Panik verschwand wieder. Stattdessen breitete sich ein leichtes Kichern in mir aus. Meine Mundwinkel hoben sich, plötzlich war alles leicht und klar und einfach, es war unnötig gewesen, sich jemals Sorgen wegen irgendetwas gemacht zu haben. Meine Gedanken waren so still wie der Fluss, eine helle, glatte Fläche.

Ich schwamm flussaufwärts, wo die Bäume Schatten auf das Wasser warfen. Inmitten der dunklen Farbnuancen meinte ich, einen Temperaturabfall zu spüren. Dann drehte ich um – und entdeckte hinter mir, dass die Sonne nun ganz hinter der Baumgruppe hervorgekommen war. Das Wasser war honigfarben, ich inmitten nicht endender Lichtreflexe, es war ein regelrechter Rausch, und ich konnte nicht aufhören zu schwimmen, bis mich die Kraft in den Armen verließ und ich mich mit unsicheren Schritten zurück ans Ufer tastete.

Als ich mich abtrocknete, sah ich, dass meine Haut krebsrot war. Ich spürte nicht, wo an meinem Körper das Handtuch gerade war, ich konnte es nur sehen. Es war, als würde ich die Haut einer Fremden trocken reiben. Dasselbe beim Anziehen: Meine Zehen verhedderten sich in den Hosenbeinen, ich brauchte gefühlt Minuten, um die Füße endlich hindurchzubekommen, aber es war mir egal. Ich war high vom Wasser. Mir war auch egal, wer mich beim Umziehen sah. Fremde Blicke tangierten mich nicht mehr, weil ich selbst so damit beschäftigt war zu sehen. Ich fühlte mich, als wäre ich überall und gleichzeitig nirgendwo, vielleicht ein Teil des Flusses, der immer weiterfloss und dem auch kein fester Platz zustand.

Aus den Augenwinkeln sah ich, dass Rena so zitterte, dass

sie sich kaum anziehen konnte. Ihre Lippen waren blass, und als sie versuchte, mich anzulächeln, hielt sich das Lächeln nicht in ihrem Gesicht. Doch in ihren Augen lagen eine Ruhe und eine Euphorie, die davor nicht da gewesen waren. Ich konnte nur noch nicht abschätzen, ob es bei ihr der Stolz war, es gewagt zu haben, oder ob sie genauso von Glückshormonen durchflutet war wie ich.

Danach gingen wir zu mir und machten uns Backofen-Pommes. Wir aßen mit den Fingern, gierig und voller Genuss, und am Ende lief Anton noch einmal los und kaufte eine weitere Packung. Die goldenen Pommes schienen mir das Beste zu sein, was ich jemals gegessen hatte, nahezu ein Wunder der Lebensmittelindustrie. Mir war bewusst, dass ich übertrieb, denn sogar das Licht, das aus dem Backofen zu uns drang, erschien mir in diesem Moment überirdisch, aber das war mir egal. Ich war da, wo ich gerade war; das Leben war gut.

»Weißt du, was mir am besten gefallen hat?«, fragte Rena.

»Nein?«

»Dass sich die Zeit so angenehm gedehnt hat«, sagte sie. »Und dass es irgendwie so ... überflüssig war.«

»Wie, überflüssig?«

»Ich meine, wir hätten das ja nicht machen müssen«, sagte Rena. »Es war irgendwie zweckfrei, und das war schön. Ich meine, wir können uns das nicht in den Lebenslauf schreiben oder so.«

»Dass du gerade das so positiv hervorhebst, verrät auch schon einiges«, sagte ich und prostete ihr mit einem Becher Tee zu.

»Ich möchte in Zukunft mehr zwecklos irgendwo herumhängen«, sagte sie. »Ich hasse es, dass immer alles einen

Zweck haben muss, weil dieser Zweck am Ende doch meistens darauf hinausläuft, dass man sein Geld vermehren soll, oder?«

»Wir haben doch gar kein Geld«, sagte ich schlaftrunken.

»Eben«, sagte Rena. »Und wenn es so weitergeht mit mir, wird das auch nichts mit dem Geldverdienen. Aber ist mein Leben deshalb weniger wert?«

Die Frage war so rhetorisch, dass ich darauf nicht antwortete.

Als Rena und Anton wieder gegangen waren und ich mein Schwimmzeug über der Badewanne zum Trocknen aufhängen wollte, fielen ein bisschen Laub, ein abgebrochenes Stöckchen und einige Kieselsteine herunter. Ich setzte mich auf den Badewannenrand, nahm das Stöckchen und fuhr mit ihm leicht auf meinem linken Arm auf und ab. Erst so leicht, dass es kitzelte, dann fester, sodass ich rote Linien sah.

Dann schloss ich meine Finger fest darum, als würde ich die Hand von jemandem halten. Ich musste an Lee denken – den ich vermisste und dem ich gleichzeitig die Meinung sagen wollte. Doch schließlich lenkte mich ein anderer Gedanke ab. Es war, als würde der Fluss durch mich hindurchfließen und mich zu einem anderen Menschen machen. Meine Emotionen trieben an mir vorbei und wurden dann durch neue ersetzt; nichts war mehr richtig wichtig, weil nichts mehr von Dauer war und das nächste High garantiert.

In diesem Moment gefiel es mir, aber ich wusste auch, dass es auf Dauer gefährlich sein konnte – als hätte ich plötzlich die Weltsicht einer Drogenabhängigen.

# 15

Drei Tage später lief ich Lee an der Uni über den Weg, wir wurden beide langsamer, als wollten wir einander etwas Bestimmtes sagen, aber keiner von uns wusste, wie wir das tun sollten, und so grüßten wir uns am Ende nur verlegen und gingen einfach weiter. In diesem Moment vermisste ich ihn so sehr, dass ich mich fühlte, als sei ich an zwei Orten gleichzeitig: bei ihm und bei mir.

Am Abend bat ich Rena, bei mir zu übernachten. Ich machte angebratenen Chicorée, der mit Käse und Schinken gefüllt war; das Gericht hatte meine Mutter oft gekocht, und ich hatte es schon lange nicht mehr gegessen. Rena lobte das Essen, aber bei mir schien es sich im Bauch auszudehnen, und ich speicherte es im Kopf ab unter »Gerichte, die ich nicht mehr zubereiten will«.

Nachts fiel es mir schwer einzuschlafen. Rena seufzte leise im Schlaf, ich drehte mich von einer Seite auf die andere. Mir war es plötzlich zu warm, die Gedanken an den Fluss verblassten, und ich sagte mir mantrahaft vor, dass ich mich irgendwann eins fühlen würde mit mir, dass ich gleich einschlafen würde, ich müsse nur noch ein wenig warten, dass dieses Warten normal war und das Leben selbst. Dennoch war ich traurig und zerpflückte mehrere Taschentücher, die immer neben meinem Bett lagen, und als ich am nächsten Morgen aufwachte, war ich umgeben von weißen Streifen aus Cellulose.

Rena war schon aufgestanden und erwartete mich in der Küche. In der Hand hielt sie eine Kaffeetasse, auf dem Tisch stand eine weitere, von der ich annahm, dass sie für mich gedacht war. Erst als ich ihren erwartungsvollen Blick sah, erinnerte ich mich: Es war der Tag, an dem das Symposium stattfinden sollte. Sie fragte nicht, ob ich mitkommen wolle, weil das sowieso klar war. Wir sprachen während des Frühstücks nicht viel, aber ich meinte, Rena ansehen zu können, dass sie hin- und hergerissen war zwischen dem Wunsch, etwas zu sagen, was sie für wichtig hielt, und dem Wunsch, einem unbekannten Publikum zu gefallen.

Die Veranstaltung fand in einem Nebengebäude statt, das mehr nach Tagungszentrum als nach Uni aussah und mit hellgrauem Teppichboden ausgelegt war, der die Geräusche von hohen Absätzen mühelos tilgte. Man begrüßte sich gegenseitig höflich und erkundigte sich nach den Forschungsinteressen des Gegenübers.

Ich konnte mich problemlos unter die Zuhörer:innen schmuggeln, auch wenn Veranstaltungen dieser Art eigentlich Forschenden vorbehalten waren. Aber entweder fiel ich niemandem auf, oder es traute sich niemand, etwas zu sagen.

Renas Chefin trug an diesem Tag eine Hochsteckfrisur, die ihre eigene Konstruktion geschickt verbarg. Auch Nikki war da. Ich hatte sie zunächst nicht erkannt, weil sie ein marineblaues Kostüm anhatte und sich einen hochmütigen Gesichtsausdruck geschminkt hatte. Als ich ihr zuwinkte, winkte sie jedoch begeistert zurück.

Rena verschwand, um Kaffee zu kochen. Um zehn Uhr gingen alle in einen Konferenzraum, in dem die Tische und Stühle u-förmig aufgestellt waren. Der erste Vortrag sollte den Roman von Zola thematisieren, über den ich meine Masterarbeit schrieb, genauer gesagt, ging es um die Verschränkung von

Konsum und Weiblichkeit im Text. Ich fand ihn so interessant, dass ich darüber fast vergessen hätte, dass Rena heute ihre Ehrlichkeitsoffensive starten wollte.

»Die Damenwelt, die in Mourets schönen Stoffen und Kleidern metonymisch ihren idealen Körper aufzufinden meint – seidenartige Haut statt: hautfarbene Seide«, sagte die Vortragende, »fällt einer Konsumlogik zum Opfer, die die Konsumentinnen gleichzeitig zu Konsumierten macht.«

Rena stand auf und ging, ohne ein Wort zu sagen, raus. Zwei Minuten später kam sie wieder, mit einer Tasse dampfenden Kaffees in der einen und einer großen Tafel Schokolade in der anderen Hand. Sie biss noch im Stehen herzhaft in die Schokolade, dann setzte sie sich und zog die Schuhe aus. Es schien nur eine kleine Überschreitung der Norm zu sein, aber ich wusste genau, worauf Rena hinauswollte. Es war klar, dass ihre Aktion nicht zum Vortrag gehörte, dennoch fuhr die Rednerin einfach fort. Das war für mich das Erstaunlichste: Sie hielt offenbar an der Hoffnung fest, dass die Etikette wiederhergestellt werden konnte, wenn sie die Störung einfach ignorierte.

Auf der anderen Seite des Zimmers stand nun Nikki auf, ging zum Fenster und öffnete es. Dann legte sie sich darunter auf den Boden. Die Rednerin fuhr auch jetzt einfach fort. Nur ihr Blick flackerte leicht. Das war für mich das einzige Zeichen, dass sie die Störung wahrgenommen hatte. Mir tat sie ein bisschen leid.

»Die Waren des Kaufhauses scheinen das zu besitzen, was ihre Kundinnen ausmachen sollte: lebendige Weiblichkeit. Diese zu erwerben kostet die Frauen, zumindest in der Bildsprache Zolas, jedoch das Leben; sie werden vom riesigen Kaufhaus verspeist.«

»Und wisst ihr«, sagte Rena mit vollem Mund. »Das ist ja wohl wirklich das Problem. Vielleicht unterwerfen wir uns alle zu sehr, und dann bleibt eben nichts mehr von uns übrig.«

Es klang ein bisschen zu theatralisch, und um ein Haar hätte ich gelacht. Nikkis Mundwinkel zuckten ebenfalls. Noch immer schritt niemand ein. Vielleicht lag es daran, dass die meisten Anwesenden Rena kannten, oder an ihrer deutlich sichtbaren Schwellung am Hals, die so auffällig war, dass sie Krankheit symbolisierte.

»Ich bin mir zum Beispiel ziemlich sicher, dass irgendjemand von euch« – das »Du« kam ihr ganz selbstverständlich über die Lippen – »gerade Hunger hat oder Kopfschmerzen«, fuhr Rena fort. »Man hat doch ständig Kopfschmerzen, wenn man den ganzen Tag am Schreibtisch sitzt. Ich meine, wir unterdrücken unseren Körper, weil wir nur Gedanken wertschätzen, aber glaubt mir: Die Gedanken werden dadurch nicht besser.«

Ich fragte mich, woher sie das wissen wollte, und vor allem fragte ich mich, ob ich nun auch etwas tun sollte, um sie zu unterstützen, aber mir fiel nichts ein.

»Ich finde, es ist wichtig, man selbst zu sein«, sagte Rena. »Und das nicht nur zwei Stunden am Tag. Also, wenn ihr Hunger habt, ich habe was für euch dabei.« Sie deutete auf ihren Rucksack. Dann leerte sie ihn einfach über dem Tisch aus. Heraus fielen Smarties und Lions und geröstete Nüsse und weitere Packungen, die ich nicht richtig zuordnen konnte. Rena wusste natürlich, dass es bei einem Symposium immer auch etwas zu essen gab, rechnete aber vielleicht damit, dass ihre Süßigkeiten besser ankämen.

»Oder wenn ihr Lust habt, etwas zu malen, ich habe im Foyer Stifte hingelegt«, fuhr sie fort. Anscheinend war sie der Meinung, dass die Forschenden aus der Romanistik im Grunde die gleichen Interessen hatten wie Kinder: sich ein bisschen bewegen, Süßigkeiten essen, malen.

Nikki holte einen kleinen Ball aus ihrer Tasche, den sie Rena zuwarf. Rena fing ihn und warf ihn mir zu. Mein Körper reagierte, als wären wir gerade in einem Mannschaftsspiel: Ich fing den Ball und warf ihn sofort an irgendjemand anderen aus dem Publikum weiter. Zu meinem Erstaunen wurde der Ball mit leisem Kichern aufgefangen und dann sofort weitergeworfen. Man konnte fast sagen, dass wir Spaß hatten. Doch irgendwann fing ihn die Rednerin, und sie warf ihn nicht weiter.

Hier begann die Stimmung zu kippen. Renas Dozentin forderte sie auf, den Raum zu verlassen, und Rena sagte, klar, aber eine Sache habe sie ihr immer schon sagen wollen: Sie hasse Leute, die ihre Launen an anderen ausließen, und sie hasse es, dass man diesen Leuten ausgeliefert sei, weil man am Ende von ihnen benotet werde, Stichwort hierarchisches System und so weiter. »No offense«, sagte sie dann. »Hat jeder sein Päckchen im Leben zu tragen.«

Damit ging sie aus dem Saal.

»Ich weiß auch nicht«, sagte Rena später zu mir. »Vielleicht war es nicht radikal genug.«

»Aber es ging dir doch gar nicht um Radikalität«, sagte ich. »Es ging dir doch um Ehrlichkeit.«

Rena nickte, als habe sie sich an etwas erinnert, und lächelte versonnen. Sie hatte durchgeführt, was sie hatte durchführen wollen, allein das zählte. Sie hatte sich nicht davon abschrecken lassen, dass sie danach bei ihrer Professorin durch war. Ihre Promotion wollte sie ja sowieso aufgeben.

Für mich war die Sache allerdings ein wenig zweischneidig. Auf der einen Seite beneidete ich Rena um ihre Entschlossenheit, auf der anderen sah ich mit Sorge, dass sie bereit war, alle Brücken abzubrechen. Ich fragte mich, ob das ein böses Omen war.

Rena hatte nun noch zwei Wochen bis zu ihrer OP, und die wolle sie nutzen, sagte sie, als wir gemeinsam in meiner Wohnung frühstückten. Sie sagte es, als sei die Operation ihr Ende, aber nach allem, was sie bereits überstanden hatte, glaubte ich nicht daran. Ich verstand es eher so, als wollte sie noch einmal eine schöne Zeit haben, inklusive potenzieller Unvorhersehbarkeiten und Wind in den Haaren, bevor sie wieder im Krankenhaus lag.

Wir verbrachten jede freie Minute miteinander. Sie kam sogar mit mir zur Uni, obwohl sie dort gar nichts mehr zu tun hatte. Während ich im Seminar saß, war sie entweder in der Mensa, trank Kaffee und beobachtete die anderen Student:innen oder zeichnete Bäume, oder sie saß in der Bibliothek und las Bücher aus dem neunzehnten Jahrhundert, die sich mit Dämmerungszuständen, der Bewunderung der Ursprünglichkeit der Natur oder aber der Sehnsucht nach der Verschmelzung mit jemand anderem auseinandersetzten. Es war eine unzeitgemäße Lektüre, die ihr aber umso mehr gefiel, als sie sich, wie sie sagte, nun richtig gut mit Thoreau, Goethe und Poe verstehe; sie seien quasi alle per Du.

Außerdem, hatte Rena ergänzt, sei ihr bislang nicht klar gewesen, wie introvertiert sie gewesen war. Es sei so schön, auf nichts reagieren zu müssen, einfach nur da zu sein und still jemand anderem in seinen Gedanken zuzuhören.

Ich wusste erst nicht, ob sie damit das Lesen meinte, doch irgendwann schrieb sie es tatsächlich auf einen Zettel und hängte ihn an meine Wand: *Still sein und jemand anderem in seinen Gedanken zuhören: Lesen.*

Es konnte natürlich auch sein, dass sie nur deshalb ihre introvertierte Seite entdeckte, weil sie nicht mehr so viel Energie hatte wie früher. Vielleicht lag es auch am Fieber, das Rena ein paar Tage nach unserem Badeabenteuer bekommen hatte. Es hatte nur einen Tag gedauert, und wir hatten beschlossen, weder Anton noch Renas Mutter etwas davon zu sagen. Ich war zu ihr gefahren und hatte ihr eine Hühnersuppe gekocht; wir hatten ein paar Stunden lang Serien angeschaut, und Rena war neben mir eingeschlafen. Ich hatte ein schlechtes Gewissen, und trotzdem weigerte sich etwas in mir, einzusehen, dass das kalte Wasser daran schuld gewesen sein sollte. Das Wasser war das Wasser, und wir waren einfach zu früh dran gewesen. Es war nicht falsch gewesen. Nur zu früh.

Wenn ich daran zurückdachte, wie das kalte Wasser mich von allen Seiten umschlossen hatte, spürte ich immer noch eine zittrige Erwartung in mir. Die Vorfreude schwebte wie eine kleine weiße Wolke über mir und verfolgte mich überallhin.

Ansonsten erschien mir Rena kaum verändert. Ich hatte nur den Eindruck, dass ihre Augen ein wenig heller waren als sonst und ihr Blick intensiver als vorher, aber vielleicht bildete ich mir das auch ein. Außerdem widmete sich Rena nicht nur leisen, kontemplativen Tätigkeiten. Sie ging mit Nikki, Anton und mir Pizza essen, und ich hatte den Eindruck, dass Rena und Nikki sich vielleicht eine Millisekunde zu lang anschauten, aber auf eine gute Art. Während alldem hatte ich das Gefühl, dass die Zeit schneller verging als normal. Es war wie ein Countdown zu etwas Neuem, von dem man noch nicht wusste, was es war. Wir waren unruhig, Anton war möglicherweise noch am enthusiastischsten, weil er Renas Aneurysma »loswerden« wollte, wie er sagte. Er wollte es hinter sich haben. Das Problem war nur, wie Rena andeutete, nicht das Aneurysma, sondern dass etwas dahinterstand. Es entstehe nicht ohne Grund, sagte Rena. Sie habe nicht nur Pech. Es stecke eine Struktur dahinter.

»Wie meinst du das: Struktur?«, fragte Anton.

»Ehlers-Danlos meint sie«, sagte ich. »Das ist doch vererbt.«

»Mein Vater hatte es auch«, sagte Rena. »Und er ist ja nicht so alt geworden.« Sie sagte es wie etwas, das das Potenzial hatte, die Beschaffenheit der Zeit zu verändern, nicht in unserem, aber in ihrem Leben – als würde dadurch alles langsamer und wichtiger.

Am Donnerstag war der letzte Tag vor der Operation. Rena sollte am Abend im Krankenhaus einchecken, und wir hatten uns um 17 Uhr noch einmal auf einen schnellen Umtrunk bei ihr verabredet. Morgens schien die Sonne, es war ein eisiger, blendend heller Tag, und als ich bei meinem Spaziergang im Park Eis unter meinen Füßen knacken hörte, war mir klar, dass ich unbedingt schwimmen gehen musste. Ich hatte mich schon länger gefragt, wie es wohl wäre, bei so klirrender Kälte im Fluss zu sein. Wie würde es sich anfühlen? Was würde mit mir passieren? Am liebsten wäre ich in einem See geschwommen, weil dort die Chance bestand, dass er zu- oder zumindest angefroren war. Allerdings war der nächste See zu weit entfernt, das würde ich heute nicht schaffen. Ich beschloss daher, noch einmal nach Hause zu gehen und meine Schwimmsachen zu holen.

Auf dem abermaligen Weg zum Fluss knirschte und raschelte es unter meinen Füßen; alles, was in den letzten Tagen zu Boden gefallen war, hatte eine eigene Tonfrequenz und hob sich hell vor der dunklen Erde ab. Ich bückte mich und hob ein Ahornblatt auf. Es war blutrot und sah aus, als wäre es von pochenden Adern durchzogen.

Am Fluss zog ich mich sofort aus. Die kühle Luft, die mir entgegenschlug, überraschte mich nicht mehr. Ich war die

Kälte inzwischen gewohnt, ich war bereit, und alles, woran ich denken konnte, war der Moment, in dem alles aufhörte.

Ich dachte, ich wüsste, was mich erwartete, aber an diesem Tag war das Wasser anders. Die Strömung war schneller, und ich spürte schon nach wenigen Sekunden einen scharfen Schmerz in den Füßen, der stärker war als die Tage davor.

Ich watete ein wenig weiter, bis mir das Wasser bis zur Taille ging, wie ich es gewohnt war. Die Sonne verdunkelte sich; aber es handelte sich nur um eine schnell vorüberziehende, provisorische Wolkendecke, die rasch wieder aufbrach. Dahinter kam helles Blau zum Vorschein. Der Sonnenschein auf meiner Haut fühlte sich kalt und warm gleichzeitig an. Dann holte ich tief Luft und tauchte unter. Es war schwierig, auf der Stelle zu bleiben und nicht fortgespült zu werden. Ich musste mich schräg nach vorn lehnen und mich in den Sand unter meinen Füßen stemmen, den ich zum jetzigen Zeitpunkt schon nicht mehr richtig spürte. Ich hörte mich selbst laut und hektisch atmen, aber mir war alles egal. Mein Moment würde kommen. Das Wasser vor mir glitzerte. In meinen Händen spürte ich nun ebenfalls Stiche. Es fühlte sich an, als hätte jemand die Blutzufuhr ab meinem Handgelenk gedrosselt.

Als ich endlich wieder ruhiger atmen konnte und das Gefühl von Panik verebbt war, stieß ich mich vom Boden ab und schwamm gegen die Strömung, flussaufwärts. Heute kam ich kaum voran. Meine Haut brannte, und ich wusste nicht, ob ich noch einen Körper hatte oder nicht, vielleicht hatte ich auch keinen mehr, aber die Gedanken in meinem Kopf waren plötzlich von einer großen Leichtigkeit und Freude – und minimal klein. In mir war plötzlich alles klar. Ich sah, wie meine Hände die Wasseroberfläche vor mir teilten. Ich sah Blätter und Zweige an mir vorbeischwimmen. Ich spürte, wie die Muskelkraft in meinen Armen nachließ, und das alles war mir egal.

Ich glitt ohne Widerstand durch das Wasser, das war das Einzige, was zählte. Mein Kopf war leer, der Schmerz in meinen Händen und Füßen besaß einen scharf umgrenzten Rand. Ich wusste, dass er wieder verschwinden würde, zurück ins Wasser, dorthin, wo er herkam: ins reißende Grau, das an einem Wintertag genauso abweisend aussah wie an einem bewölkten Sommertag. Die Strömung war so stark, dass alles sofort von ihr wegtransportiert wurde: egal, was, egal, wohin. Ich wollte spüren, dass ich irgendwo anfing und irgendwo endete, so, wie Geschichten irgendwo anfingen und endeten. Ich sehnte mich nach einer gewissen Folgerichtigkeit, die ich nur spüren konnte, wenn ich mich als Ganzes wahrnahm – als etwas, das ein inneres Leben hatte, das man von außen nicht sehen konnte.

Erst als sich mein Gesichtsfeld verengte und ich das Gefühl hatte, nicht mehr zu wissen, ob ich träumte oder wirklich da war, begriff ich, was gerade passierte. Ich musste möglichst schnell zurück ans Ufer. Es war wie ein letztes rationales Aufbäumen gegen das irreale Gefühl in meinem Kopf. Weil ich die ganze Zeit gegen die Strömung geschwommen war, musste ich mich eigentlich nur zurück zu der Stelle treiben lassen, von der aus ich gestartet war und an der meine Sachen am Ufer lagen. Aber die Kälte kroch mir in den Kopf und in alles, was ich sah. Mein Herz schlug so schnell, dass ich den Rhythmus selbst kaum noch hörte. Mein Körper schien mehr und mehr dem Wasser zu gehören.

Mit letzter Kraft mache ich noch einige Schwimmzüge; dann war ich wieder in dem Bereich des Flusses, wo ich stehen konnte. Es war schwer, das Gleichgewicht zu halten. Mir war schwindelig.

Schließlich kroch ich ans Ufer und legte mir das Handtuch um die Schultern. Ich spürte es kaum. Ich fror von innen heraus, mein Oberkörper schien sich mit Wasser vollgesogen zu haben und war so viel kälter als die Herbstluft. Mein Atem ging so schnell, dass ich kaum hinterherkam mit Luftholen. Plötzlich fiel mir jede Bewegung unendlich schwer. Ich lehnte mich gegen einen Baum und versuchte, ein paar Schlucke aus meinem Thermosbecher zu trinken, aber ich schaffte es nicht, ihn zu öffnen, weil ich meine Hände nicht mehr spürte. Ich setzte den Becher ab und lehnte ihn gegen einen Baum. Mir war übel, und ich hatte keine Ahnung, wie ich mich jemals wieder anziehen sollte.

Irgendwie schaffte ich es, mein Handy aus der Manteltasche zu holen. Aber meine Finger waren zu steif und zu kalt, und ich konnte es nicht entsperren. Ich nahm die Hände vor den Mund und pustete ein wenig, versuchte es erneut – nichts. Erst nach mehreren Versuchen gelang es mir, die Sprachsteuerung zu aktivieren, und schließlich Rena anzurufen, aber sie ging nicht ans Telefon. Dann versuchte ich es bei Lee, ich konnte mich kaum mehr konzentrieren.

»Ja?«, sagte er, als hätte er einen Anruf erwartet und wisse noch nicht, wer am Telefon war.

»Hey, hier ist Josie«, sagte ich. Die Muskeln an meinen Lippen schienen verzögert zu reagieren, und ich musste langsam sprechen.

»Was ist los mit dir?«, fragte Lee alarmiert. »Wo bist du?«

»Im Park«, sagte ich. »Bei meiner Schwimmstelle. Ich bin ein bisschen durch den Wind. Sorry, dass –«

»Wo ist die Schwimmstelle genau?«, fragte Lee. »Oder nein, warte, ich glaube, ich weiß, wo du meinst. Ich bin gleich da.«

Dann legte er auf.

Ich fühlte nichts. Mein Blick fiel auf eine Banane, die aus meinem Rucksack schaute. Es hatte auf mich ungefähr den gleichen Effekt, als wäre in meinem Rucksack gerade die Sonne aufgegangen und würde mich mit goldenem Licht anstrahlen. Ich versuchte, die Banane in die Hand zu nehmen und zu öffnen. Am Ende biss ich einfach den oberen Teil ab und quetschte das Fruchtfleisch heraus. Mit dem Zucker ging es mir sofort besser.

Trotzdem fing ich an zu zittern. Es traf mich unvorbereitet und übermannte mich völlig. Meine Lippen, Arme und Beine machten, was sie wollten. Ich ließ die Banane fallen und versuchte, mich zu konzentrieren, aber meine Gedanken drifteten immer wieder ab. Ich hatte den Eindruck, dass ich den Zugang zur Zeit verlor. Ich hätte nicht mehr sagen können, wie lange ich schon aus dem Wasser war, wie spät es war, ob ich jemals etwas anderes gemacht hatte, als zitternd neben einem Flussufer zu liegen.

Über mir trieben in sich verwirbelte Wolken hinweg. Hinter ihnen wurde das Blau des Himmels nach und nach dunkler. Ich schloss die Augen. *Nur ein paar Sekunden*, dachte ich. *Nur kurz ausruhen.* Aber die Unruhe in mir war zu groß. Mein Körper zitterte, meine Haut war nass, es klebten Erde und Blätter daran, und es war, als wollte sich die Spannung meines ganzen bisherigen Lebens jetzt und hier materialisieren – der Schmerz, einen Körper zu haben, über den man so wenig ehrlich reden durfte, der gleichzeitig aber das Einzige von einem war, das konstant kommentiert wurde, während man versuchte, irgendeiner äußeren Form zu entsprechen, die man sich definitiv nicht selbst ausgedacht hatte. Ich hatte das Gefühl, dass ich mir selbst so fremd geworden war, dass ich mich erst an die Grenze bringen musste, dass ich erst wieder verwildern musste, um zurück zu mir zu finden.

Mit dem Schwung, den ich plötzlich spürte, drehte ich mich erst auf die Seite, dann stemmte ich mich hoch. Ich machte es automatisch, denn zielgerichtet denken konnte ich nicht mehr. Ich stand da und hielt mich an einem Baum fest, ein bisschen unsicher, weil ich meine Füße immer noch nicht spürte, aber ohne Schwindel. Ich begann, vorsichtig auf und ab zu hüpfen, ging tief in die Knie, sprang wieder hoch, bis ich langsam spürte, wie die Kälte in mir abnahm. Es war noch nicht das Gefühl von Wärme, eher von einer sich zurückziehenden Bedrohung. Sobald ich aufhörte, mich zu bewegen, kam die Kälte zurück. Trotzdem versuchte ich in einer Pause zwischen zwei Kniebeugen, mein Bikini-Oberteil auszuziehen. Es gelang mir nicht. Meine Finger waren für feinmotorische Tätigkeiten immer noch nicht zu gebrauchen.

Etwas später probierte ich es erneut – ohne Erfolg. Das war der Moment, in dem ich mich entschloss, einfach meine Klamotten über die nassen Sachen zu ziehen. T-Shirt und Pullover waren kein Problem. Bei der Hose scheiterte ich allerdings mehrmals, weil ich immer wieder das Gleichgewicht verlor. Schließlich setzte ich mich auf den Boden und zog mit tauben Füßen erst das eine, dann das andere Hosenbein an. Es war, als besäße ich nur noch meinen Sehsinn.

Am Ende ging ich einfach so nach Hause: mit nassen Sachen, alle Reißverschlüsse offen, Wind in den Haaren. Die Sonne stand merklich tiefer, und ich fühlte mich wie jemand, der überlebt hatte. Langsam stieg Euphorie in mir hoch und verdrängte die Erschöpfung. Ich sah den Wind durch das Gras am Wegrand rauschen, von der Sonne angestrahlt wirkte es gleißend hell, und für einen Moment hatte ich das Gefühl, immer das zu sein, was ich gerade betrachtete – als wären die Grenzen zwischen mir und meiner Umwelt durchlässig geworden, als würde meine Haut selbst dann in etwas überfließen, wenn ich nichts berührte. Ich hatte eine vage Erinnerung, dass ich mit Lee telefoniert hatte, aber vergessen, was er gesagt hatte. Deswegen war ich ziemlich überrascht, als er mir auf halbem Weg begegnete.

»Oh Gott!«, sagte er, als er mich sah, und dann umarmte er mich. Als er mich wieder losließ, sagte er: »Spinnst du?«, und ich sagte: »War mega gut. Nur ein bisschen zu lang.«

Er nahm meine Tasche mit den Schwimmsachen, betrachtete mich noch einmal genauer und machte mir die Reißverschlüsse zu, die mir zu herausfordernd gewesen waren.

»Danke, sehr liebenswürdig«, sagte ich.

»Du bist einfach so durch, Josie«, sagte er.

»Es ist nicht wegen dir, falls du dir das einbildest«, sagte ich. »Ich bin einfach so durch. On my own terms.«

»On your own terms«, wiederholte er. »Gut, dass wir beide so autonom sind«, schob er dann hinterher.

Ich grinste ihn an. Er hatte meine Schwimmtasche über der einen Schulter hängen, mit der anderen Hand hielt er meine. Langsam wurde mir wieder wärmer, und ich fragte: »Wie ist es dir eigentlich ergangen in der letzten Zeit?«

»Ja, also ich war auch durch«, sagte er. »On my own terms. Aber das hast du dir bestimmt schon gedacht.«

»Du hast es mir ja in deinem Brief geschrieben. Aber wie ist es jetzt gerade bei dir?«

»Besser«, sagte er. »Ich kann jetzt endlich wieder schlafen.«

»Oh, das freut mich«, sagte ich. Die Luft, die durch meine Nasenlöcher ein- und ausströmte, schien mit einem Mal durch meinen ganzen Körper zu zirkulieren und mich ganz sanft von innen zu kitzeln.

»Hast du vielleicht Lust, kurz bei mir einen Tee zu trinken?«, fragte Lee.

Ich nickte. Ich war immer noch wie hypnotisiert.

Wir fuhren zu seiner Wohnung, ich duschte kurz, mir ging es mit jeder Minute besser, ich war nur ein bisschen erschöpft. Aber erst, als ich einen halben Liter heißen Tee mit Honig getrunken hatte, hatte ich das Gefühl, wieder vollen Zugriff auf meine Gedanken zu haben, und mir fiel auf, dass das Buch von Murakami immer noch neben Lees Bett lag.

Lee bemerkte meinen Blick und sagte: »Das Buch war echt

gut. Es hat tief und fest neben mir geschlafen, während ich mit weit aufgerissenen Augen in der Dunkelheit an die Decke gestarrt habe.«

»Hat es dir jetzt gefallen oder nicht?«

Lee grinste. »Es war nicht besonders schlaffördernd, aber ein gutes Buch zum Lesen, wenn man nicht schlafen kann. Zufrieden?«

Die Dämmerung hatte mittlerweile eine taubengraue Farbe angenommen.

»Ich habe oft an dich gedacht«, sagte Lee unvermittelt.

»Ich auch an dich.«

»Wirklich?« Sein Gesicht hellte sich auf, als hätte ich etwas gesagt, das ihn völlig überraschte. »Ich wollte mich sowieso noch bei dir entschuldigen«, murmelte er. »Aber das hier ... kam mir quasi zuvor.«

»Wieso entschuldigen?«, fragte ich. Mir fielen zwar viele Gründe ein, aber ich fragte, um sicher zu sein, dass wir über das Gleiche redeten.

»Ich war total abweisend, und das hast du nicht verdient«, sagte er. Bei den Worten »hast du nicht verdient« zuckte ich zusammen.

»Ich war in so einem Abwärtsstrudel«, sagte Lee zögerlich. »Und du bist da einfach mit hineingeraten. Ich war überzeugt davon, dass das mit uns sowieso nicht klappen kann, weil ich –«

»Weil du?«

»Ja, weil ich eben diese Vorgeschichte habe«, sagte Lee. Er sagte nicht »depressiv«, aber das war es wohl, was er meinte. »Und ich dachte, wenn ich es selbst beende, ist es irgendwie sicherer für mich. Aber dann ist mir in den letzten Tagen aufgefallen, dass ich ... also, dass ich dich einfach ...«

»Abgeschossen habe?«

»Also, so krass würde ich das jetzt auch nicht formulieren.«

»Du hast gesagt, dass du mir keine Hoffnung machen möchtest!«

»Ja, aber ich hatte doch selbst auch keine Hoffnung mehr!« Nach einer kurzen Pause sagte er: »Warte mal kurz. Ich hab noch was für dich.« Er ging aus dem Zimmer und kam mit etwas, das er hinter dem Rücken versteckt hielt, wieder hinein.

»Hier«, sagte er, legte einen runden, circa zehn Zentimeter großen Gegenstand, der in geblümtes Geschenkpapier eingeschlagen war, auf den Tisch und setzte sich.

»Es ist ein Buch!«, rief ich. »Hurra!«

»Falsch, es ist eine Weinflasche«, sagte Lee. Er sah nervös aus.

Ich fing an, das Geschenkpapier abzupulen, wurde ungeduldig und riss es schließlich in großen Fetzen herunter. Zum Vorschein kam eine Pfeffermühle.

»Eine Pfeffermühle?«, sagte ich, es klang wie eine Frage. Aber noch bevor ich weiterreden oder auch nur »Danke« sagen konnte, hatte Lee die Pfeffermühle an sich gerissen.

Er stand auf, hielt die Pfeffermühle wie einen Pokal hoch und sagte feierlich: »Hiermit verleihe ich Ihnen den Preis für eine schnell und korrekt durchgeführte Rettungsaktion bei einer Freundin. Auch für viel zu langes Eisbaden mit Lebensgefahr. Und das Schreiben Ihrer Masterarbeit.«

»Aber ich bin doch noch gar nicht fertig damit.«

»Egal«, sagte Lee. »Sieh es als Gesamtpreis für alles an.«

»Ein Preis für mein Lebenswerk?«

»Ein Preis für deine Existenz«, sagte Lee.

»Ich habe noch nie einen Preis für irgendetwas bekommen«, sagte ich gerührt. »Her mit der Pfeffermühle!«

Lee gab sie mir, und ich drehte sie in den Händen und mahlte eine Ladung Pfeffer auf Lees Küchentisch, um zu testen, ob die Mühle funktionierte. Ich hatte so viel Energie im Körper, dass es mich fast an Angst erinnerte. »Ja, also dann …

vielen Dank und äh … Ich wollte mich auch bei dir entschuldigen.«

Lee fragte nicht nach, warum ich mich bei ihm entschuldigen wollte, und mein Herz schlug so stark, dass ich es bis in die Fingerspitzen spürte.

Wir legten uns ins Bett. Das Treffen mit Rena hatte ich völlig vergessen. Ich hielt meine Füße, die trotz der heißen Dusche schon wieder von innen heraus kalt geworden waren, an Lees Beine. Die Hitze seiner Haut strahlte auf mich ab, und je länger wir dalagen, umso stärker spürte ich, dass ich Lust hatte, etwas Unvernünftiges zu tun. Es war unvernünftig, weil ich nicht wusste, worauf es hinauslaufen würde und ob es nicht riskant sein könnte für unsere Beziehung zueinander, welcher Art sie nun auch genau war oder werden würde. Auf der anderen Seite war es vernünftig, weil ich mir genau zugehört hatte und es das war, was ich selbst wollte, nicht etwas, von dem ich ausging, dass es jemand anderes von mir wollen könnte.

»Du?«, fragte ich.

»Ja?«

»Ich würde gern etwas mit dir ausprobieren.«

Lee sah mich überrascht an.

»Leg dich flach auf den Rücken. Augen zu«, sagte ich. »Bitte!«, schob ich hinterher.

»Was willst du machen?«

»Ich will dich nur ein bisschen anschauen«, sagte ich.

Das wollte ich wirklich. Seine Wimpern waren lang und dunkel und geschwungen; ich fand, dass sie seinem Gesicht etwas Erhabenes gaben – wie der Gang in einer Kirche. Langsam fuhr ich mit den Fingern von seiner Stirn Richtung Augen. Bei den Lidern stoppte ich und legte beide Handflächen auf seine Augen. Ich konnte spüren, wie sein Blick im Dunkeln hin- und herging, bis er sich beruhigte. An seinen Wangen gab es eine Stelle, die mir sanftmütig erschien; sie war weich und mit fast durchsichtigen Härchen überzogen, und mir kam in den Sinn, dass er zu mir gekommen war, ohne zu wissen, was wirklich los war, dass er sich entschuldigt hatte und seine Ansichten revidieren konnte, ohne sich bedroht zu fühlen.

Meine Finger wanderten weiter zu seinem Bart. Ich beugte mich zu ihm hinunter. Sein Bart roch wie immer nach Heu. Ich spürte einen kleinen heißen Luftzug, der von seinen Nasenlöchern ausging und mich direkt zu seinen Lippen zu ziehen schien. Aber ich näherte mich nur bis auf wenige Millimeter an, so nah, dass mein Körper so reagierte, als würden wir uns bereits berühren, und gleichzeitig doch so weit weg, dass nichts blieb außer einer Erwartung, die mit jeder Sekunde zunahm. Ich hörte, wie Lees Atem schneller wurde.

Schließlich drückte ich den Rücken durch und setzte mich wieder auf. Auf Lees Gesicht breitete sich eine kleine Welle des Missfallens aus. Sie erinnerte mich an das Bild, das entsteht, wenn man einen Zweig ins Wasser wirft und die glatte Wasseroberfläche Ringe zeigt, die einmal die gesamte Fläche durchlaufen und dann wieder verschwinden.

Ich legte meine Hände, die mittlerweile warm geworden waren, an beide Seiten seines Halses und ließ sie in Richtung seiner Schultern gleiten. Der Übergang war nahtlos, und allein das schien mir ein Wunder zu sein: dass sein Körper, wie meiner wahrscheinlich auch, nicht aus schlecht zusammengefügten Einzelteilen bestand, sondern ein Ganzes war, das von mehr als nur einem liebevollen Blick zusammengehalten wurde. Seine Schlüsselbeine führten mich als knöcherne Linie zu der Stelle am Hals, die sich beim Einatmen zu einer Kuhle einzieht und bei der ich immer das Gefühl hatte, dass hier nur ein wenig dünne Haut über unser Innenleben gespannt ist. Sie bewegte sich im Rhythmus seines Atems, und für einen Moment vergaß ich meinen Plan, beugte mich hinunter und küsste eines der beiden Schlüsselbeine.

Lee hob die Hände und tastete in der Luft nach mir, als wollte er mich noch näher zu sich ziehen, aber ich nahm seine Hände und legte sie wieder neben ihm ab.

»Später«, sagte ich.

Dann hob ich meine Handflächen so, dass nur noch die Fingerspitzen auf Lees Haut lagen, spreizte die Finger und fuhr mit wohldosiertem Druck die Rippenbögen nach unten, vorbei an den kleinen hellrosa Brustwarzen, die sich trotz der fehlenden Berührung aufstellten, bis zum Hüftknochen. Ich hinterließ keine Spur auf seiner Haut, während meine Finger langsam nach unten glitten. Am Übergang zu den Oberschenkeln verharrte ich. Ich hatte Lust, zwischen seine Beine zu fassen, tat es aber nur kurz, so lange, bis ich meinte, eine bestimmte Wärme zu spüren. Dann legte ich die Hände auf die Oberseite seiner Oberschenkel.

Ich wollte nirgendwo länger bleiben, als es nötig war, um eine Erwartung zu wecken. Es ging mir darum, eine neue Erfahrung zu schaffen, die Berührungen abwechselnd lauter und leiser zu gestalten, um punktuellen Druck aus verschiedenen Richtungen, der eine Ganzheit suggerieren sollte, während eigentlich nur einzelne Punkte für das Ganze sprachen. Ich konnte seinen Atem hören, meinen eigenen mittlerweile auch, und ich ging darüber hinweg und glitt mit den Fingern langsam an seinen Beinen herunter, so langsam, dass ich einen Teil der Haut mitschob.

An den Füßen nahm ich wieder meine gesamten Handflächen, um ihn nicht zu kitzeln. Zum Schluss hielt ich seine großen Zehen in der Hand und zog leicht daran. Das hatte ich einmal in einem YouTube-Video über Fußreflexzonenmassage gesehen. Nun war ich eigentlich fertig, aber ich wollte nicht aufhören.

Es hatte mir gefallen, ihn so lange anschauen zu können, ohne dass er zurückschauen konnte. Es gab mir das Gefühl, jemand zu sein, dessen Blick wichtig war, nicht nur jemand, der den Blicken anderer genügen musste. Ich fühlte mich leicht und enthusiastisch und so wissend, als könnte ich nun eine überlebensgroße Plastik von ihm anfertigen. Der Gedanke belustigte, erschreckte und faszinierte mich zugleich.

»Irgendwie will ich dich nicht loslassen«, sagte ich.

»Musst du ja nicht«, sagte er, und in seiner Stimme schwang ein Klang mit, den ich so noch nicht gehört hatte. Er erinnerte an einen gemeinsamen Sommerabend, von dem wir bislang noch keinen einzigen zusammen verbracht hatten; es klang wie: »Ruf mich an, wann immer du willst, und ich werde rangehen«, und gleichzeitig so, als wäre wirklich ich gemeint. Nicht jemand anderes, nicht das Bild von mir, das er sich gemacht hatte, nicht irgendein Teil von mir, sondern alles an mir, auch das, was man nicht sehen, vielleicht nicht einmal wissen konnte.

Plötzlich klingelte mein Handy. Ich war kurz davor, es einfach auf stumm zu schalten und den Anruf zu ignorieren, bis ich sah, wer der Anrufer war: Rena. Ich hatte völlig vergessen, dass wir verabredet waren.

Ich nahm den Anruf an, obwohl meine Finger so zitterten, dass ich mehrmals auf dem Touchscreen hin- und herwischen musste.

»Es tut mir so leid«, sagte ich als Begrüßung. »Ich habe es vercheckt. Es tut mir wirklich leid. Ich komme so schnell es geht, ja?«

»Du brauchst nicht mehr zu kommen«, sagte Rena, und ich schaute überrascht auf.

»Aber warum?«, fragte ich. »Ich nehme mir ein Taxi, versprochen, es dauert nicht lange!«

»Was hast du denn jetzt mit einem Taxi?«, fragte Rena ärgerlich. »Ich hab doch gerade gesagt, dass du nicht mehr kommen musst. Ich hab mich umentschieden.«

»Wieso umentschieden?«

»Ja, du«, sagte Rena geheimnisvoll. »Weißt du noch die Tür, über die wir immer gesprochen haben?«

»Welche Tür?«, fragte ich.

»Liebe und so?«, sagte Rena. »Erinnerst du dich nicht?«

»Ach nein!«, sagte ich und dann: »Wirklich? Ist es Nikki?« Als Rena nicht sofort antwortete, rief ich: »Oh mein Gott, es ist Nikki! Ich raste aus! Was macht ihr gerade? Ist sie gerade bei dir? Kannst du reden? Du musst mir alles erzählen!«

Lee warf mir einen amüsierten Blick zu.

Rena schien ebenfalls ein wenig überwältigt von meiner Reaktion zu sein. Sie sagte, Nikki lasse mir Grüße ausrichten – ein Hinweis für mich, dass Nikki direkt neben ihr saß und sie, Rena, deswegen nicht offen reden konnte –, und dann sagte sie, sie werde mir morgen nach der OP direkt schreiben. Ich solle mir keine Sorgen machen.

Als wir auflegten, fiel ich Lee um den Hals und brach umstandslos in Tränen aus. Ich konnte nicht sagen, warum – ob ich glücklich war oder Angst hatte oder ob sich die Energie des Flusses in mir angestaut hatte und nun nach einem Ausweg suchte.

Lee sagte, alles werde gut, ich brauche keine Angst zu haben, aber ich wusste, dass das nicht stimmte, dass man auch fortgespült werden konnte und dass man manchmal wirklich lebte und manchmal nur in Gedanken. Ich wusste, dass Liebe für mich die einzige Form des Realen war, an die ich wirklich glauben konnte, und dass ich mir eine stille, sichere Art von Glauben wünschte, der wie Wasser einfach da war und durch mich hindurchströmte.

# 16

Rena starb nicht bei der OP. Sie starb auch nicht im Aufwachraum oder später auf der Intensivstation. Der Moment, an dem ich spürte, dass sie endgültig fort war, war erst einige Wochen später, im Januar.

Die Luft war so kalt, dass man sie kaum einatmen konnte, und die Landschaft war zart weiß überzogen. Es hatte nicht geschneit, aber der Frost hatte sich über alle Bereiche des Lebens gelegt. In der Bibliothek, die ich inzwischen hauptsächlich dazu nutzte, um Jobs zu suchen, rückten wir alle möglichst weit weg von den Fenstern, weil man die dumpfe Kälte später kaum mehr aus den Gliedern bekam. Wenn ich spazieren ging und darüber nachdachte, was ich aus meinem Leben machen sollte, beruflich gesehen, und ob ich nach einem erfolgreich abgeschlossenen Volontariat wohl ein völlig neuer Mensch wäre, wickelte ich mir den Schal so um den Hals, dass mein Mund und meine Nase ebenfalls bedeckt waren, weil ich sonst das Gefühl hatte, gegen eine Wand zu atmen. Der Frost brannte auf meiner Haut, und das überraschte mich, weil ich gedacht hatte, dass ich nun ganz bestimmt jemand war, dem Frieren nichts mehr ausmachte.

Seitdem Rena fort war, war ich nicht mehr schwimmen gegangen. Vielleicht, weil ich dachte, dass ich es nicht verdient hatte, oder weil ich fürchtete, dass es anders sein könnte als davor. Es war das Beste, was ich mir vorstellen konnte, und ich wollte, wenn schon nicht das High selbst, dann wenigstens die perfekte Erinnerung an meine Momente im Wasser behalten.

»Du musst aufhören, dir ständig Dinge zu versagen«, sagte Lee zu mir. »Das ist Essstörungslogik.«

»Woher weißt du das?«, fragte ich und verschränkte die Arme vor der Brust.

»Lebenserfahrung«, sagte Lee. »Und Klinikerfahrung.«

»Das gilt nicht«, sagte ich.

»Du hast dir nichts vorzuwerfen, Josie«, sagte Lee. »Nichts an der Situation ist deine Schuld.«

»Ich glaube, ich habe als Freundin versagt.«

»Ich glaube eher, dein Selbstwertgefühl versagt gerade.«

»Wie meinst du das?«

»Du musst dich einfach mal selbst lieben«, sagte er. »Ohne Wenn und Aber.«

»Liebe dich doch selbst erst mal selbst, du Guru!«, sagte ich aufgebracht.

»Okay, vergiss es«, sagte er. »Wir lieben uns einfach gegenseitig.«

Anton trauerte anders als ich. Er wollte sich die ganze Zeit treffen, edle Gerichte kochen und dabei kiffen. Ich hatte ihm gesagt, dass ich nicht ständig high sein wollte, weil sich das auf mein Sprachzentrum legte und ich nicht einmal mehr die einfachsten Sätze formulieren konnte, und hatte ihn gefragt, ob wir nicht einmal etwas anderes machen könnten, aber wir hatten uns auf nichts einigen können. Was ich machte – mir neue Schwimmgelegenheiten ansehen, ohne jedoch dort zu schwimmen –, schätzte er nicht oder nicht genug, um stundenlang dabei zu sein. Manchmal brachte Anton mir gemeinsam mit seinem neuen Freund Reste seiner edlen Gerichte vorbei. Der neue Freund hieß Lukas und schien mir sanftmütig und aufmerksam zu sein. Er jobbte in einer Galerie, hatte er mir erzählt, aber was er sonst sagte, kam nicht richtig bei mir an. Ich konnte nicht aufhören, ihn anzustarren. Das war also die Person, die ich damals in der Bibliothek gesehen hatte. Der Mann, über den Anton so oft Anspielungen gemacht hatte, mit dem er so viel Zeit verbracht hatte, ehe Rena und ich überhaupt etwas von ihm erfahren hatten. Ich freute mich so sehr für Anton, dass ich nicht mehr klar denken konnte, aber in die Freude mischte sich gleichzeitig Sehnsucht nach Rena, und alles löste sich in meinem Kopf auf wie Tinte, die man in ein Wasserglas gegeben hat. Den Brief, den Rena mir geschrieben hatte, hatte ich unter meine Matratze gelegt. Ich las ihn mir jeden Abend durch – einfach, um besser zu verstehen, was passiert war und warum.

*Liebe Josie*, hatte sie geschrieben.

*Du bist ein Teil meiner Jugend, und allein deswegen werde ich Dich niemals vergessen. Es ist auch wirklich nicht so, dass ich »Schluss machen« möchte oder so. Aber ich muss unbedingt weg von hier. Ich will raus und noch ein bisschen Realität abbekommen, bevor es zu spät ist. Aber vielleicht will ich das auch gar nicht, sondern muss es auch.*
*Ich muss den Ort finden, an dem ich wieder ganz ich selbst sein kann, an dem ich nach vorn denken kann und nicht ständig an etwas erinnert werde, was früher war. Ich weiß, dass Du verstehst, was ich meine, aber ich erkläre es trotzdem noch einmal.*
*Erstens: Ich bin nicht ganz weg, und ich lasse Dich auch nicht in Ruhe, versprochen! In Gedanken bin ich bei Dir. Das ist alles, was ich gerade habe: meine Gedanken, aber das reicht auch. Mein Handy liegt bei meiner Mutter. Ich wollte etwas Wildes und Ursprüngliches erleben, vielleicht auch etwas Zeitloses, und dabei ist es kontraproduktiv, ständig erreichbar zu sein. Aber wir beide, wir er-*

*reichen uns trotzdem, verstehst Du? Es kommt ja nicht auf die Entfernung an.*

Der Brief ging noch ein bisschen weiter, aber ich stoppte immer an derselben Stelle:

*Weil wir uns gefunden haben, Josie, war mein Leben so, wie es war. Ich weiß gar nicht, was ich sagen soll außer: Danke. Ich bin froh, dass wir uns hatten.*

Danach konnte ich nicht mehr weiterlesen. Ich fühlte mich verraten und gleichzeitig schuldig, als habe sie vor mir flüchten müssen. Ich freute mich für sie, und vielleicht beneidete ich sie auch um ihren Mut.

Die OP war gut verlaufen. Die Ärzte hatten das Aneurysma ohne Komplikationen entfernen können, aber weil Rena durch das Syndrom, das sie hatte, eine Veranlagung dazu hatte, war sie noch einmal auf weitere Auffälligkeiten untersucht worden. Ein paar waren entdeckt worden, nichts akut Bedrohliches, einige leicht erweiterte Adern hier, einige leicht erweiterte Adern da, und trotzdem war Rena am Boden zerstört gewesen, als sie davon erfahren hatte. Sie hatte das Ganze erst mit Nikki besprochen und mich erst danach eingeweiht. Sie habe das Gefühl, hatte sie gesagt, dass sie das Potenzial dazu habe, sich jederzeit aufzulösen, und dem müsse sie etwas entgegensetzen. Sie sagte das wirklich so: »Potenzial«. Sie habe das dringende Bedürfnis, exakt gar nichts mehr aufzuschieben.

Was sie denn bisher aufgeschoben habe, fragte ich.

Rena deutete auf Nikki und sagte: »Sie. Sie habe ich aufgeschoben.« Und außerdem, schob sie hinterher, habe sie sich bislang immer auf Sachen konzentriert, von denen sie dachte, sie würden irgendwann nützlich werden oder wichtig sein:

eine Ausbildung, gute Noten. All das sei ja gar nicht falsch, sagte Rena. Aber in ihrem Herzen finde sie jetzt so viele Bereiche, in denen sie noch gar nicht gewesen sei. Sie wolle da aber unbedingt hin. Sie wolle unbedingt überall einmal gewesen sein. Und das meine sie nicht einmal örtlich – also nicht in jedem Land der Welt. Sie wolle sich vielmehr selbst einfach gegönnt haben, sie selbst zu sein.

Deswegen werde sie verreisen, hatte Rena gesagt. Sie wolle wandern oder vielleicht auch nur irgendwo herumhängen. Sie hatte nicht sofort gesagt, dass ihre Reise ein paar Jahre dauern könne und dass wir währenddessen keinen Kontakt haben konnten. Diese Informationen ließ sie erst nach und nach durchsickern, als könnte sie mich auf diese Weise schonen.

Eines Tages war sie einfach weg. In meinem Briefkasten lag der Abschiedsbrief, dazu eine Jahreskarte für die Sauna. Ich hatte lange gezögert, bevor ich die Karte zum ersten Mal benutzte, aber dann war ich froh darüber. Die Hitze ließ mich gedanklich mit Rena verschmelzen, vielleicht auch mit einem universalen großen Alles, das sich weder über meine bisherige Abwesenheit noch über meine jetzige Anwesenheit aufregte. Ich saß ein wenig mit diesem großen Alles zusammen und fühlte mich gut.

Manche meiner Kommiliton:innen fragten mich, ob Rena gestorben sei. Offenbar hatten sie sie nach der OP am Campus gesehen, mit den Blutergüssen am Hals und den Pflastern, und hatten ihre Schlüsse daraus gezogen. Auch ich selbst hatte manchmal das Gefühl, dass Rena gestorben sei – es war, als wäre sie von einer fremden Macht einfach aus meinem Leben gerissen worden und existiere jetzt nur noch in meiner Fantasie.

Und dann hörte ich doch von ihr. Es war an einem Morgen Ende Februar. Ich hatte meine Masterarbeit abgegeben, mein Professor hatte mir schon signalisiert, dass alles gut aussah, und auf meinem Schreibtisch stand noch der Blumenstrauß, den meine Eltern mir zur Feier der abgegebenen Masterarbeit geschickt hatten: ein wilder, bunter Strauß, der aussah, als hätte ihn jemand einfach von einer Wiese gepflückt. Daran befestigt war eine Karte, auf der stand: *Wir sind stolz auf dich! PS: Brauchst du noch Schokolade?*

An jenem Tag Ende Februar wachte ich davon auf, dass mein Handy mehrmals hintereinander vibrierte – Nachrichten einer unbekannten Nummer. Ich hatte ein Foto eines Sonnenuntergangs bekommen sowie eine Sprachnachricht, in der ich sofort Renas Stimme erkannte. Sie sagte, dass sie oft an mich denke, und fragte, ob ich den Welten-Flummi auf dem Bild erkennen könne? Ich betrachtete das Foto noch einmal genauer: Vor dem Sonnenuntergang hielt eine Hand eine kleine Kugel, die sich schwarz vor dem Licht abzeichnete. In der Bildunterschrift hatte Rena geschrieben: *Welten-Flummi vor Sonnenuntergang.*

Sie hatte die Nachricht von Nikkis Handy geschickt, und in dem Moment, in dem ich begriff, dass sich Rena bei mir gemeldet hatte, spürte ich, wie sich etwas in mir veränderte. Eine Gewissheit hatte Besitz von mir ergriffen – die Gewissheit, dass dort draußen etwas auf mich wartete, etwas, was ich mir versagt hatte.

Ich rief sofort Lee an, und zusammen machten wir uns auf den Weg zum See. Es war einer der wenigen Tage in diesem Winter, an denen die Sonne schien und hell durch die Zweige der Bäume brach.

»Bist du bereit?«, fragte ich Lee.

»Ich habe mich vorbereitet«, sagte er. »Ich mache das nur für dich, okay? Das möchte ich festhalten.«

Wir wussten nicht, wie dick das Eis auf dem See war, aber als Lee einen Stein auf die Oberfläche warf, hörten wir es knacken. Man sah noch nicht, dass die Eisschicht durchbrochen war, aber sie wirkte so, als ob wir uns Meter für Meter einen Weg in den See bahnen könnten.

Wir lächelten uns an. Ich sagte zu Lee: »Warte einfach, bis sich deine Atmung wieder beruhigt, okay? Dann wird es großartig.«

Wir zogen uns aus. Unsere Klamotten hängten wir an den Ast eines Baumes, der nahe am Ufer stand, und nach einer Weile, die mir wie eine Ewigkeit schien, setzte ich den Fuß auf das dünne Eis, das sofort brach. Vorsichtig ging ich noch ein paar Schritte, drückte mit den Händen die Eisschicht nach unten und legte die größeren Stücke der durchbrochenen Eisplatte dort ab, wo das Eis noch trug. Am Ende entstand so ein schmaler Korridor, in dem wir schwimmen konnten.

Als ich mit dem Oberkörper ins Wasser eintauchte, merkte ich deutlich, dass ich die Kälte trotz des fehlenden Trainings noch gewöhnt war. Meine Muskeln machten sich bereit, ich spürte schon das Adrenalin und war bereit für einen Schock, den Umschwung und vielleicht auch für einen kleinen Kampf. Es war, als würde ich in ein anderes Leben steigen – und auf dem Weg alles von mir abstreifen, was mich an das alte erinnerte. Mit jedem Zentimeter, den ich zurücklegte, spürte ich, wie die Erwartungen der anderen an mich an Gewicht verloren.

Alles, was noch da war, war ich – so, wie ich war. Ich war: weiße überdehnbare Haut und Dellen an den Oberschenkeln, violette Adern, die wie Zweige über meine Haut wuchsen, und die Zähigkeit, Schmerzen auszuhalten, wenn ich wusste, dass sie es wert waren.

Neben mir kämpfte Lee mit der Kälte. Ich hörte ihn hektisch atmen. Aber er durchbrach tapfer weiter die Eisdecke, die wie eine Wüste aus purem Sonnenlicht vor uns lag. Bisher stand ich noch nicht einmal hüfttief im Wasser, es fühlte sich für mich nicht kälter an als das, was ich schon gewohnt war. Aber die Geräuschkulisse war anders: Das Eis knirschte und sägte und schmatzte durch unsere Bewegungen, die durch das Wasser weitergetragen wurden. Die Oberfläche des Sees wogte sanft und sichtbar. Ich war schon jetzt völlig ekstatisch von dem überirdischen Klirren, das sich überall gleichzeitig auszubreiten schien und in seinen Nuancen so hell und perfekt und unbeschädigt war, dass ich mich fragte, ob es nicht nur in meinem Kopf stattfand.

Ich sah Lee neben mir stehen, mit rot gefrorener Haut und aufgestellten Härchen an den Unterarmen. Ich sah uns in diesem Moment wie von oben: zwei Menschen, die ihr Bestes gaben und versuchten, dieser Schönheit der Natur etwas Bestimmtes zu entlocken, nicht mehr und nicht weniger. Und in diesem Moment wurde es mir schlagartig klar: Es war nicht mein Fehler, wenn ich mich dafür verurteilte, wie ich aussah. Ich war Teil eines Systems, vor dessen Blicken ich mich kaum schützen konnte, weshalb ich darauf reagieren musste.

Ich ging einen Schritt weiter ins Wasser. Wir hatten mittlerweile die Stelle des Sees erreicht, an der der Untergrund scharf nach unten abfiel. Ich holte tief Luft, und dann schwamm ich los, durch die offenen Stellen im Eis, hin und her, und in dem Augenblick, in dem ich ins Wasser eintauchte, löste sich alles, was ich vorher gedacht hatte, in der allumfassenden Kälte auf. Jeder Beinschlag, jede Armbewegung brachte mich näher an die Grenze – zur Erschöpfung, zur Überwältigung, aber auch zu völlig unbegründetem Enthusiasmus. Ich brauchte dieses Gefühl, an der Grenze von etwas zu stehen, weil ich wusste, dass sich jede Reaktion von mir später ins Gegenteil umkehren würde: Panik würde Ruhe weichen, die Taubheit meiner Haut dem Gefühl, umarmt zu werden, so lange wie ein ganzes Leben.

Ich schwamm und schwamm. Lee war schon wieder am Ufer, aber ich konnte von Weitem sehen, dass sich ein seliges Lächeln auf sein Gesicht geschlichen hatte. Meine Arme teilten das Wasser rhythmisch, und ich spürte, dass es einfach war, Teil von etwas anderem zu werden: im reinen Licht zu baden und dabei nicht unterzugehen, sondern einfach weiterzuatmen, weiterzuleben, weiterzuschwimmen. Ich atmete schnell, aber meine Bewegungen waren kraftvoll, und ich dachte daran, dass es ein Wunder war, dass ich mich hier so mühelos bewegen konnte und das vielleicht sogar das Leben selbst war: Körperwärme gegen Widerstand zu produzieren, sich zu wehren und sich gleichzeitig treiben zu lassen.

*Ich habe mich zu wenig gewehrt*, schoss es mir durch den Kopf. Es war ein vager Gedanke, der trotzdem stimmte. Aber ich hatte mich auch zu wenig treiben lassen, genau so, wie Rena es gesagt hatte. Wir hatten zu wenig den Fokus auf das gelegt, was auch da war, was man nicht richtig messen konnte: unser inneres Leben.

*Vermutlich ist dieses innere Leben das wichtigste*, dachte ich wirr, *und ich habe es einfach übersehen. Dabei war es ja auch die ganze Zeit da: leicht verkümmert vielleicht, aber trotzdem lebendig.* Man konnte es nicht richtig in Worte fassen, in keinen Lebenslauf schreiben und nicht in Zahlen bemessen, aber es war mehr Teil von mir als alles andere. Man konnte es nicht fotografieren, nicht von außen erkennen, denn es war etwas Innerliches, das nur mir gehörte: die Beharrlichkeit, auf einen Umschwung zu warten, von dem man nicht wissen konnte, wann er kommen würde; die Bereitschaft, Teil von etwas anderem zu werden, das größer, schöner und kälter war als ich selbst, das mich unbesehen Teil von sich werden ließ.

Mit dem Körpergefühl, das das Eis mir schenkte, fand ich zum ersten Mal richtig zu mir selbst. Ich war jemand, der Liebe verdient hatte, dem das Leben zugetan war, der viel zu viel Energie hatte, als dass er sie jemals ganz würde aufbrauchen können.

Daran denke ich seitdem jedes Mal, wenn ich untertauche: dass das hier mir gehört. Dass ich mein eigener Atem und Mut bin.

Und dass sich das echter anfühlt als alles andere.

# Weitere Informationen zum Thema Eisbaden bzw. Winterschwimmen

Hast Du Lust bekommen, Dich auch einmal in ein winterlich kaltes Gewässer vorzuwagen? Dann mache es besser nicht wie Josie und Rena – ganz ohne Vorbereitung, größtenteils ohne Sicherheitsvorkehrungen. Denn Eisbaden ist nicht nur eine extreme Erfahrung, sondern kann auch sehr belastend für Deinen Körper sein, vor allem wenn Du gerade eine Infektion durchmachst oder Probleme mit dem Herz-Kreislauf-System hast. In diesen Fällen solltest Du auf gar keinen Fall winterschwimmen. (Beispielsweise kann der Blutdruck beim Eisbaden stark ansteigen, was gefährlich ist, wenn Du ohnehin zu hohem Blutdruck neigst.) Aber auch generell gilt: Lass Dir vor dem Eisbaden auf jeden Fall von Deinem Arzt bzw. Deiner Ärztin das »Go« geben. Nimm eine Schwimmboje mit – damit bist Du für andere gut sichtbar; außerdem kannst Du Dich an der Boje festhalten, wenn Dich die Kraft zum Schwimmen verlassen sollte.

Gehe nicht allein in Flüssen, Seen oder im Meer schwimmen – und nur dort, wo Schwimmen erlaubt ist und wo Du im Idealfall schon einmal im Sommer geschwommen bist. Der Kälteschock zieht einen Großteil Deiner Aufmerksamkeit ab – wenn Du Dich zusätzlich auf eine starke Strömung oder andere Faktoren konzentrieren musst, die in diesem Moment neu für Dich sind, ist das nicht förderlich für Deine Sicherheit im Wasser.

Nimm etwas Warmes zu trinken mit. So kannst Du Dich

nach dem Bad schneller wieder aufwärmen und Dir das Getränk notfalls über die Hände schütten, falls diese zu kalt sein sollten. Oder anders formuliert: Dir soll nicht dasselbe passieren wie Josie, deren Hände ja nach dem Winterschwimmen einmal einfach nicht mehr einsatzfähig waren.

Weitere Tipps & Tricks für den Einstieg ins Eisbaden findest Du auf meinem Blog www.understandingly.de. Dort schreibe ich über Mind-Body-Techniken, die bei Depressionen hilfreich sein können – unter anderem auch über Eisbaden.

Ich wünsche Dir eine gute Zeit, egal, ob im Wasser oder außerhalb!

Elli

# Danksagung

Ich bedanke mich herzlich bei:
- meiner Agentin Imke Rösing für ihren unermüdlichen literarischen Einsatz,
- meiner Lektorin Dr. Stefanie Heinen, die mit ihren treffenden Anregungen und ihrem behutsamen sprachlichen Feinschliff dieses Buch so viel besser gemacht hat,
- Monika und Erich Kolb (für alles!),
- Barbara Dicker, die immer noch mein literarisches Vorbild ist,
- Maria Dicker für ihre stets superkurzen Nachrichten und dafür, dass sie diesen Roman in einer früheren Version Korrektur gelesen hat,
- Joy Schoeller dafür, dass sie die schwierige Aufgabe, ein Autorenfoto von mir zu machen, mit viel Liebe und Geduld gemeistert hat,
- Anja Schoeller für ihre vielfältigen kreativen Ermutigungen.

Mein ganz besonderer Dank gilt:
- Dr. Michaela Hanke, die als Freundin, erste Leserin und Lektorin genau gleich wunderbar ist und die diesen Roman für mich erstlektoriert hat, als ich noch dachte, dass ich ihn im Selfpublishing veröffentlichen würde. Danke für alles!!!
- Annina Himpel, die einst ein wunderschönes (Selfpublishing-)Cover für mich gezaubert hat und die alle Sushi-Schiffe dieser Welt verdient hat!

- Kolja Schoeller, der schon viele Flüsse mit mir beschwommen hat und über dessen reine Existenz ich mich jeden Tag wieder freue.

*Kann Glück mehr als nur ein flüchtiger Augenblick sein?*

Louise Pelt
DIE HALBWERTSZEIT
VON GLÜCK
Roman. Ein lebenskluger Roman über die große Frage: Was bedeutet eigentlich Glück?

432 Seiten
ISBN 978-3-7577-0022-5

Paris 2019: Mylènes Glück steht nichts mehr im Weg. Doch dann stellt eine erschütternde Enthüllung ihre Welt auf den Kopf.
DDR 1987: Johanna findet eine verwundete 17-Jährige im Wald und versteckt sie vor den Grenztruppen. Unversehens wird sie dadurch mit ihrer Vergangenheit konfrontiert.
Los Angeles 2003: Hollys Kollegin ist bei einem Unglück gestorben, weil sie für Holly eingesprungen ist. Von Schuldgefühlen geplagt, setzt Holly alles daran, deren Familie etwas Glück zurückzugeben.
Ergreifend verknüpft Louise Pelt die Geschichten dieser drei Frauen miteinander und erzählt einfühlsam von ihrer unbezwingbaren Sehnsucht nach Glück.

## Ist es jemals zu spät für zweite Chancen?

Kathinka Engel
DAS ENDE VON
GESTERN IST DER
ANFANG VON MORGEN
Roman. Ein
viktorianisches Mietshaus
in London wird zum
Schauplatz einer großen
Liebesgeschichte

432 Seiten
ISBN 978-3-7577-0024-9

London, 1974: Die 17-jährige Pippa St George, Tochter aus gutem Hause, trifft bei einem Punkkonzert Oz. Oz steht für alles, was ihre Familie verachtet. Gegen alle Konventionen verlieben sich die beiden ineinander, doch dann werden sie von der harten Realität eingeholt.
London, Gegenwart: Online-Redakteurin Gilly ist überglücklich, als sie eine erschwingliche Wohnung in einem viktorianischen Mietshaus findet. Doch das Haus soll verkauft und luxussaniert werden. Um das zu verhindern, tut Gilly sich mit ihrem Nachbarn, dem Dokumentarfilmer Owen, zusammen. Während ihrer Recherche stoßen die beiden auf eine Geschichte, die sie weit in die Vergangenheit führt ...

## Die Community für alle, die Bücher lieben

Das Gefühl, wenn man ein Buch in einer einzigen Nacht verschlingt – teile es mit der Community

In der Lesejury kannst du

★ Bücher lesen und rezensieren, die noch nicht erschienen sind

★ Gemeinsam mit anderen buchbegeisterten Menschen in Leserunden diskutieren

★ Autoren persönlich kennenlernen

★ An exklusiven Gewinnspielen und Aktionen teilnehmen

★ Bonuspunkte sammeln und diese gegen tolle Prämien eintauschen

**Jetzt kostenlos registrieren: www.lesejury.de**

Folge uns auf Instagram & Facebook:
www.instagram.com/lesejury
www.facebook.com/lesejury